# 模索される
# eラーニング

## 事例と調査データにみる大学の未来

吉田 文／田口真奈【編著】

東信堂

# はじめに　高等教育とインターネット

吉田　文

インターネットが日本の大学に定着して一〇年にはなっただろうか。一九九九年度(調査時期は二〇〇〇年一月)においてインターネットを導入している四年制大学は九八・五%、自機関のホーム・ページを作成している四年制大学は九二・一%であるから、[1] インターネットはすでにそれ以前に定着していることはわかるのだが、それをどこまで遡れるかというとせいぜい七~八年ほどであろうか。確か、職場の電子メール・アドレスが発行されるようになったのは、一九九六年頃だったと思う。そのころは、容量も小さくよくトラブルが起きたものだ。そのころから比べれば、今は格段に便利になった。日本の大学にインターネットが導入されて定着するこの一〇年を、大学にとって急激な変化とみるか、基本的は何も変わっていないとみるかは、意見の分かれるところであろうが、インターネットがわれわれの日常に欠かせないものとなったという実感は誰しもが共有するであろう。ファックスが電子メールに変わり、図書館で探し物をするよりは、まずは、ウェブで検索をかけるという行動パタンはかなり一般化しているのではないだろうか。

　便利な道具として使われるインターネットが普及しているにも関わらず、大学という世界においてインターネットに代表されるＩＴがある種のインパクトをもって語られるのは、それが教育という場面で利用されるときである。ｅラーニングという言葉に代表されるように、ネットワーク化されたコンピュータを媒介として行われる教育・学習は新規な形態なのである。だが、それがどのように新規なのか、そうした教育・学習がどの程度普及しているのか、さらに、それが大学における従来の教育・学習の姿を変えうるものなのかは、実のところよくわかっていない。これまで長く教室という空間における講義や討議という形態を前提としてきたために、ＩＴを用いてそのどこかを変えようとすることは教員個人のレベルでも大学の組織のレベルでもチャレンジングな事態である。そして、そのチャレンジングな取り組みによって教育・学習の形態を変えようとすることは、単に教育・学習の形態を変えるに留まらず、翻って、大学という組織の在り方、教員や学生の役割にも変容を迫ることになるのではないだろうか。われわれが、本書で検証しようとするのは、まさしくこの仮説なのである。日常的な教育という営為のなかで、ある目的をもってＩＴを導入し、これまでの教育・学習を変えていこうとしている試みをとりあげ、それを批判的に検討することによって、個別の営みが高等教育というシステムを変容させるような契機があるのかを考察することが目的である。

　そして、そうしたねらいを達成するために用いた方法が共同研究であった。メディア教育開発センターの「メディアＦＤとフレキシブル・ラーニング支援の研究開発」というプロジェクトのなかの「メディア・サーベイ・グループ」に集まったメンバーによって、多くの事例が発掘され、検討・分析のふるいにかけられるというこの共同作業は、二〇〇〇年度から二〇〇一年度にかけて実施され、すでにメディア教育開発センターの研究報告としてとりまとめられている。[2] これらが、本書作成の契機になっている。

本書は三部から構成される。第一部は、事例の背景に相当する部分である。日本の高等教育において、いつごろ、どのように、各種のマルチメディアやＩＴを教育に利用することが議論され制度化されてきたか、その結果、各種のマルチメディアやＩＴはどの程度教育に利用されているのか、他方、ＩＴを大学教育という場で利用することに関する研究がどの程度行われてきたかを、審議会の資料、一九九九年度より毎年実施している『高等教育機関におけるマルチメディア利用実態調査』のデータ、学会の研究動向などを用いて検討する。ここで、大学とＩＴに関する高等教育政策、大学における利用実態、研究動向をマクロに概観する。

第二部では、そうした背景のもとで、ＩＴは大学においてはどのように教育に用いられているのか、それを事例に則して明らかにする。その際、ＩＴが教育のどのような場面に影響を与えているのか、その場面を三つ、仮説的に設定した。その一つが、大学という組織である。インターネットの時空を限定しないという特性は、時空を限定することで外の世界との境界を明確にしてきた大学の組織構造に衝撃を与え、変容させるのではないかと考えたからである。第二は大学という場を構成する教員、事務職員、学生というメンバーにどのような影響を与えているかである。それぞれの役割に変化は生じていないのだろうか。第三は、教育・学習の場面そのものである授業の方法や形態に生じている変化である。なかには、従来の教育・学習というコンセプトそのものの変容をせまるような事態も生じているのではないだろうか。

取り上げた事例は全部で一三であるが、先の研究報告に掲載した事例の中から特徴的な事例を選び、再調査を実施したうえで書き下ろし、その後に展開している新たな事例をいくつか加えた。事例の選定にあたっては、ＩＴが日常的な教育の場面で利用されていることを大原則とし、研究や実験の範疇のものは除外した。また、単なる事例紹介に終始せず、ミクロな個別事例のなかから、高等教育システム全体の問題として論じられるような論点を抽出することをめざした。

第三部では、今後日本の高等教育システムを変容させるような契機になりうるのかを、事例から得られた知見をとりまとめつつ、『高等教育機関におけるマルチメディア利用実態調査』のマクロ・データを用いて検討し、日本の高等教育におけるｅラーニングの今後を考察する。

ここで何度も登場している『高等教育機関におけるマルチメディア利用実態調査』は、全国の高等教育機関（大学、短大、高専）を対象としたマルチメディアやＩＴの利用の実態に関する質問紙調査であり、一九九九年度より毎年実施している。悉皆調査であるうえに、回収率が七〇％程度と高いために、あまり偏りがない結果が得られていると思われる。さらに、質問項目を基本的には毎年同じにしているため、継時的な比較ができる構造になっていることを特徴とする。そのため、日本の高等教育機関においてＩＴがどのように浸透して利用されているのかをマクロにみるには最適なデータである。

こうしたマクロなデータから全国的な動向を追い、個別事例からミクロな実態を明らかにし、両者をあわせて高等教育システムというマクロな視点で論じようとするのが、本書の特色でもありねらいでもある。また、これからｅラーニングを実施しようとする大学にとって、参考になる点やあらかじめ注意すべき点が読み取れるようにすることも意図した。

本書のタイトルである『模索されるｅラーニング』は、先例のないところで模索しながらＩＴを教育へ利用しようとしている個別事例をさしているとともに、先行研究のないところで研究方法や分析方法を模索してきたわれわれの共同研究の姿でもある。日本の高等教育におけるＩＴの教育への利用に関するはじめての体系的・総合的な書として、今後の研究の道標になれば幸いである。

注

1　吉田文(二〇〇一)『高等教育機関におけるマルチメディア利用実態調査(一九九九年度)』メディア教育開発センター研究報告一九。

2　吉田文、前掲書、吉田文・田口真奈(二〇〇二、二〇〇三)『高等教育機関におけるマルチメディア利用実態調査(二〇〇〇年度、二〇〇一年度、二〇〇二年度)』メディア教育開発センター研究報告三一、四二、四九。

# 模索されるｅラーニング——事例と調査データにみる大学の未来——

# 第一部　わが国における高等教育とＩＴをめぐる動向

# 第一章　政策主導による「遠隔授業」の制度化

吉田　文

新制大学がもたらしたものの一つに、遠隔教育が制度化されたことをあげることができる。確かに、「早稲田講義録」に代表されるように、大学がその講義を記録した印刷物を配布して行う教育が戦前期にはあったが、それは正規の教育として認められたものではなかった。戦後になってはじめて、印刷教材による通信教育は学位を発行できる正規の高等教育になったのであった。だが、それは、通信制の課程において認められた教育形態であり、キャンパスにおける通学制の課程の教育とは別に位置付けられた。遠隔教育は正規の教育になったとはいえ、それは、通信制課程に限定されたものなのであった。

そうした半世紀の歴史を覆したのが、一九九八年の大学設置基準の改定である。これによって通学制の課程においても「遠隔授業」という名称のもとで遠隔教育を実施することが可能になった。わが国の遠隔高等教育の歴史に記録されるべき年なのであるが、なぜ、戦後半世紀を経てようやく通学制の課程において「遠隔授業」が制度化されたのか、それに至る背景には何があったのか、さらには、それから五年を経た現在、状況はどのように変化したのか、本書を紐解くにあたって、「遠隔授業」をめぐる政策および制度的変化をあとづけておきたい。

## 1　マルチメディア懇談会と報告書の役割

一九九八年の大学設置基準の改定およびそれ以降の制度的変化を導いた基礎となったのが、一九九六年七月に提出された『マルチメディアを活用した二一世紀の高等教育の在り方について』という報告書である。[1] これは、九五年一二月に設置された「マルチメディアを活用した二一世紀の高等教育の在り方に関する懇談会」による九六年一月から八回にわたる議論の成果であるが、そこではこれからの高等教育におけるマルチメディアの活用に関する基本的な考え方とマルチメディア利用の推進策が論じられている。その推進策の最後に「制度の見直し」があげられている。

見直すべき制度は四点にわたっているが、その第一が、通信制以外(すなわち、通学制)の高等教育機関における遠隔授業の実施である。大学設置基準においては、通学制課程の授業とは対面授業を想定していた。しかし、近年の進歩したマルチメディア技術を利用すれば、対面授業と同様な環境で遠隔授業を行うことができるようになったことを理由として、同時性・双方向性を活かした遠隔授業を認めることを提言している。それも、学部の場合、遠隔授業で修得できる単位数が三〇単位までとすることが適当であると記述されていたり、遠隔授業によって単位互換する場合の授業料が今後の検討課題にあげられているなど、制度化を見越した目配りがなされている点に特徴がある。

それ以外に、第二は、リフレッシュ教育の単位化である。リフレッシュ教育とは、社会人を対象に通信衛星を利用して高等教育レベルの教育を配信する形態の教育であったが、それに科目等履修生の制度を適用して高等教育の単位の発行を認めようとするものである。

第三が、通信制の授業についても、通学制と同様に遠隔授業を認めることを提言するものであり、第四が、通信制大学院の可能性を検討することが提言されている。

いずれもマルチメディア技術の進歩によって、これまでできなかったことが可能になったという状況を背景として、マルチメディアの高等教育における活用のために、従来の制度の改定を求めるものである。それがきわめて強い要望であったことは、懇談会の報告書中に、「大学設置基準等の在り方は、最終的には大学審議会などにおいて判断されるべきものであるが、本懇談会としては、マルチメディアの技術の進展や教育への活用の意義等を踏まえ、以下のような観点からの見直しが必要と考える。大学審議会においては、設置基準等の具体の規定の在り方等も含め、速やかに議論されることを期待する」[2]とあることからうかがうことができる。

このマルチメディア懇談会以前の大学審議会においては、大学教育部会の一九九五年七月の「大学教育部会における審議の概要」ならびに、一九九六年一〇月の大学院部会「大学院の教育研究の質的向上に関する審議のまとめ」[3]においてもマルチメディアを利用した遠隔教育が提言されているものの、それらは教育活性化の方策の一部として扱われているのであって、正面からその問題を扱ったという点ではマルチメディア懇談会をおいて他にない。そして、その後、大学審議会にマルチメディア教育部会が新たに設置され、この懇談会での提言のほとんどが実現していった事実を考慮すると、この懇談会の議論と提言のもつ意味は大きく、その後の遠隔教育をめぐる制度化の嚆矢として位置付けることができる。

## 2　マルチメディア教育部会における「遠隔授業」をめぐる議論

　このマルチメディア懇談会の提言を受けて大学審議会に新たに設置されたのがマルチメディア教育部会であり、一九九六年一二月、懇談会の報告書が提出されて半年後のことであった。マルチメディア教育部会では、八回の審議を経て、一九九七年九月に「マルチメディア教育部会における審議の概要」[4]を発表する。審議の概要は、マルチメディア懇談会で提言された四つの制度の見直しをそのまま受ける形で、通学制の課程におけるテレビ会議方式による遠隔授業の三〇単位までの履修の制度化、社会人対象のリフレッシュ教育への科目等履修生制度の適用、通信制課程における遠隔授業と通信制大学院の設置が提言されている。

　このうち、通学制課程における遠隔教育の制度化に関する議論を議事録からみると、審議の途上には必ずしも賛成意見ばかりでなく、一定の留保を促す意見があったことを知ることができる。遠隔教育を制度化するにあたって何が論点となっていたのだろうか。八回の議論のうち、前半の五回と後半の三回とでは論調は大きく変化しており、前半が賛否両論含めての一般的な議論であるのに対し、後半の三回は制度改正を前提にした議論が中心になっている。

　前半では、「マルチメディアを活用した遠隔授業を面接授業の代替として取り扱う場合には、各大学において、講義の位置付けが一様でないため、互換は難しいのではないか。マルチメディアを活用した遠隔授業の設置基準上の取り扱いの問題は、各大学の現状を見ながら考えなければならないのではないか。」（第一回：各回の議事要旨、以下、同様）などと、制度の見直しを議論することが前提になっているにも関わらず、それを否定するような意見が出たり、「現在、マルチメディアによる遠隔教育はコストを度外視して実験的に行われており、また、学生も興味をもって受講しているが、実際に各大学で予算を確保して運用する段階になると、かなり違った状況が生じるのではないか。」（第三回)など、マルチメディアを利用した教育が実用段階にないことを指摘する意見などが出ている。また、アメリカにおいて遠隔授業で学位を発行しているＮＴＵ(National Technological University)の事例紹介に関しても、「ＮＴＵは、いわば授業の切り売り的なシステムのように感じるが、果たして、それで、日本において、大学院で単位認定をし、修士号を出したとき、技術者の養成が可能なのかどうか疑問である。アメリカと日本との工業教育の考え方の相違や日本においてこのシステムの応用性はあるのかを考える必要性がある。」(第二回)などのように、海外で可能であることが必ずしも日本の社会的文脈には合わないことを指摘する意見もある。これらの制度化に否定的な意見からは、当時の大学には遠隔授業に対する需要はあまりなかったことをうかがうことができる。制度化という問題が浮上したとき、それは実態に応じてそれを跡づけるために提言されたというよりは、技術的に可能になったことを制度のなかにとり入れるという関係が存在していたように思われる。

第五回以降になると、設置基準の改定に向けての議論に焦点が絞られていく。大きな論点は三つあり、その第一は、マルチメディアを利用した授業において双方向性が維持されることを前提として、それが同時であるべきか、異時でもよいかという問題である。「マルチメディアを活用した授業であれば、同時に授業を受けられる反面、電子メディアに授業を録画することが可能になり、学生は、実際の授業時間とは異なった時間に受講できるようになる。……マルチメディアを活用した遠隔授業について、異時性も考慮に入れた上で、マルチメディアの活用の在り方を考える必要があると思う。」(第五回)のように、非同期双方向のコミュニケーションが可能だという特性を考慮すべきだという意見に対しては、「単位認定を行うことができるマルチメディアを活用した遠隔授業の範囲を定義づける場合に、録画した授業までを含めるのは如何なものか。」という慎重意見が出されている。

第二は、授業をどこで受講するかという問題についてであり、「教育効果という観点から考えると、各家庭において個人的に遠隔授業を行うほうが教室型の授業形態よりも対面授業に近く、優れていると思うが、あくまでも教室が必要であるということにこだわる理由は何か。」(第六回)、「一人一人にパソコン等のハード面の整備がなされれば、一定の教室等に集まって授業を行うことに伴う学生の通学や学校側の教室の確保等の負担も解消できる。マルチメディア利用というのは、学生とパソコン等の通信機器との関係であり、隣に学生がいるかどうかというのは別の話ではないか。」(第六回)と、教室に限定する必要がないことを主張する意見もあったが、結局は、通常の授業を離れた場所で受けるという範囲での遠隔授業に限定される。

第三は、通学制の課程における遠隔授業の単位数の問題である。一二四単位中三〇単位を上限に遠隔授業を認めるというマルチメディア懇談会以来の議論は、他機関との単位互換の上限が三〇単位であることに依拠している。したがって、審議においてもおおむね三〇単位という方向で議論は進んでいるが、なかには「マルチメディア教育の効果を積極的に考えている大学では、ハード面の整備の費用に係る採算という点からしても少ないのではないか。」(第五回)、「マルチメディアを活用した遠隔授業の単位認定は三〇単位を上限とする規定は、卒業要件の一二四単位のほぼ四分の一しか認めないことになる。そうなると、マルチメディアを活用した遠隔授業は、直接の対面授業とはレベルの異なる内容のものであるというイメージが強くなるのではないか。」(第六回)といった意見も出されている。

これらの論点は、その後の議論にも引き継がれていく問題であったが、審議の概要、一二月の『「遠隔授業」の大学設置基準における取り扱い等について(答申)』[5]では、同期双方向、教室での受講、三〇単位という範囲で遠隔授業の制度化が盛り込まれ、結果として一九九八年三月の大学設置基準の改定に反映する。このようにして、通学制の課程における、遠隔授業の実施が可能になったのである。

## 3　上限六〇単位への拡大

一九九七年一〇月には、大学審議会に対して「二一世紀の大学像と今後の改革方策について」という新たな諮問[6]が出され、マルチメディア部会ではマルチメディアの進展という観点から審議が開始されることになった。そこで、第一に議論されたのが三〇単位という上限である。他機関との単位互換の上限三〇単位を六〇単位に引き上げようという大学教育部会での議論と連動して、遠隔授業の三〇単位という上限も再検討の課題となったのであるが、それは大学からの需要があってというよりは、むしろ、一連の規制緩和路線を踏襲したものである。審議会事務局(文部省)からの説明においても「ＳＣＳや「遠隔授業」を行っている大学から、特に三〇単位の上限を引き上げて欲しいといった要望はない」(第一一回)[7]、部会の委員からも「実際には、単位互換三〇単位の上限を緩和して欲しいという大学からの声はあまりない。ただ、規制緩和を推進する者にとっては、上限三〇単位が縛りになっているという抽象的な考え方から、この問題がでてきたというのが実態である。」(第一〇回)[8]といった発言がなされていることからもそれはわかる。

そのうえ、三〇単位という上限に関しても、「「遠隔授業」により修得する単位数については、実績がないために卒業要件一二四単位の四分の一以下に決めたが」(第一〇回)と、実態のないなかで三〇単位となった経緯があったことが述べられていたり、「学外の単位認定の上限三〇単位という縛りを緩和しないと困るという大学はあまりないと思う。「遠隔授業」により修得する単位数についても同じだと思う。」(第一〇回)と、他機関との単位互換に関しても三〇単位が規制になっている機関は少ないとみられているのである。

しかし、上限を六〇単位とするか、あるいは、単位数は各機関の判断に任せてとくに制約を設けないことにするかの二つの案が提出され、そのどちらを選ぶかというやや強引にもみえる方向で議論が進められた。実際に、上限を六

○単位とすることに対して積極的に賛成する意見は少なく、「「遠隔授業」により修得する単位数を倍増する積極的な理由があるのだろうか。分野によっては、「遠隔授業」は効率的な教育方法だが、むしろ重要なことは、「遠隔授業」が、大学にとってどの程度コストパフォーマンスがある教育方法なのかということだと思う。コストパフォーマンスがよければ、自然と広がっていく教育方法になるだろう。しかし、現状にはそのような実態がない。単位互換も同様であり、実際の利用率は極めて低い状態である。仮に、上限を六○単位としても、各大学に広く行き渡らないと思う。「遠隔授業」のコストパフォーマンスは何なのかを考える必要がある。学部段階においては、他大学の授業を「遠隔授業」で賄わなければならないような授業はそんなに多くないと思う。また、「遠隔授業」を行うための設備投資の面を考えると、小規模大学では難しい。いくらマルチキャンパスの大規模大学でも、六○単位分も「遠隔授業」をしなければ教育が成り立たないというようなことはあり得ない。現在、「遠隔授業」により修得できる単位数三○単位に対して、各大学に問題がないのであれば、現行のままでよいのではないか。」（第一一回）、「通学制のもっている面接授業の重要性を考えると、当面は現行の三○単位で様子をみて、定着したら次の段階を考えればよいのではないかと思う。」（第一一回）のような意見が出されている。

　しかし、事務局からは、「単位互換が広がっていく際に一番活用が期待されるであろう「遠隔授業」について、大学の判断で、より多く単位認定できる余地を作っておく必要があるのではないかという趣旨で、本部会での審議をお願いしているところである。」（第一一回）と、三○単位という上限をはずすことが前提であるという説明のなかで、一九九八年一○月の『二一世紀の大学像と今後の改革方策について――競争的環境の中で個性が輝く大学（答申）』には、「単位互換及び大学以外の教育施設等における学修の単位認定の拡大」において、「併せて、「遠隔授業」によることができる単位数の上限も三○単位から六○単位に拡大するよう大学設置基準を改正することが必要である」[9]と盛り込まれ、一九九九年の大学設置基準の改定に至った。

## ４　インターネットの導入

同期双方向、教室での受講という条件は、新たに登場したインターネットを用いて遠隔教育を実施しようという場合に問題になる。日本においてもインターネットは九〇年代半ば以降、急速に高等教育機関に浸透しており、「二一世紀の大学像と今後の改革方策について」に関する議論でも大きく浮上した問題であった。「日本の学生がアメリカの大学の授業をインターネットを通じて受けるということが現実には起こっている。しかし、国際化ということであれば、反対に、日本の大学がメディアを通じて、国際的に提供することも検討しなければならないと思う。また、世界的にはインターネットを活用したマルチメディア教育が進展しており、インターネットを教育にどのように位置付けていくかということも検討しなければならないのではないかと思う。」（第一〇回）という問題提起がなされ、さらに、「二一世紀の大学像を考える際には、アシンクロナスで、シンメトリーの授業の単位認定をいつの時点で行うかが、今後の重要な問題である。世界的にみれば、これを単位認定する方向であり、オンラインユニバーシティやヴァーチャルユニバーシティが動き始めている。」（第一〇回）のように世界的な動向に併せて日本の改革を求めていく主張がなされ、スタンフォード大学のオンライン学位プログラムやウェスタン・ガバナーズ大学の設立の事例などが紹介されている。インターネットを通じた遠隔授業は、国際化という観点から推進されようとしているのである。しかし、結局、インターネットを利用したバーチャル・ユニバーシティに関しては、議論の進展はみないまま、一九九八年の答申には具体的な提言が盛り込まれることはなかった。

インターネットに関しては、次の一九九九年一一月の「グローバル化時代に求められる高等教育の在り方について」[10]という諮問を受けての議論のなかで扱われるが、そこでは、インターネットに特化して、コンピューター・リテラシーの問題から、バーチャル・ユニバーシティまで、グローバル化という観点から幅広く論じられている。そのうち、バーチャル・ユニバーシティに関しては、「知識・情報伝達の手段としてインターネットは大きなインフラとなる可能性があるため、その存在を前提として物事を考えることが必要。……例えば、バーチャル・ユニバーシティはなぜ日本ではまだ実現していないのか等を論点として出してはどうか。」（第八九回：大学審議会総会議事要旨）[11]、「例えば、施設や教官等は既存の大学のものを利用するバーチャルな大学、すなわち、講座単位で国公私を問わず参加大学を募り、国際的基準の審査をクリアするもっとも優れたところを採用し形成する大学院大学を一つ作ってはどうか。」（第八九回）といった提案が出されているが、議論そのものの深まりはみられない。

しかし、二〇〇〇年六月の審議の概要[12]においては、わが国の高等教育の国際的な通用性・共通性の向上と国際競争力の強化を図るための五つの視点の一つに「情報通信技術の活用」が採用され、「インターネットを活用した授業の遠隔授業としての位置付け」として「近年のインターネット等の情報通信技術の発達により、直接の対面授業以外の方法でもきめ細かな教育指導を行うことが可能になってきている状況を踏まえ、今後、インターネットを活用した授業については、きめ細かな教育指導によって補完されることにより全体として直接の対面授業と同等の教育効果が確保されると評価される場合には、遠隔授業として位置付ける方向で、通学制及び通信制のそれぞれについて見直しを行うことが適切である。」と明記されるのである。

それでも、審議会総会では、答申の案をめぐって、あまりにもインターネットによる授業が強調された書き方になっていることに対して、対面授業が基本にあることを明記するように求める意見が多く出されている。「インターネットを活用した新しい教育方法を評価していくことは大事であるが、やはり青年期の学生にはキャンパスライフは重要である。答申(案)では、伝統的には、対面授業が基本とされてきた、として、対面授業は過去のものであるかのような表記となっており、また、メディアを活用した授業は対面授業には見られない特性を持つ、として、インターネットによる授業の特性が強調された記述になっているが、メディアを活用した授業と対面授業の両方の特性が分かるような書き方にした方が良い。」(第九三回)[13]、「人間と人間の接触は、インターネットでは為し得ない何ものかを生んでいくのではないか。情報通信技術を使った新しい教育の特長を書くのはいいが、基本的には(大学教育においては、人と人との触れ合いにより)人間形成を図るということをきちんと書いておく必要がある。」(第九三回)といった意見がそれに相当するが、インターネットによる授業に対する抵抗感は委員の間で強かったことがうかがえる。

そして、二〇〇〇年一一月の『グローバル化時代に求められる高等教育の在り方について(答申)』[14]では、概要と同じく「情報通信技術の活用」において、インターネットを利用した教育の在り方に関する記述がなされ、そのなかで遠隔授業の在り方の見直しが提言されている。やや、長くなるが、審議概要とは異なる記述をみておこう。「遠隔授業には、後述するように、既にテレビ会議式の授業が、一定の要件の下、直接の対面授業と同様に取り扱われているが、近年の急速な情報通信技術の発達とその普及により、インターネット等の情報通信技術を活用した授業(以下、「インターネット等活用授業」という)についても、きめ細かな学習指導が行われることにより、全体として直接の対面授業と同等の教育効果を確保することができると考えられる。……今後は、こうした状況等を踏まえて、通信制の教育において遠隔授業により修得することのできる単位数を見直すとともに、インターネット等活用授業を遠隔授業として位置付ける方向で通信制及び通学制の授業を見直すことが適当である。」とあり、インターネットを利用した授業の制度化が提言されている。同期双方向、教室という空間における受講という制約からの解放である。

この答申をうけて、二〇〇一年三月に設置基準は改定され、わが国においても一二四単位中六〇単位までは、インターネットを利用して非同期双方向の授業の単位化が可能になったのである。

## 5　海外からのインターネット授業

インターネットの特性は、国境を容易に越えて世界に広がるという点である。したがって、インターネットによる授業の単位化を認めれば、当然のように、海外機関のインターネット授業の単位認定の問題や、日本の大学教育の海外への提供の問題が生じる。

そうした可能性についても、この答申では扱われていることが特徴である。それ以前は、マルチメディアを利用した授業に関して、他機関の単位互換の問題は扱われていたが、その他機関はあくまでも国内の高等教育機関を想定したものであった。それが、インターネット利用に関しては、審議会においても論じられていたように海外機関のインターネットを利用した教育を受講することが可能になるのであり、この問題が論じられていた二〇〇〇年当時はすでに、アメリカを中心にインターネットを利用しての海外進出が盛んになりはじめていたころである。わが国の高等教育機関にとって未経験の事態に対する対応が必要になったのである。

答申には、「我が国大学においては、学生が外国に在住し当該国の大学で修得した単位については、単位互換制度により一定の限度で我が国の大学の単位として認定することが認められているが、我が国にいながら、インターネット等を活用した通信教育により修得した外国の大学の単位については、現行制度上そのような履修が想定されていないことから、我が国の大学の単位として認定することは認められていない。」が、「今後は、外国の教育制度において、大学がインターネット等を活用した通信教育により単位を修得させたり正規の課程を修了させたりすることを認めている場合は、我が国の学生がこれにより得た単位又は学位については、一定の要件の下で、学生が外国に在住して当該国の大学で得た単位や学位と同様により取り扱い、大学における単位認定を可能とし、我が国の大学院入学資格を認めることが適当である。」と記述され、海外機関のインターネット授業の国内機関における単位認定の道を開いたのであった。

## 6　制度先行の「遠隔授業」

一九九六年七月のマルチメディア懇談会の設置から、二〇〇一年三月の大学設置基準の改定までの五年弱という短期間で、通学制課程における遠隔授業の制度化は、三〇単位分の同期双方向のテレビ会議システムの採用、その六〇単位への拡大、インターネット等活用授業により非同期双方向の授業、海外機関からのインターネット授業の認可とめまぐるしく変化した。それがかなり政策主導で行われたことは、審議過程の議事要旨からうかがうことができる。

確かに、大学設置基準の縛りがある日本の高等教育制度においては、まず、制度を変えないと何もできないという状況があるのだが、この遠隔授業の制度化は、実際に大学からの需要があまりないことを認めた上で、今後の可能性を拓くためになされているところが多分にあり、そのことから背後にそれを牽引する一定の力が働いていたことを想定させるものである。また、マルチメディアを高等教育の授業で利用することが審議会などで議論になったのは、管見の限りではこれがはじめてであり、そうしたことからもそれを推進する力があったことが推測されるのである。それを推進する際のキーワードは、規制緩和とグローバル化であった。前者は、遠隔授業で実施可能な単位数の上限問題が論じられたときであり、後者は、インターネット等活用授業の導入が議論されたときに用いられた。

ともあれ、制度上の道は拓かれ、わが国の高等教育機関もサイバースペースを利用して様々な授業展開が可能になった。それが、需要のなかったところに新たな需要を喚起し、高等教育に何がしかの変容をもたらしているのだろうか。以下、その実態に関して、全国の様子を鳥瞰し、さらに、個別機関の状況を俯瞰しながら検討していこう。

## 注

1　文部省高等教育局（一九九六年）『マルチメディアを活用した二一世紀の高等教育の在り方について』

2　前掲書、二六ページ

3　大学審議会大学教育部会（一九九五年七月）「大学教育部会における審議の概要」、大学院部会（一九九六年一〇月）「大学院の教育研究の質的向上に関する審議のまとめ」 http://www.mext.go.jp/b_menu/shingi/12/daigaku/toushin/961001.htm （二〇〇四年一〇月一日アクセス）

4　マルチメディア教育部会（一九九七年九月）「マルチメディア教育部会における審議の概要」 http://www.mext.go.jp/b_menu/shingi/12/daigaku/toushin/970903.htm （二〇〇四年一〇月一日アクセス）

5　文部科学省（一九九七年一二月）『「遠隔授業」の大学設置基準における取り扱い等について（答申）』 http://www.mext.go.jp/b_menu/shingi/12/daigaku/toushin/971202.htm （二〇〇四年一〇月一日アクセス）

6　文部科学省（一九九七年一〇月）「二一世紀の大学像と今後の改革方策について（諮問）」 http://www.mext.go.jp/ b_menu/shingi/12/daigaku/toushin/971001.htm （二〇〇四年一〇月一日アクセス）

7　マルチメディア教育部会第一一回会議議事録　http://www.mext.go.jp/b_menu/shingi/12/daigaku/gijiroku/002/980501.htm （二〇〇四年一〇月一日アクセス）

8　マルチメディア教育部会第一〇回会議議事録　http://www.mext.go.jp/b_menu/shingi/12/daigaku/gijiroku/002/980401.htm （二〇〇四年一

〇月一日アクセス）

9　文部科学省（一九九八年一〇月）『二一世紀の大学像と今後の改革方策について―競争的環境の中で個性が輝く大学（答申）』
http://www.mext.go.jp/ b_menu/shingi/12/daigaku/ toushin/981002.htm （二〇〇四年一〇月一日アクセス）

10　文部科学省（一九九九年一一月）「グローバル化時代に求められる高等教育の在り方について（諮問）」
http://www.mext.go.jp/b_menu/shingi/12/daigaku/ toushin/991101.htm （二〇〇四年一〇月一日アクセス）

11　第八九回大学審議会総会議事要旨　http://www.mext.go.jp/b_menu/shingi/12/daigaku/gijiroku/007/991202.htm

12　「グローバル化時代に求められる高等教育の在り方について」審議の概要（二〇〇〇年六月）
http://www.mext.go.jp/b_menu/shingi/12/daigaku/toushin/000601.htm （二〇〇四年一〇月一日アクセス）

13　第九三回大学審議会総会議事要旨　http://www.mext.go.jp/b_menu/shingi/12/daigaku/gijiroku/007/001001.htm （二〇〇四年一〇月一日アクセス）

14　文部科学省（二〇〇〇年一一月）『グローバル化時代に求められる高等教育の在り方について（答申）』
http://www.mext.go.jp/b_menu/shingi/12/daigaku/toushin/001101.htm （二〇〇四年一〇月一日アクセス）

# 第二章　高等教育機関におけるＩＴの利用状況

田口　真奈

第一章でみたように、我が国においてはここ数年の間に高等教育におけるＩＴ利用の道が急速に整えられた。それでは、こうした変革期において、日本の高等教育機関はＩＴをどの程度利用しているのだろうか。またこうした利用を支える環境は整備されているのだろうか。ここでは四年制大学におけるインフラの整備状況とＩＴの利用状況、そしてその利用を支える環境整備の三点についてその推移と現状を、具体的なデータを基にみてみることにしよう。データは、メディア教育開発センターが日本の全高等教育機関を対象として、一九九九年度から毎年実施している調査結果[1]を利用している。各年の回収率等を表１にまとめた。

表１　調査データの有効回収数と配布数、回収率

| | | 有効回収数／配布数 | (回収率) |
|---|---|---|---|
| 1999年度調査[2] | 本部 | 449／ 620 | (72.4%) |
| | 学部・研究科 | 1059／1606 | (65.9%) |
| 2000年度調査[3] | 本部 | 452／ 647 | (70.0%) |
| | 学部・研究科 | 1065／1683 | (63.3%) |
| 2001年度調査[4] | 本部 | 437／ 667 | (65.5%) |
| | 学部・研究科 | 907／1750 | (51.8%) |
| 2002年度調査[5] | 本部 | 511／ 685 | (74.6%) |
| | 学部・研究科 | 980／1756 | (55.8%) |
| 2002年度調査[6] | 学部・研究科 | 1027／1791 | (57.3%) |

# 1　インフラの整備状況

## (1)　インターネットはどの程度導入されているのか

インターネットの導入状況は、一九九九年度調査の時点ですでに九八％にのぼっており、機関公認のホームページをもっている大学の割合も九五％であった。現在では日本のほぼすべての大学がインターネットを導入しており、機関公認のホームページをもっているといってよい。

しかし、機関としてインターネットが導入されていても、そのことがすぐに機関に所属する全員がインターネットを利用できる状態になっていることを意味するわけではない。インターネットを用いてメールなどのやりとりをする際に必要となってくるＩＤ付与に関してみると、四・三％の大学が学生にＩＤを全く与えていないことが明らかになっている(二〇〇三年度調査結果)。もっとも、こうした機関は四年前に比べると減ってきてはいる。逆に、希望者や一部にだけではなく、「全員に」ＩＤを付与する大学はこの五年間で増加し続けている。一般家庭への常時接続回線の普及が進み、必ずしも

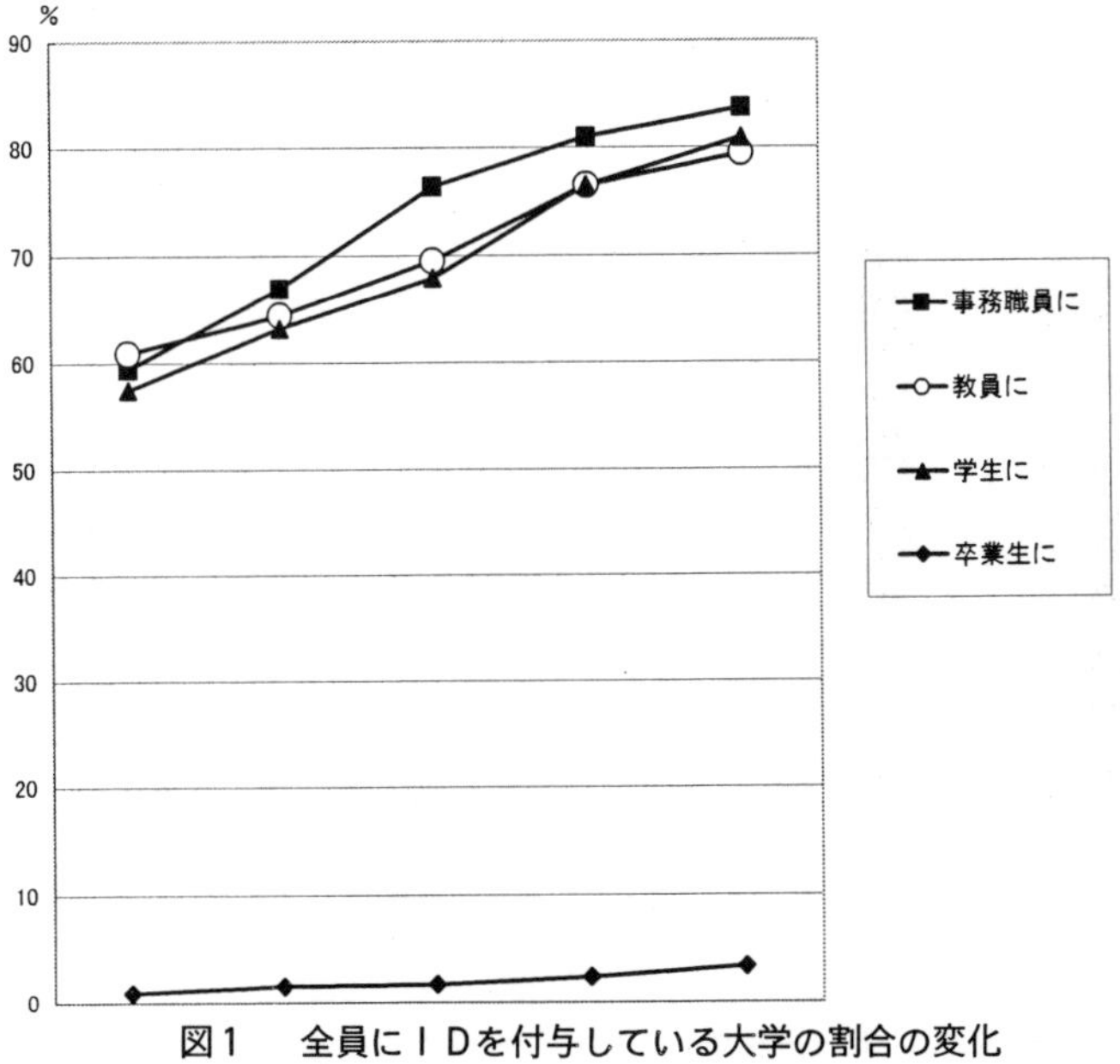


図１　全員にＩＤを付与している大学の割合の変化

大学ですべてのＩＤを準備する必要はないとも考えられるが、図1からは、卒業生にＩＤを与えている機関はまだほとんどないものの、事務職員、教員、学生といった組織に所属する人にはすべてＩＤを与える機関がかなり高い割合になっていることがよみとれる。インターネットの導入が個々人にまで及んできたということであろう。

### (2)　コンピュータはどの程度整備されているのか

インターネットの利用も、そもそもコンピュータ環境が整っていなければ始まらない話である。また、実際に台数が多くあったとしても、それが実際に自由に利用できる環境になければ意味がない。メディアセンターなどにコンピュータがそろってはいても、一時限目から六時限目までめいっぱい授業がある学部学生が、いざ授業終了後にコンピュータを利用しようとしたら鍵がかかって開いていない、という話も聞く。コンピュータ環境は、どの程度整備されているのだろうか。

まず、全学的に学生が利用できるコンピュータ専用室は、ほぼすべての高等教育機関に設置されている。その開室時間については、二〇〇〇年度調査時点では八時間という回答がもっとも多く、二四

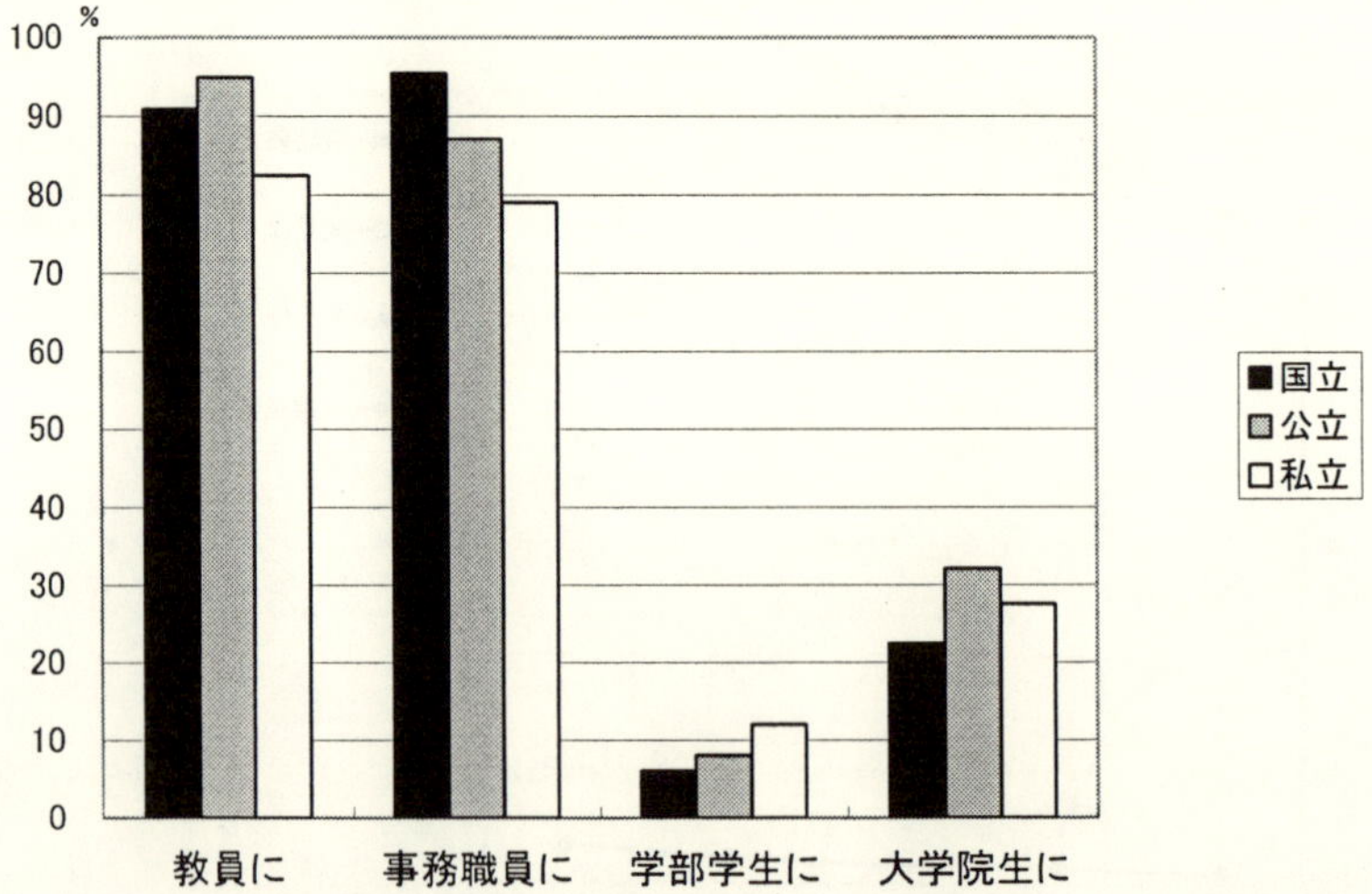


図２　一人一台のコンピュータが整備されている大学の割合（2002年度調査結果）

時間利用可能と回答した機関は一六機関存在し、そのうち一一機関が私立大学であった。また、コンピュータ専用室におけるコンピュータの保有台数は、三台から二八一五台までと大きな幅があった。コンピュータ専用室の開室時間も、コンピュータの保有台数もある程度は大学規模に依存するのは当然である。しかしながら、コンピュータ整備環境は、大学規模以上に大きな大学間格差があることが示唆される。

それでは、学生や教員、事務職員といった機関に所属する人員一人当たりにしてみると、コンピュータはどの程度整備されているのだろうか。図2からは、教員、事務職員に対しては多くの機関において一人一台のコンピュータが整備されているのに対し、学生はその割合が非常に低いことがわかる。設置者別にみてみると、国立の教員と事務職員の方が私立の大学よりも全体としてみるとコンピュータの整備環境はややよいが、学部学生と大学院生では私立大学の方が整備環境はよいことがわかる。

こうした学生に対するコンピュータの整備環境は専門分野によって違いがみられる。図3は、専攻分野別に学生へのコンピュータの整備状況をみたものであるが、理工学系は人文社会科学系よ

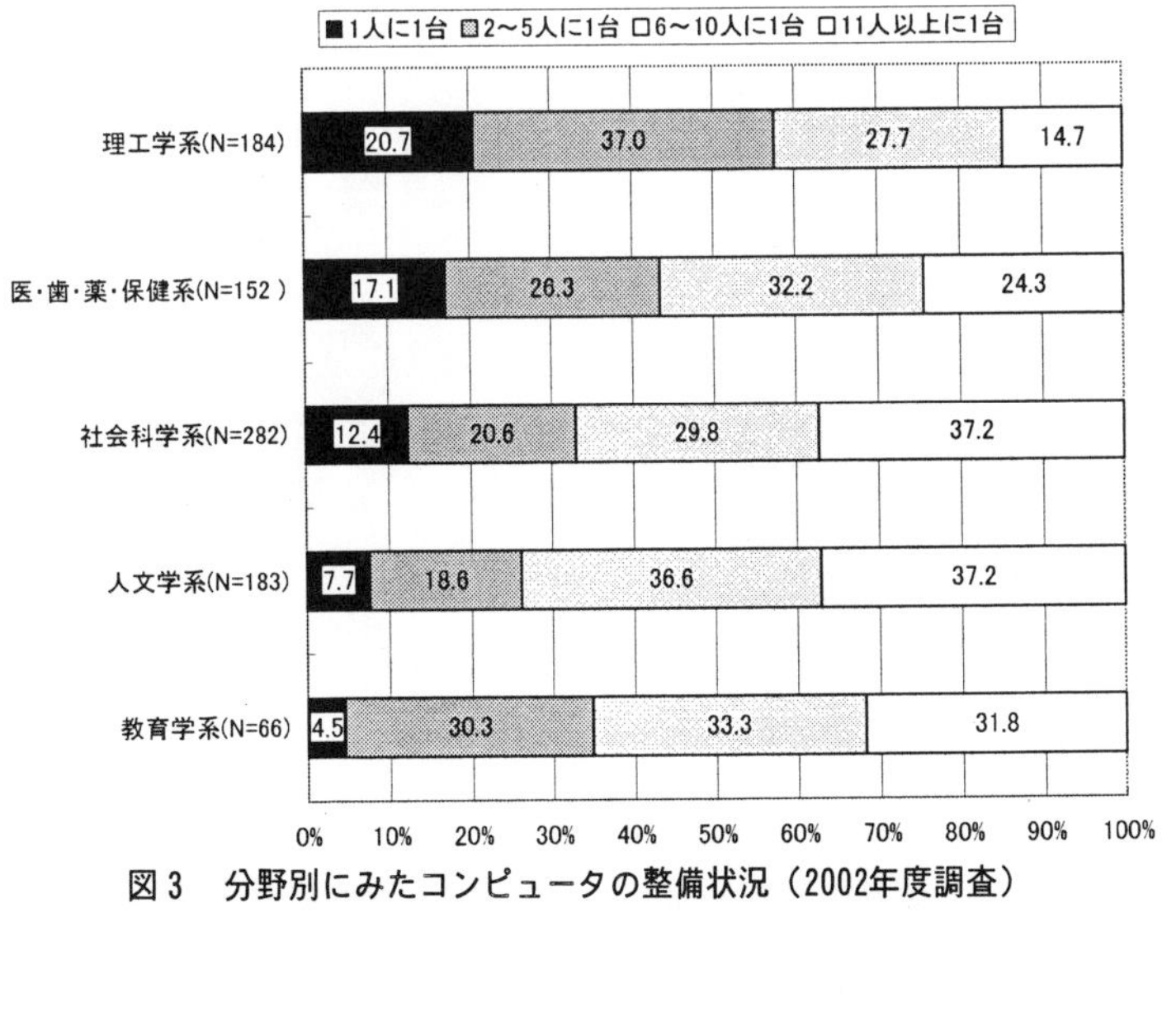


図3　分野別にみたコンピュータの整備状況（2002年度調査）

りも概して学生に対するコンピュータの整備状況がよい。

機関におけるコンピュータの整備状況は、国公立の教員・事務職員に対して厚く、人文社会科学系の学生にもっとも薄いということができる。

専攻分野にかかわらず、今日では研究活動にコンピュータは必要不可欠なものと考えられることから、多くの学生が自己負担でコンピュータを購入していると考えられる。

## 2　ＩＴの利用状況

### (1)　どういったテクノロジーがよく利用されているのか

大学設置基準の改訂によって遠隔授業の単位化が可能となって以降、これまで通信制課程のみによって行われてきた遠隔教育が通学制課程においても実施されるようになった。遠隔教育を行う場合に、ＩＴは必要不可欠となってきつつあるが、どういったテクノロジーが使われているのであろうか。図４は、衛星通信とＩＳＤＮなどの地上系通信、そしてインターネットの教育への利用度の変化を示したものである。インターネットの利用は地上系通信や衛星通信より

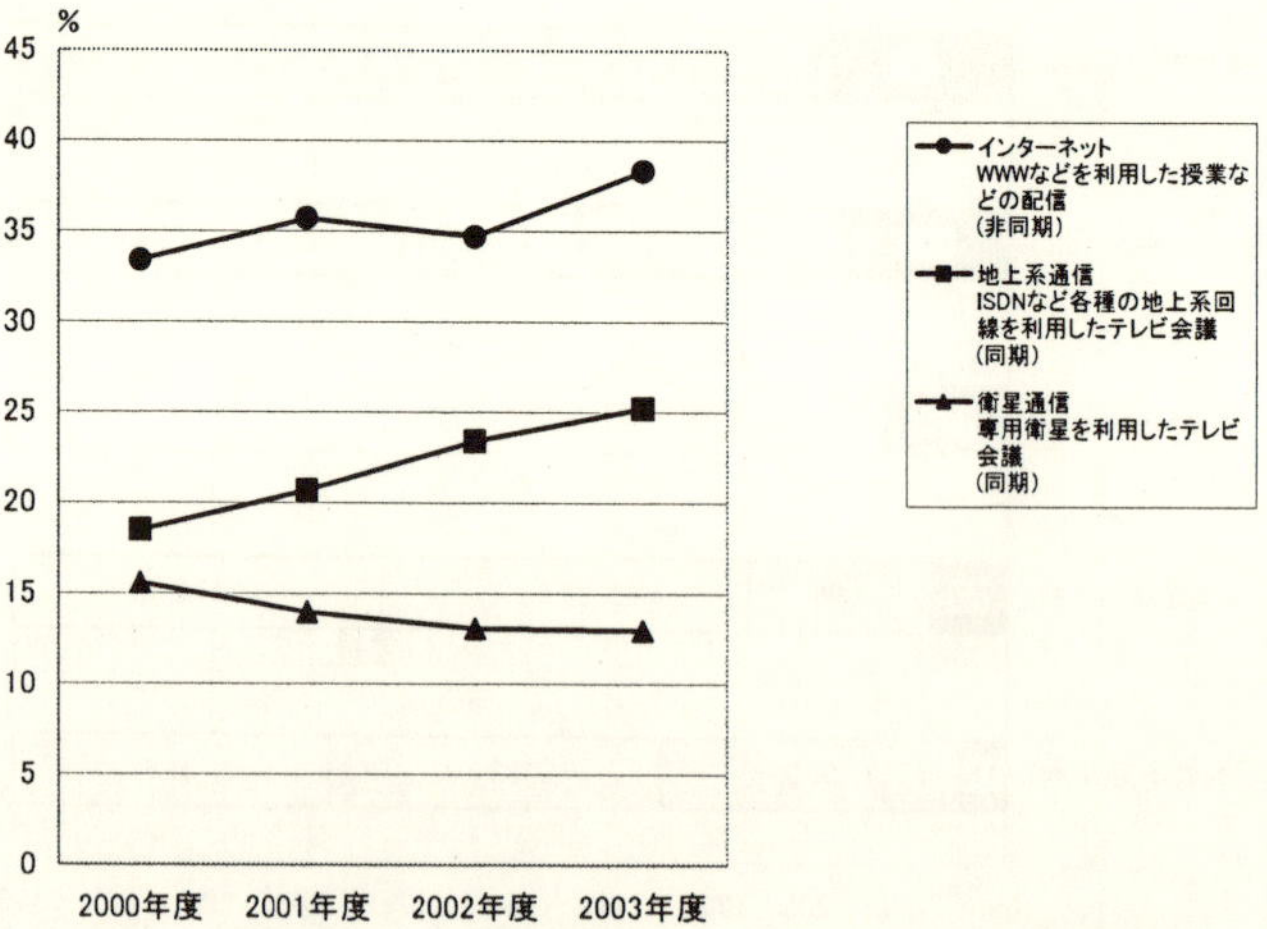


図４　衛星通信・地上系通信・インターネットの利用状況の変化

も多く、地上系通信とともに徐々に利用が伸びてきている。反対に衛星通信の利用はやや下降傾向にある。

インターネットは非同期双方向の、地上系通信と衛星通信は同期双方向のコミュニケーションに適していると考えられるが、これらのテクノロジーの利用場面による「棲み分け」を次にみてみよう。

## (2)　どのような場面に利用しているのか

図５は、衛星通信、地上系通信、インターネットといったテクノロジーの利用場面ごとの違いを示したものである。衛星通信や地上系通信は教員や職員の会議に、インターネットは補習教育によく利用されていることがわかる。衛星通信や地上系通信などの同期双方向のテレビ会議方式は、時間と場所が固定されるが双方向のコミュニケーションが容易であるという特徴があり、それが会議によく利用されている理由であろう。一方で非同期のインターネットの場合には、大勢が一斉に双方向でコミュニケーションをとることは困難であるが、時間と場所の制約からは解放される。そのために、個人のペースで学習を進めていくような場面に適していると考えられているといえる。語学教育については、地上系通信、インターネット

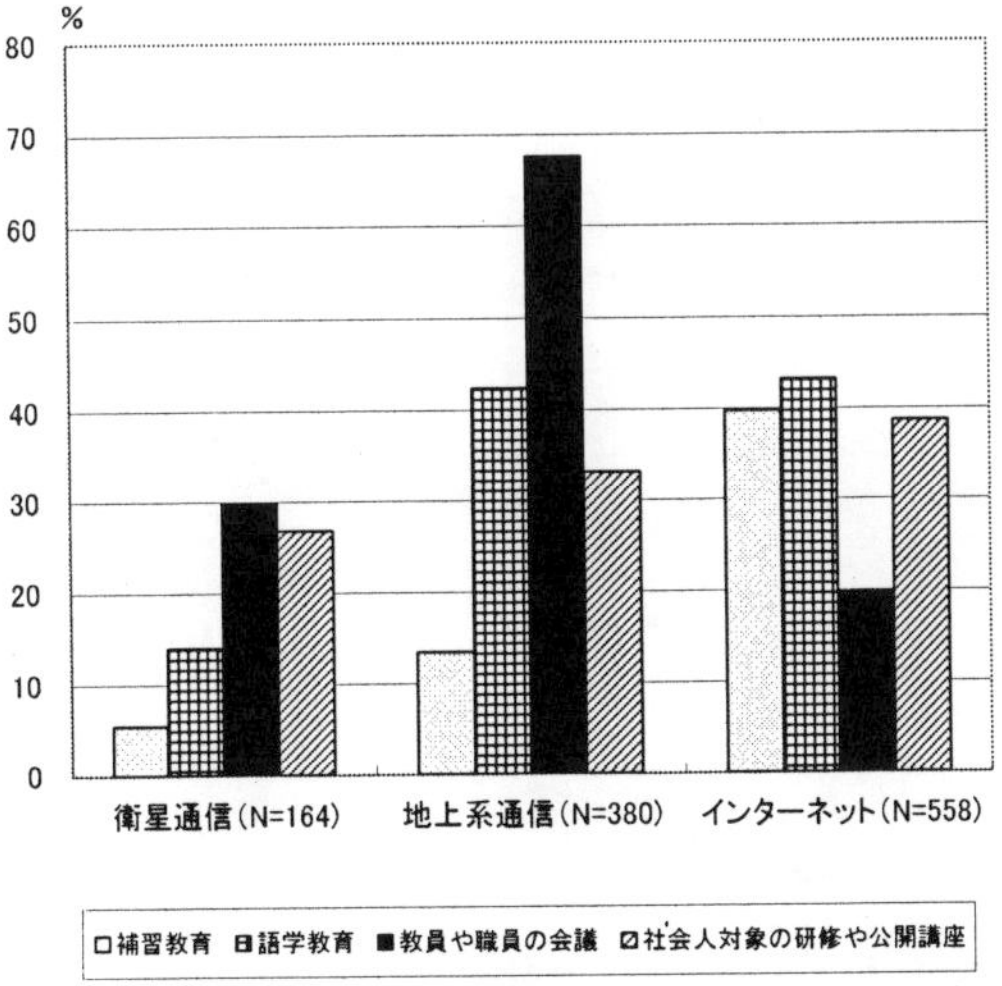


**図５　衛星通信・地上系通信・インターネットの利用場面**
(利用していると回答した機関の割合、複数回答、2003年度調査)

ともによく利用されている。また、インターネットが、社会人対象の研修や公開講座の提供によく利用されている背景としては、次にみる学生対象のオンラインコースを公開講座として社会人にも開講することが増えているためと思われる。

では、授業をインターネットによって配信している機関はどの程度存在するのであろうか。図６は、過去三年間の変化をあらわしたものである。インターネットによる授業配信を実施している機関は現状では一六%と、それほど高い数値ではないが、インターネット授業の配信を「計画している」機関は過去三年の間、常に二割を超えて存在しているため、今後も増加傾向にあると考えられる。

しかしながら、こうしたコースによって単位を認定しようとしている機関は驚くほど少ない。インターネットによる受講を単位認定している授業を行っている機関は四%程度であり、計画している機関を含めても一割ほどである。海外からの単位を認定するインターネット授業を行っている機関は皆無といってよく、計画している機関もほとんどない。海外から授業を「買い付けて」配信することによって単位を認定する動きは現状ではみられない。

こうしてみると、インターネット授業を配信している機関は増加傾

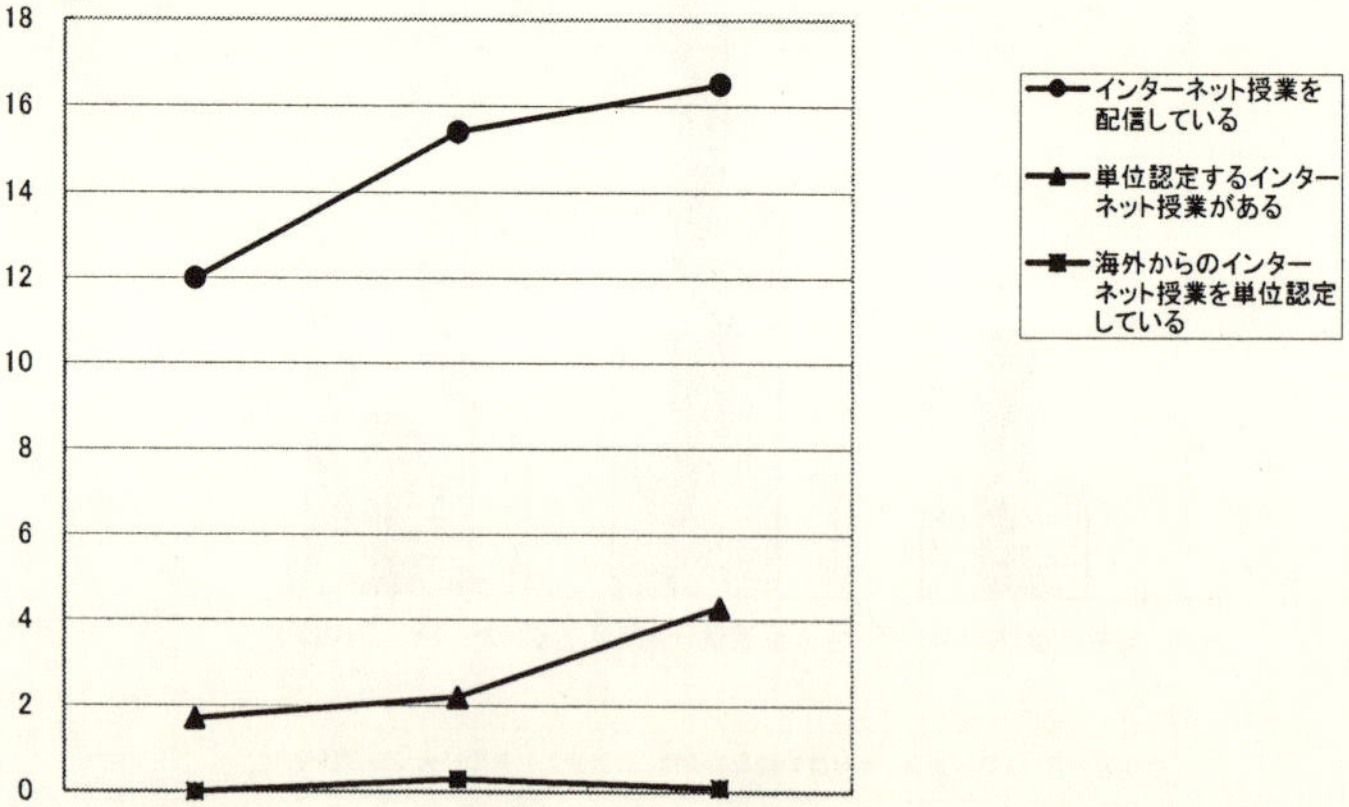


図６　インターネット授業を配信する機関の割合の変化

向にあるが、オンライン授業のみで教育を完結させようという意図はなく、あくまでも授業の補完に用いようとしているといえるだろう。

### (3)　授業ではどのようなメディアが利用されているのか

次に授業ではどのようなメディアが利用されているのかをみてみよう。図7は、五年間を通して利用率が比較的高いメディアの利用率の変化を、図8は利用が中程度、または低い項目をまとめた。まず、図7および図8において、インターネット関連の項目が高い伸び率にあることに注目すべきであろう。特に事務連絡を電子メールや電子掲示板を利用しておこなっている機関、授業内容のウェブ上への掲載を行う機関の割合は五年の間にずいぶんと増えた。インターネット上の情報を教材として配布する機関の割合も七割前後と高い水準のままである。インターネットを情報源あるいは情報提供のための道具として利用する機関の割合はここ数年で確実に伸びているといえよう。一方、同じインターネットの利用であっても、学生間の討議のために電子掲示板やメーリングリストを利用している機関は三割程度にとどまったまま増えてはいない。レポートの提出や、質問受け付けを電子メールや電子掲示板を利用して行う機関もさほど増えてはいない。インターネットは情報を広く安価なコストで提供するのに非常に適した道具ではあるが、同時に双方向のコミュニケーションを可能とするメディアでもある。しかしながら、その双方向性はそれほど有効に活用されているとはいえない。また、通信衛星などによる授業や録画授業のウェブ上への掲載といったいわゆる遠隔授業についての利用は一割未満のまま増加していない。

インターネット関連の項目はどれも増えてはいるが、図7をみると、授業での利用が多いのは、今のところはまだＯＨＰやオーディオカセット、録画ビデオといったいわゆるオールドメディアであることがわかる。しかしながらＯ

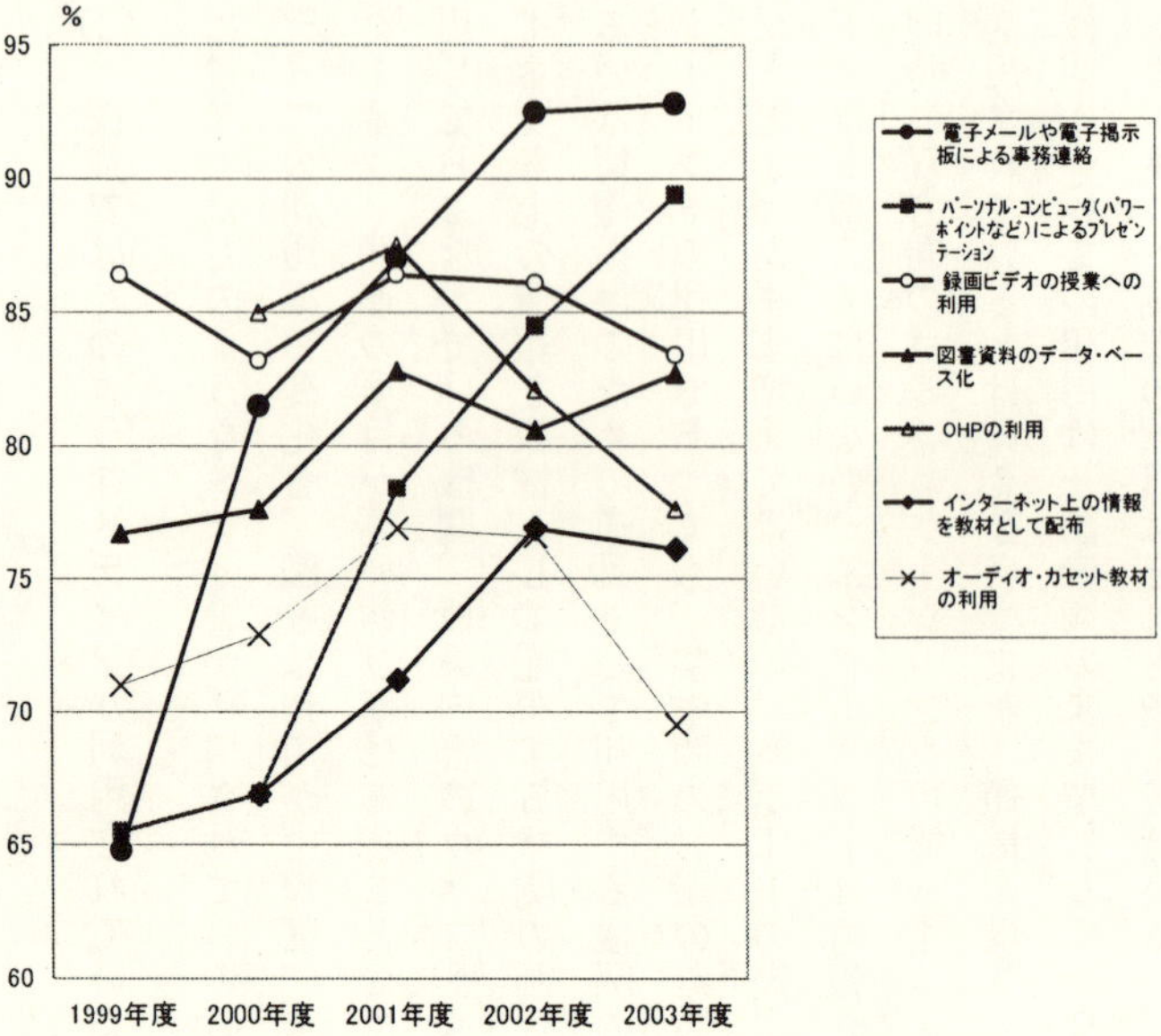


図７　授業でのマルチメディア利用頻度―利用高群―

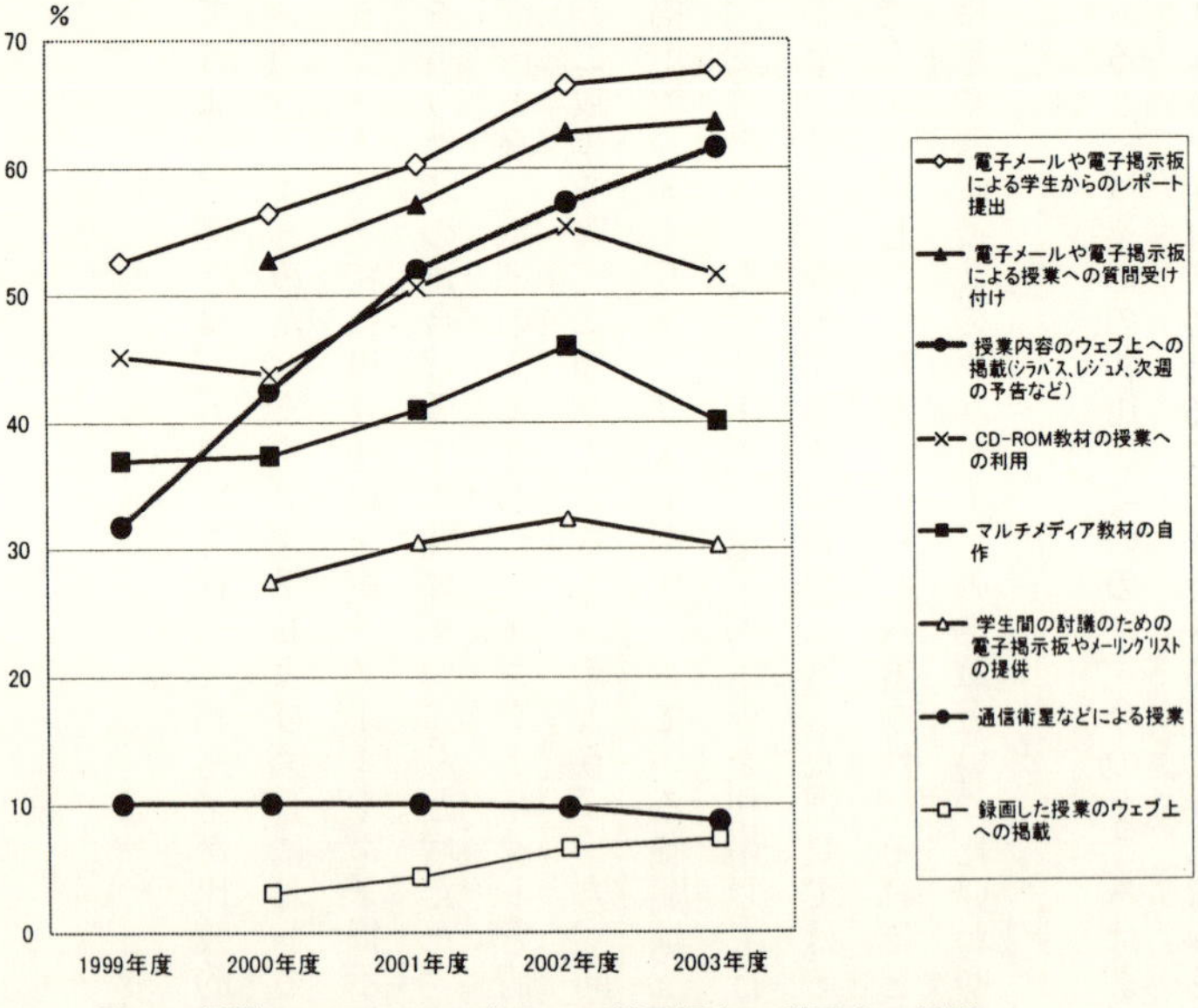


図８　授業でのマルチメディアの利用頻度―利用中、低群―

ＨＰの利用は、パーソナルコンピュータによるプレゼンテーションの利用率と対照的に急激に減少している。オーディオカセット教材や録画ビデオの利用も高い利用率を維持したままであるとは考えにくい。これらメディアの入れ替わりは、いったん始まるとその変化は急激に加速されていくと考えられる。すなわち、教室に装備されているメディアがＯＨＰであることが多ければ、教員は教材をＯＨＰシートとして準備することが増えるだろうし、カセットデッキ、ビデオ再生機が標準で装備されていれば、そうしたメディアを授業教材として利用し続けるであろう。しかし、これらのメディアが教室から消え始めてしまうならば、教員はプレゼンテーション教材、音声ファイル、画像ファイルといったものをコンピュータの中に蓄積し、確実に利用できる環境を維持するだろうと考えられるからである。これまでは画像や音声データを大量に持ち歩くことは難しかったが、それもコンピュータの記憶容量と処理速度の急速な向上によって問題がなくなってきた。今後、どのようなメディアが利用されていくかは、有用なコンテンツがどのような媒体で供給されているかに依存していくだろう。中身が箱を選別し、箱が中身を規定していくのである。

以上、インターネットの利用、特に情報提供のための利用がここ五年で飛躍的に伸びたこと、オールドメディアの利用は比較的高い利用率を維持しているが、ＯＨＰの利用が急速に減少し、パーソナルコンピュータによるプレゼンテーションの利用が増加していることを述べた。コンピュータによる教材提示が、ＯＨＰに拠っていたそれにとってかわり、紙で「お知らせ」を配ったり掲示板に貼ったりしていたものが、メールやウェブ上でなされる、といったように、従来からある機能を新しいメディアが代替していくという意味での変革は起こっている。しかしながら、新しいメディアが従来の「教育」を質的に変えているとはいえない。いわゆる「遠隔教育」への利用率は低いままであるし、多くの機関で使われるようになったインターネットも、事務連絡、シラバスや教材の掲載といったトップダウンの情報提供の手段としては利用が増加しているものの、学生からの質問を受け付けたり学生間の議論のための場をあらたに設けたりといったインターネットの双方向性を活用した利用はそれほど増えていないからである。それではなぜ、新しいメディアが大学の授業の質を変えていくような利用に向かっていないのだろうか。次に、こうした利用を支える環境整備をみてみよう。

## 3　利用を支える環境整備

これまでみてきたように、インターネットは全ての大学に導入されており、コンピュータもほぼ全ての教員に行き渡っている。インフラはかなり整ってきたとみてよかろう。しかしながら、こうしたインフラの整備と同程度あるいはそれ以上に重要なのが、こうしたインフラをどのように活用するか、また活用をどのように支援していくか、ということである。特にＩＴ化に関しては、全学的な決定によるところが大きく、学内に統一した意思決定をする機関があるかどうかということは、それを効果的に運用できるかどうかに大きな影響を及ぼすと考えられる。ここでは、全学的にマルチメディアの利用の問題を扱う委員会や、マルチメディアの利用促進のための支援センターの設置状況や支援の現状、さらに、研修の実施状況などのＩＴ利用を支える環境についてみてみよう。

### (1)　委員会組織とマルチメディア利用のための支援センター

マルチメディア利用のための支援センターは六八％、マルチメディア利用に関する全学レベルの委員会組織は七九％の機関に設けられている(図9)。いずれについても、ここ五年の間に設置する機関が増えてはいるが、逆に「設置を予定している」機関は年々減少している。ここ数年の間に、こうした全学的な委員会を設置し、全学を挙げてＩＴ

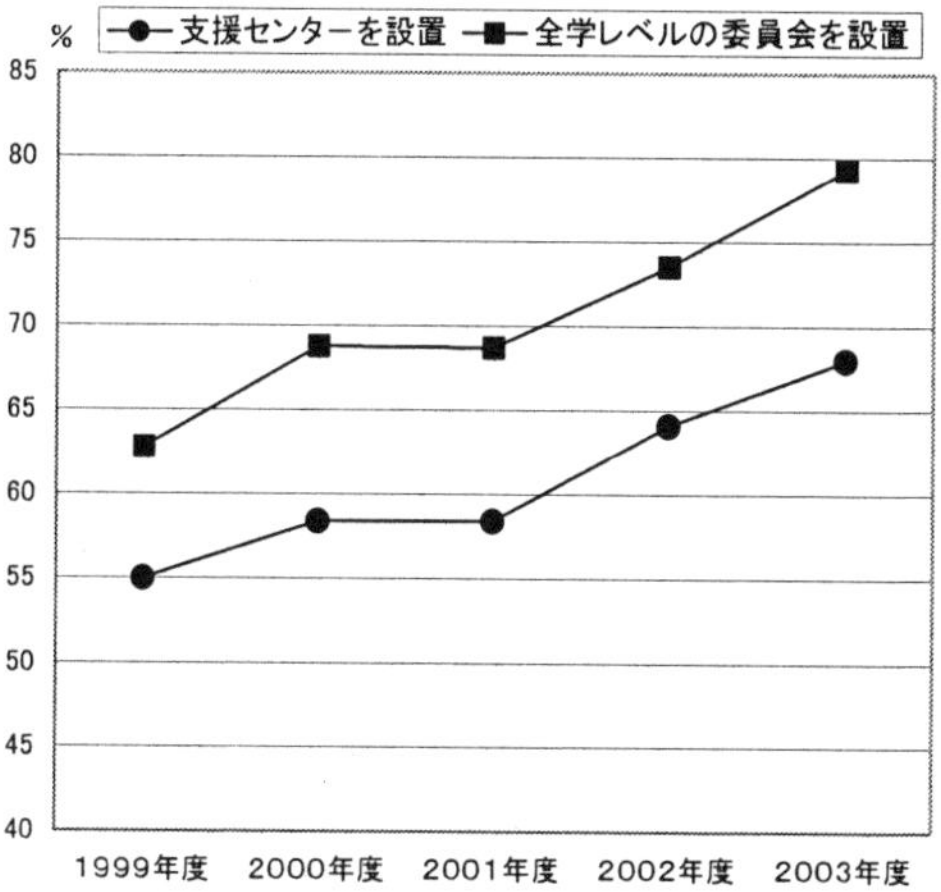


図９　支援センターや委員会の設置状況の変化

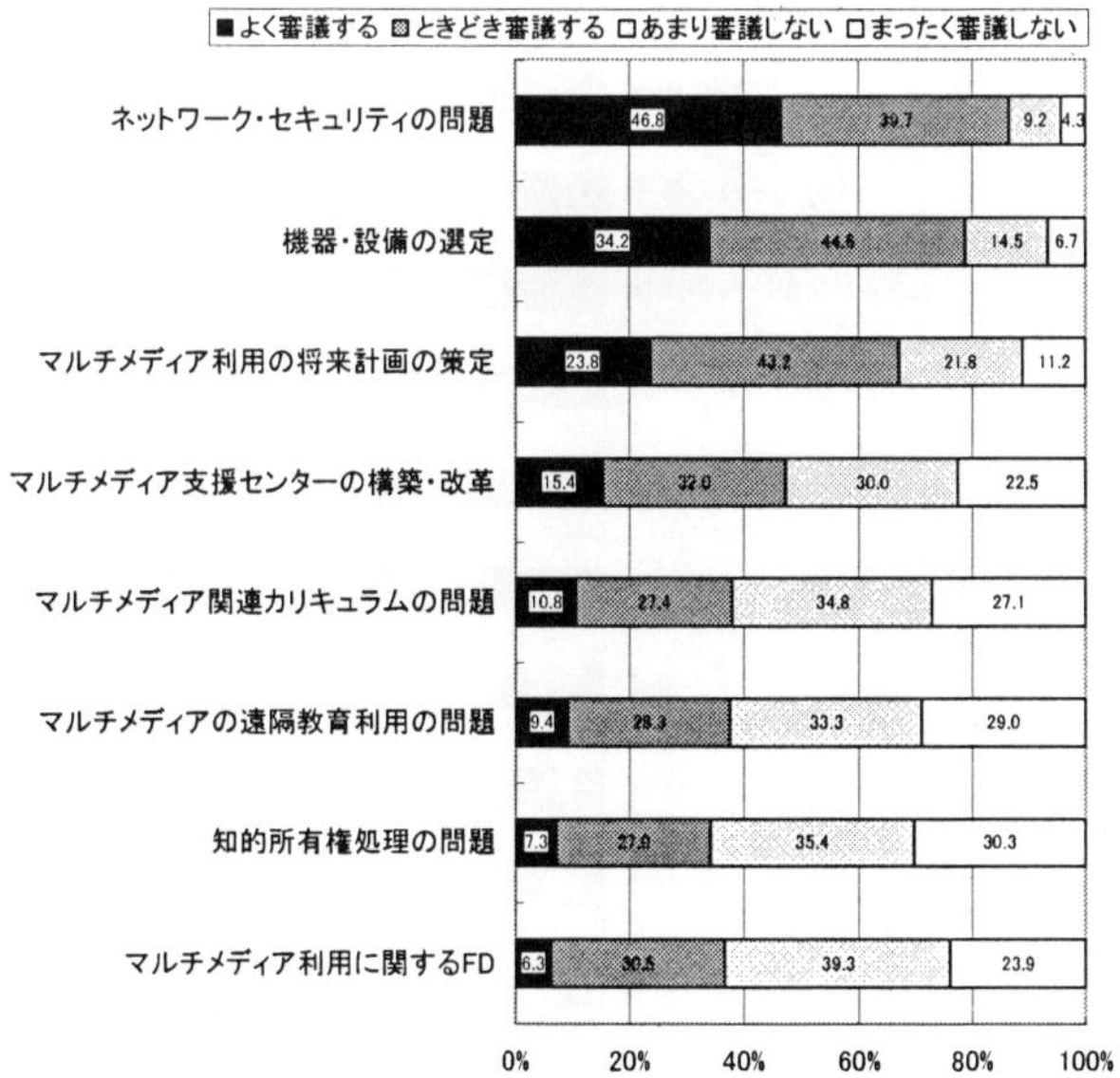


図10　委員会での審議事項（2003年度調査）

化を推進していこうとする機関とそうではない機関とがはっきりしてきたといえるのではないだろうか。

次に、こうした委員会における過去一年間の審議事項についてみてみよう(図10)。委員会で最もよく審議されているのは、「ネットワーク・セキュリティ」の問題である。今日ではコンピュータ・ウィルスによる被害は一般家庭だけではなく、企業や大学などをも直撃するが、こうした背景を受けてか、「よく審議する」に「ときどき審議する」を加えると、九割近くの委員会において審議されている。次いで「機器・設備の選定」が多く八割程度の機関の委員会において審議されている。一方、あまり審議されていないのが、「マルチメディア利用に関するファカルティ・ディベロップメント」や「マルチメディアの遠隔教育利用の問題」「知的所有権処理の問題」「マルチメディア関連カリキュラムの問題」などであり、いずれも「よく審議する」に「ときどき審議する」を加えても四割に届かない。マルチメディアの教育利用が進み、eラーニングの導入が現実味を帯びてきた機関ではこうした審議事項も今後重要性を増してくるだろうが、問題が浮上するほどにはマ

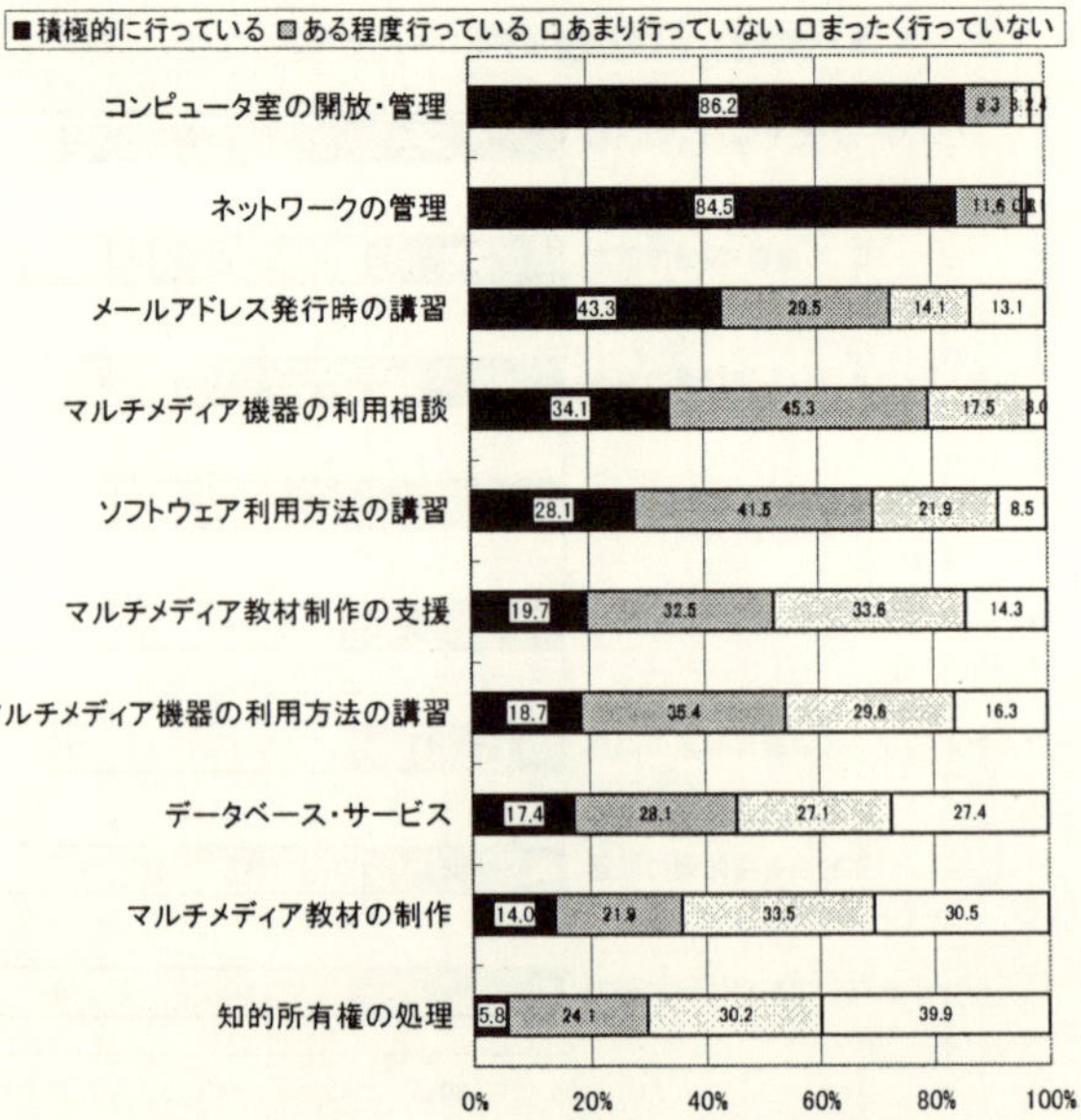


図11　支援センターの業務内容（2003年度調査）

ルチメディアを利用する教員層が広がっていないということのあらわれでもあろう。

一方、支援センターの業務内容についてはどうだろうか。図11をみると、「コンピュータ室の開放・管理」と、「ネットワークの管理」は八割以上の機関が「積極的に」行っていることがわかる。次によく行われているのが「メールアドレス発行時の講習」と「マルチメディア機器の利用相談」であり、「積極的に実施」している機関に「ある程度実施している」機関をあわせると、七割を超している。ここ数年で特に増えてきたのがこのマルチメディアの利用相談で、一九九九年度調査時においては、積極的に実施している機関は一一%、ある程度実施している機関が三一%であったが、二〇〇三年度調査時ではそれぞれ三四%、四五%に増加している。

ネットワークとコンピュータ室そのものの管理が主たる業務であること自体に変化はないが、業務内容として実施している内容はほぼすべての項目で増加している。マルチメディアの利用層が増えるに伴い、支援センターの業務内容が多様化してきたことがうかがえる。しかしながらより細かくみる

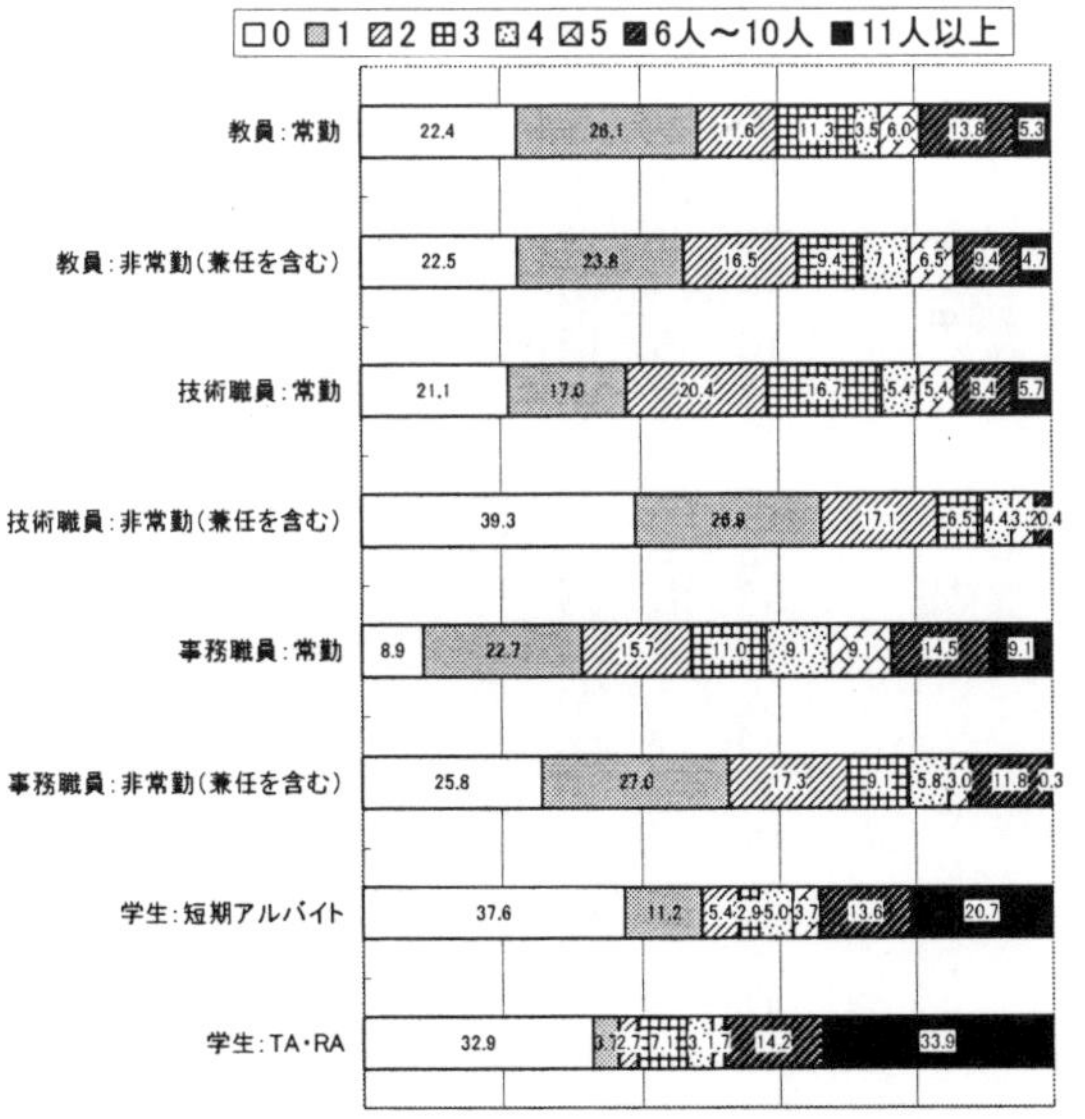


図12　支援センターのスタッフ数（2003年度調査）

と、こうした「支援」を「積極的に」実施している機関はそれほど多いわけではない。マルチメディア教材の制作支援を「積極的に」実施している機関は二〇〇三年度調査においてもまだ二割に満たない。

図12は各機関の支援センターにおけるスタッフのそれぞれの人数を割合で示したものである。全体としてスタッフの人数はそれほど多いわけではないことがわかる。それぞれの機関の支援センターにおける常勤・非常勤の教員、事務職員、技術職員まですべてを合計したスタッフの総人数を算出したところ、四人と回答した機関がもっとも多く、四人以下の機関が四分の一、八人以下の機関が半分を占めた。これを常勤のみに限ってみると、半分の機関が四人以下のスタッフしか有していないことがわかった。

こうしたセンターの八八％が、全学附属の施設である（二〇〇三年度調査時）。複雑化するネットワークやコンピュータなどの管理そのもので手一杯であり、空いた少ない時間でもってマルチメディア機器利用の相談にのったり、マルチメディア教材制作の支援を行っているという現状は容易に推察できる。多様化する業務、全学すべての教員を対象としなければならない状況を考えると、現状では十分な人数が配置されているとはとてもいえない。支援センターそのものは多くの機関で設置されるようになってはいるが、業務内容の多様化にみあうだけの人員をどう確保していくかが課題である。

### （2）　研修

次に、マルチメディア利用に関する研修の実施状況や必要性の認識についてみてみよう。図13は教員に対する研修について、その必要性、実施の程度と参加の程度を示したものである。もっともよく実施されている研修は「データ・ベース（情報検索）の利用方法」と「電子メールの利用方法」であるが、それでも実施率は半数に届いていない。総じて自前の研修はそれほど実施されているわけではないことがわかる。しかしながらこうした研修が必要ではないと考えられているわけではなく、どの研修についてもほぼ半数以上の機関がある程度は必要だと考えている。特にその必要性が強く認識されていたのは、比較的よく実施されている「電子メールの利用方法」や「ワープロ・表計算ソフトの利用方法」ではなく、「学内ネットワークの構成やセキュリティ・ポリシーについて」や、「マルチメディアを利用した授業改善の方法について」であった。その必要性は八割以上の機関が認識しているものの、実施率は、わずかに三割程度である。こうした研修の必要性と実施率との格差をどう埋めていくかが課題であるが、そうした研修を誰が担当していくのかが問題である。

　また、いずれの研修においても実施率に比べ、参加率がほぼ半数に満たないという現状にも目を向ける必要がある。組織として必要性を感じてはいても、教員自身はその必要性を感じていないのかもしれない。あるいは、必要性は感じていても参加できない時間的状況にあるのかもしれない。その理由は明らかではないが、いずれにせよ、必要性と参加率との大きな溝を埋めていくためには、ニーズにみあった研修を実施するだけではなく、参加したい教員が参加で

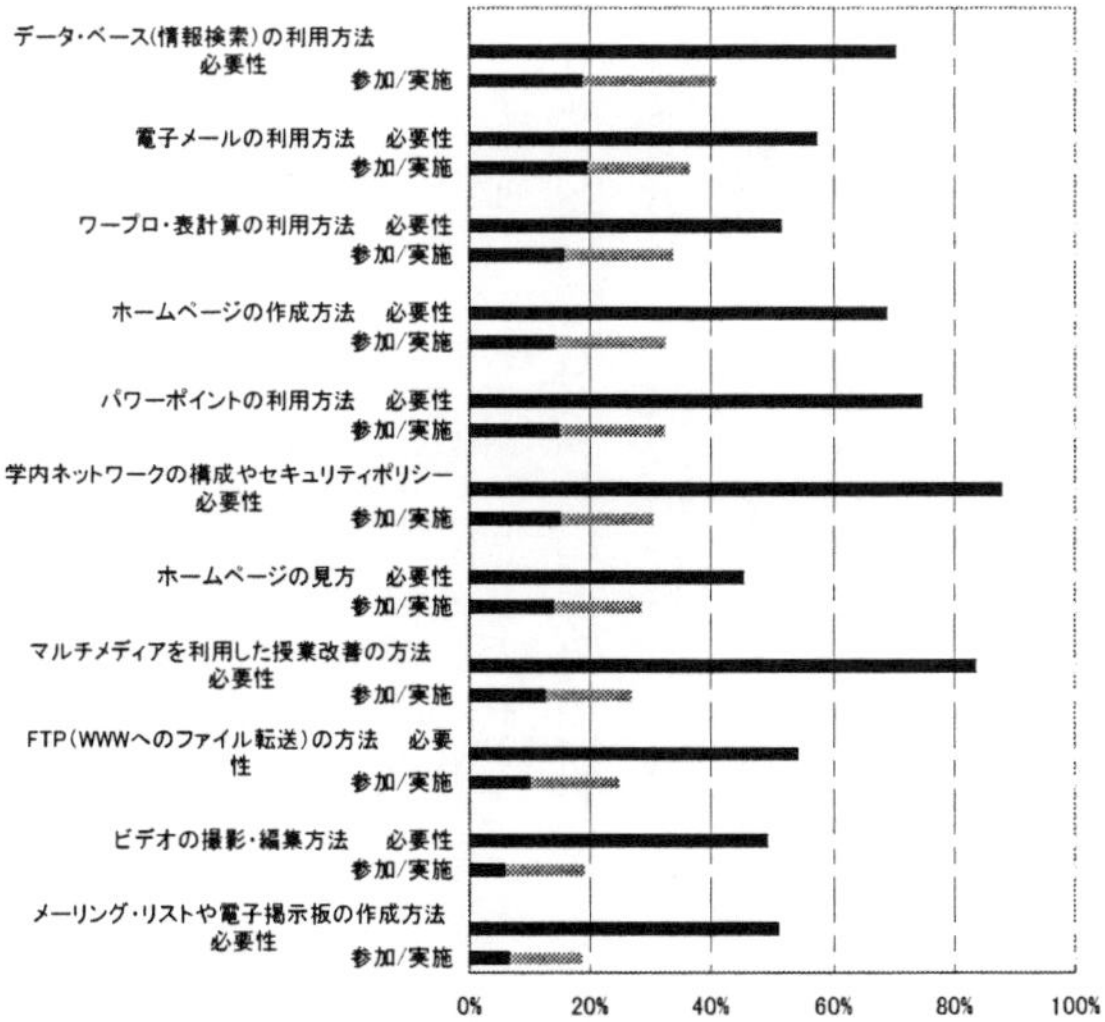


図13　研修の必要性、実施状況及び参加の程度（2003年度調査）

きるように状況を整えていく必要がある。

以上のことから、ＩＴ利用に関する環境整備の状況についてみると、マルチメディア利用についての全学レベルの委員会組織や支援センターはある程度は設置されているものの、委員会での検討内容や支援センターの業務内容を詳細にみると、ＩＴのハード面についての検討や支援が中心であり、ソフト面への検討や支援はまだ十分ではないことが明らかとなった。その大きな理由としては、全学の教員を対象とした支援センターであるにも関わらず、総スタッフ数が非常に少なく、多様化する業務内容に比して、組織として非常に脆弱である機関が多いことを述べた。また研修についても、機関として必要性を認識しているものの、実施率はそれほど多くはなく、さらに研修が実施されても参加率が伸びないという現状がみえてきた。ネットワークの構成やセキュリティ・ポリシー、授業改善へのＩＴ利用といった今日的かつ必要性の高い内容について、どこがそうした研修を担当していくのか、問題は山積している。

こうした環境整備は、すぐに効果が目にみえてくるものではないかもしれない。しかし、一年目の研修が三年目のオンライン上のやりとりを活性化している[7]ことが示唆されており、設備などのハード面への投資とともに、ソフト面への投資をどの程度おこなっていくのか、おこなっていけるのかが、ＩＴ利用を一時のブームとして教育の周辺部への援用に終わらせるのか、教育を本質的に変えていくテクノロジーとして活用できるのかの岐路になるだろう。

## 4　まとめ

政策主導で急速に拓かれたｅラーニングの道を、どの程度の機関が進んでいこうとしているのであろうか。少なくとも四年制大学をみるかぎりにおいては、そのハード面は急速に整備されてきたといってよいだろう。インターネットはすでにどの機関にも導入され、ほぼすべての機関が自前のホームページをもち、教員や事務職員などにコンピュータも十分に行き渡っている。事務連絡などに電子メールを利用する機関の割合も九割を超えており、インターネットの実質的な利用者の範囲も急速に広がっている。地上系通信や通信衛星よりもインターネットは教育によく利用されている。それに伴い、マルチメディア利用のための委員会や支援センターも六割を超える機関に設置されるようになった。

しかしながら、日本の大学全体を見渡したときに、巷で騒がれているほどにはｅラーニングが日本の大学全体に大きな変革をもたらしているようには思えない。ハード面に関していえば、一人一台のコンピュータが確保されている大学があるかと思えば、学部学生にまったくＩＤを与えていない大学も存在するなど、学校間格差は大きい。単位認定するインターネット授業を行っている機関がまだ四％程度であることを考えると、言葉としてはよく聞こえてきても、ｅラーニングはごく限られた一部の大学の話である、ということになる。インターネットの教育利用もかなりの大学ですすんでいるように見えて、その利用目的を詳細にみると、シラバスや教材の掲載といった情報提供が主であり、学生からの質問を受け付けたり学生間の議論のための場をあらたに設けたりといったインターネットの双方向性を活用した利用はそれほどなされていない。すなわち、従来からあった機能を担うメディアが紙媒体からインターネットに「置換」されただけであって、教育が質的に「変革」されているわけではないのである。その理由のひとつとして、利用のための環境整備の不十分さがあげられるだろう。ハード面はある程度整備され、支援センターも半数以上の機関に設置はされているものの、多様化する業務内容、対象とする教員集団の規模の大きさに比してスタッフが十分に確保されていると考えられる機関はあまりに少ない。また、ニーズの高い研修はそれほど実施されておらず、また実施されても参加率は伸び悩んでいるという現状がある。要請の高い研修を誰が担っていくのか、また参加の機会をどう保障していくのか、課題は多い。

ｅ「ラーニング」という言葉からもわかるように、どの大学も「学び」の向上の契機となることを期待してこうしたテクノロジーに注目していることは間違いない。とするならば、テクノロジーをどのように用いれば教育の質的向上につながっていくのかについての研究の蓄積が何よりも重要である。高等教育を対象としたこうした研究はこれまでの程度進んできたのであろうか。次に、ｅラーニングをめぐる高等教育研究の推移をみてみることにしよう。

## 注

1　調査は、四年制大学、短期大学、高等専門学校に対して実施されているが、ここでは四年制大学のデータのみを用いた。調査の詳細については、吉田文（二〇〇一年）『高等教育機関におけるマルチメディア利用実態調査（一九九九年度）』メディア教育開発センター研究報告一九、吉田文・田口真奈（二〇〇二年）『高等教育機関におけるマルチメディア利用実態調査（二〇〇〇年度）』メディア教育開発センター研究報告三一、吉田文・田口真奈（二〇〇三年）『高等教育機関におけるマルチメディア利用実態調査（二〇〇一年度）』メディア教育開発センター研究報告四二、及び吉田文・田口真奈（二〇〇四年）『高等教育機関におけるマルチメディア利用実態調査（二〇〇二年度）』メディア教育開発センター研究報告四九、を参照されたい。メディア教育開発センターのホームページ（研究紀要等データベースhttp://sirius.nime.ac.jp/kiyou.htm）からも閲覧及びダウンロードが可能である。

2　二〇〇〇年一月一日の状況を回答

3　二〇〇〇年一一月一日の状況を回答

4　二〇〇二年一月一日の状況を回答

5　二〇〇三年一月一日の状況を回答

6　二〇〇三年一一月一日の状況を回答、本部票は学部・学科票に統一した。

7　SHINTO, T., & TAGUCHI, M.." Change of Using the Information Technology in the Classroom-from the Survey for Japanese Higher Education Institution from 1999 to 2001-1"(International conference: GLOBALIZATION AND LOCALIZATION ENMESHED: SEARCHING FOR BALANCE IN EDUCATION. November 21, 2002 Bangkok, Thailand)

# 第三章　eラーニングをめぐる高等教育研究の現在

田口　真奈

## 1　高等教育へのITの導入

高等教育の世界にITが浸透し始めたのは、いつ頃のことなのだろうか。インターネットは、一九六〇年代後半に開始されたアメリカ合衆国国防総省高等研究計画局アーパ（Advanced Research Project Agency）によるアーパネットから始まり、徐々に本来の目的であった軍事的研究から、非軍事的研究へと移行していった。研究開発の産物であるだけに、その研究場所であった高等教育機関へのインターネット導入は一般よりもずっと早かった。現在、日本の高等教育機関どうしを結んでいるインターネット・バックボーン（基幹回線網）であるSINETの運用が開始されたのは、一九九二年四月のことであったという。[1] 国立情報学研究所の学術研究用専用情報通信ネットワークSINET（Science Information Network）は、一九九四年一二月にはほぼ整備が完了し、主な高等教育機関はインターネットが使えるようになった。といっても、その頃はまだ画像を十分に扱うことはできず、主たる利用は電子メールやファイルの交換であった。現在のように画像を含めたウェブページを自由に閲覧できるようになったのは、一九九一年にアメリカで初めてＷＷＷが開発され、さらに、それを閲覧するための最初のウェブブラウザであるモザイク(Mosaic)が一九九三年に開発されてからである。

世界で初めてウェブブラウザが開発されてまだ一〇年ほどしか経っていないことを考えると、現在のインターネットの浸透は驚くべきことである。第二章でみたように、インターネットの導入率は、一九九九年の調査時、すでに一〇〇%近くになっている。しかしながら、機関として導入されていることと、それが教育に利用されていることとは別問題であることはすでに述べた。

高等教育機関における、「教育」へのＩＴ利用研究はいつ頃から始まり、どこまで進んでいるのだろうか。ここでは、一九八四年一一月一日に創立された教育への工学的利用を研究分野とする日本教育工学会の大会講演論文集を資料として、その変遷をたどってみよう。高等教育とメディアとが交差するフィールドにおける教育実践研究の変遷をみるにはもっとも適していると考えられるからである。

一九四〇年代初頭に開発されたコンピュータの教育への利用研究としては、まず、ＣＡＩ(computer assisted (aided) instruction)研究をあげることができる。日本教育工学会第一回大会(教育工学関連学協会連合第一回全国大会)では、すでにいくつものＣＡＩ研究とＣＭＩ(computer-managed instruction)研究が報告されている。たとえば、工学院大学の竹本[2]は「最近、大学教育においても学生の気質の変化や、基礎学力の低下が問題にされつつあり、教授法の見直しや改善が求められるようになってきた。これに対して、パーソナルコンピュータの普及により、それを利用したＣＡＩへの期待が高まってきた。」として、「このような状況から、電気・電子系の学生にとって重要な分野である、電気回路演習の基礎的問題を学生が効率よく学習できるようなCAIシステムを試作した」とする報告を行っているし、鹿児島大学工学部の吉原らも、「大学工学部土木工学科の主要科目の一つである構造力学の学習を支援するシステムの設計を試みている。[3]教育工学会の大会で初めて「高等教育」というくくりが設けられたのも、一九八八年第四回大会（第二回全国大会）における「CAI」研究の中の一部会としてであった。CAI学会の第一三回全国大会との連合大会でもあったこの大会では、二七〇件の発表中、CAIを冠した部会において、九二もの研究発表が行われている。この自由研究「CAI」（高等教育）という部会では、たとえば、回路学習において理論と実験を並行して学習するために、計算機と対話しながら論理回路を学習し、回路設計できるような学習システムの構築に関する研究報告（信州大学）などの他に、埼玉工業大学、玉川大学工学部、東京工業高等専門学校、室蘭工業大学、大阪府立工業高等専門学校、電気通信大学、山形大学工学部におけるCAIの開発研究に関する報告がなされている。金沢工業大学のCAI室（当時）の槻橋は、[4]金沢工業大学のCAI教育システムKAPITAL（Kanazawa Institute of Technology Progress Support System for Individualized Teaching and Learning）と授業形態との適合性に関する研究を報告しているが、その中でこのシステムが当時、延べ登録人数約七五〇〇人、前年度の一・五倍にあたる一人当たり約二・四教材の利用があることを報告しており、こうしたシステムが安定的に運用されていたことをうかがわせる。

こうしたコンピュータによる教授支援研究の多くは、理工学系の研究者による理工学系の大学教育を対象としたものであった。コンピュータ関係の企業との共同研究も多くみられ、こうした研究においては、開発の動機は「教育改善」にあるものの、研究の力点は「開発」そのものにおかれていたといえる。先の金沢工業大学の槻橋が「各教員の有用な教授方略を反映した教材の作成と、その教材を利用した効果的な授業形態を採用する」ための研究を行っていたというような例外はあるものの、ほとんどの研究は開発したものをどう効果的に利用するかといったことや、学生の評価や教育効果の測定といったことにはあまり関心が向けられていなかった。いや、関心がなかったかどうかはわからないが、学会においては「開発」のみの報告が大半であったことから考えると、少なくともそれを探求し、研究の知見として報告することは重視されていなかったようである。それは、あるソフトの開発研究者自身が「いくら良いツールができても、それをいかにうまく実験に取り入れ学生を指導してゆくか、すなわち実験を進める上でのソフトウェアをしっかりさせておかねば教育の成果を上げることが出来ない。良い実験指導書の完成が待たれるところである」と自らの役割を限定的に述べていることからわかるように、本来両者が並行して進められるべきはずの、システムのハードの開発とそれをどう効果的に教育に利用するかといったソフトの開発が乖離してしまっているということなのかもしれない。

こうした理工学系の教育以外では、コンピュータは語学教育に多く利用され研究が進められてきた。そうした研究開発は、ＣＡＬＬ(Computer Assisted Language Learning)研究として現在でも盛んに行われている。

また、一九八〇年代は、情報化社会に対応できる人材の育成、特に小中学校へのコンピュータ(当時はマイコンと呼ばれていた)導入に伴う教師教育をどう行うかといったことがトピックになっていた時期でもある。東京学芸大学でも「従来から教育機器として、ＯＨＰ、スライド等の光学関連機器に加え、ビデオカメラ、ＶＴＲを中心としたビデオ関連機器が普及し、授業をはじめとした教育活動に利用されてきている。さらにここ数年、パーソナルコンピュータも高性能で小型軽量化とともに価格も低廉価化し学校現場にも急速に導入されている」として、コンピュータをどう使うかについての教師教育を行っている。[5] わが国には放送教育を初めとするメディアを利用した学校教育に関する研究が古くから行われており、コンピュータはテレビ放送、録画ビデオ、といったメディアの延長で小中高等学校にも導入されたが、こうしたメディアを用いた授業ができるような教師を育てることは、教員養成系の大学では必須の事柄であったからである。また、教員養成系以外においても、「来るべき情報化社会を担う人材育成」のためのコンピュータリテラシー教育に力をいれ、そうしたカリキュラム開発の報告を行う大学もいくつかみられた。

## 2　インターネットと通信衛星による遠隔教育研究

このように、コンピュータを利用した教育は、画像と音声をテキストと同様に扱える「マルチメディア」としてのコンピュータの特性を生かしたものであった。それは、「一斉教授」という多くの教室でみられた教育形態の中での利用を考えたときに、動画や音声を扱える魅力的な教材としてのIT利用の方策であった。他方で、ITを利用して遠隔地でも「双方向性」を保った教育ができないかといったことへの探求も続けられていた。それは、インターネットと通信衛星というメディアによって可能となっていった。インターネットの開発については先述したが、通信衛星の研究の歴史もまた、インターネットの歴史と時代を同じくする。というのも先述したアーパは、旧ソ連が一九五七年、世界最初の人工衛星スプートニックの打ち上げに成功したことに危機感を強めたアメリカが設立したという経緯があるからである。[6] 日本では一九六二年に、郵政省、電信電話公社(現NTT)、KDD、NHKが協議会を作り、アメリカと衛星通信の実験に関する取り決めを結んだ。翌年の一九六三年一一月二三日、ケネディ大統領がテキサス州ダラスで暗殺されたニュースがテレビ放映されることとなった、リレー一号による第一回日米間衛星通信テレビ伝送実験が実施されたのを皮切りに、わが国に本格的な衛星通信時代が到来した。[7] 現在、日本の高等教育機関において大きな意味をもつインターネットと衛星通信、それに関する研究の歴史をみてみよう。

### (1) パソコン通信の教育応用

インターネットで画像を扱えるようになったのは一九九〇年代に入ってからであったが、データのやりとりそのものは、一九七〇年代から始まっていたパソコン通信において可能であり、そうした技術の教育応用はかなり早くから模索されていた。鹿児島大学の山下は「鹿児島県のように公共交通機関の整備が不十分で、多くの離島のある地域では電気通信技術を活用して、人や物の移動を極力減少させても経済活動や教育活動が可能となれば、社会に与える影響や効果は大きく、情報化にも貢献できる」としてパソコン通信に注目しており、その教育利用のための研修に関する研究を行っている。[8]

鳴門教育大学の永野は一九八六年から、大学院に在籍した現職教員の教師教育を、大学院卒業後も継続的に実施していくために、遠隔地の利用者とのコミュニケーションの確保や教育文献検索システム、教材管理システム、データ処理システムといった「遠隔地にいる現職教員が教育現場で発生するいろいろな問題を解決できる道具として、コンピュータなどを利用できる環境を整備する計画」をたてており「パソコン通信等で実験されている双方向の通信技術を大学キャンパスから遠隔地にいる現職教員に利用できるようにしよう」としている。この研究はその後も継続的に行われ、一九九二年にはこうしたネットワークシステムの構築のみならず、具体的なカリキュラムを開発し試行した結果について報告している。[9]

### (2) 地上系通信を利用したテレビ会議システム

清水は、日本教育工学会第一回大会(教育工学関連学協会連合第一回全国大会)ですでに遠隔テレビ講義システムの評価研究を発表している。[10] これは、東京工業大学で長津田と大岡山の二つのキャンパス間を光ファイバーケーブルで結び実用化したテレビ講義システムを、システムのハード面、及び講義の側面から評価したものである。実際に講義を受けている学生(大学院生)について、初めて受講した四五名と、学期を通じてこのシステムによって授業を受けた学生の両方についてアンケート調査を行った結果、このシステムは講義を受けるために遠隔キャンパスまで行く必要がないので学生の評価が高いこと、学期終了時の評価は、初めて受講した者の評価に比べて画像品質に対する評価が著しく低下するが、講義そのものに関するソフト面の評価には差はあらわれないこと、などが明らかになったとしている。

ＮＴＴがＩＳＤＮ(統合デジタル通信網)「ＩＮＳネット六四」のサービスを開始したのは、一九八八年四月からのことである。若松[11]は、この六四kbps統合ビデオ通信システムを用いて、放送大学における面接授業の代替モデルの研究開発の一環として、研究室を模擬講義配信室と模擬受講教室にみたてた実験を行っている。参加者からは、音声がよく聞こえるか、資料がよく読めるかといった簡単なシステムの評価をとっている。若松らはその後、同じ六四kbpsの国際ＩＳＤＮを用いて、日本とオーストラリアを結ぶ画像音声双方向の語学遠隔授業を試行した結果についても報告している。[12] ここでも日本とオーストラリアの学生にシステムの評価や授業の評価についてのごく簡単なアンケートをとり、両者を比較しており、遠隔教育への実用化に向けての展望が得られたとしている。

また、田村も、放送大学の代表的な授業番組を題材として、こうした統合ビデオ通信システムにおける教育システムを、①映像の自然さ、②文字、図、写真などの識別の容易さ、③疲労感、の観点から評価し、講師のストレートトークや指示棒による説明、板書については実用上問題がないが、画面全体が動く場合は自然さがかなり損なわれ、長時間の視聴には不向きであることなどを明らかにしている。[13]

こうした地上系通信をもちいた遠隔講義システムについては、二〇〇〇年においても、京都大学とアメリカカリフォルニア大学ロサンゼルス校（ＵＣＬＡ）をＡＴＭ回線で結んだ実践報告と学生の評価が報告されている。[14]

## (3) 通信衛星によるＴＶ会議システム

先に述べたように、通信衛星そのものは、一九六三年に第一回日米間衛星通信テレビ伝送実験が実施されていたわけだが、教育工学会では一九九一年から高等教育への応用に関する研究実践報告がなされるようになっていた。「衛星通信による映像音声双方向システムの教育利用の一環として、日本電気が開発したＮＥＳＰＡＣを使用して、東京衛星教育センターと、仙台サテライト教室を結ぶ遠隔スクーリングを実験的に試行した」とする報告が教育工学関連学協会連合第三回全国大会においてなされている。[15]この、放送教育開発センターが実施した衛星通信による遠隔スクーリングは、受講生のアンケートで比較的高い評価が得られたとする報告もなされている。[16]そのほかにもこの年を皮切りに、衛星通信を用いた実践研究が数多く報告されている。一九九五年には、一九九一年度と一九九三年度に実施された遠隔教育システムＰＩＮＥ・ＮＥＴを用いた教育効果に関する調査研究をもとに、ＰＩＮＥ・ＮＥＴによる学習成績の分析結果に関する研究が東京工業大学教育工学センターの清水らによって報告され、[17]一九九七年には、一九九六年一〇月二日より運用を開始したスペースコラボレーションシステム（ＳＣＳ）の開発に関する研究が報告されている。このＳＣＳの運用に関する研究報告はいくつもの大学からすでに同じ年の学会で発表がおこなわれており、その後も継続的にその利用に関する研究報告がなされている。こうした衛星を用いた研究開発は、東京工業大学のアンデス（Academic Network for Distance Education by Satellite）[18]や、大学病院衛星医療情報ネットワークＭＩＮＣＳ・ＵＨ（Medical Information Network by Communications Satellite for University Hospitals）[19]など、現在でも多くの高等教育機関で利用・研究がなされている。

### (4) インターネットの教育利用

SINETの運用が開始された一九九二年の翌年、日本教育工学会第九回大会において、「教育の国際化と通信ネットワーク」というシンポジウムが設けられた。早稲田大学の野嶋の報告によると、当時、早稲田大学所沢キャンパスと米国オハイオ州にあるケースウェスタンリザーブ大学とがコンピュータ通信のネットワークで結ばれ、コミュニケーションスキルの育成を中心とした大学の新しいカリキュラム並びに新しい教育環境の開発を目的とした研究が進行中であったという。通信環境は、JUNET/WIDE及びインターネットに接続され、東大とハワイ大学のゲートウェイを介してのものであった[20]。学会発表のタイトルとして「インターネット」という用語が使われたのも同じ年の一九九三年大会であるが、先述したシンポジウムの登壇者であった武庫川女子大学の中植は「ここ数年、電子メールによる国際交流やインターネットを利用したオンラインの教育プロジェクトへの参加など通信を利用した新しい教育が、全国各地の学校で取り組まれはじめている」としており[21]、一九九二年から一九九三年の一年間にこうした利用や研究が急速に進んだことがうかがえる。翌年の一九九四年の連合大会ではインターネットを題した発表を集めた「ネットワーク(1)」というセッションが設定されており、五件の報告がなされている。たとえば、和歌山大学の渡辺は、佐賀大学の岡崎らとの共同研究において、和歌山県の中学校と佐賀県の中学校を佐賀大学を経由してインターネットに接続させ、授業交流を行った結果について報告している[22]。このように、大学の研究者主導で、小中学校にインターネットを導入する教育研究に関する報告はこの年からすでにみられるようになっている。しかしながら、高等教育実践にインターネットを利用した研究は少なく、一九九六年の関西大学の久保田の研究[23]が教育工学会において報告された最初であろう。久保田は「インターネットに自由にアクセスできる環境をもった大学においても、電子メールを日常的に利用している学生はそれほど多くないようだ。しかしながら、これからのマルチメディア社会を展望すると、大学においてインターネットを日常的に体験し、その可能性と問題点を理解していくことは重要であるといえるのではないだろうか」として、ハワイの学生と関西大学の学生との間でインターネットを利用したコミュニケーションを行った結果について報告している。

## 3　大学教育改革の流れの中で

高等教育におけるＩＴの教育利用に関する研究をみてきたが、教育実践のニーズの中から問題意識が生まれてきたと解釈できる研究はそれほど多くはない。どちらかというと研究の目的は開発に力点がおかれ、高等「教育」の場はインフラ開発のための「臨床実験の場」であった、といってもよいだろう。インフラの開発にあたっては、「つながるかどうか」「音声と画像を遅滞なく送受信できるかどうか」「複数のリソースを連動させてウェブ上で提示させることが可能かどうか」といった研究の命題が先にあり、その研究開発にあたっては、それが教育的観点からみたときにどう効果があるのか、どこにそういった技術のニーズがあるのかといったことはいったん不問にして、あるいは付加的に説明される程度のこととして扱うことになる。これらの研究の成果が実際の高等教育実践の場で「試される」ことはあっても、そこでの命題はあくまでも「開発研究に資する」ことにあり、「その場の教育効果向上に資する」という命題とは両立しないのが現状であろう。新しいメディアの黎明期においては、技術を安定的に教育に利用できなかったことが原因だともいえる。しかしそれ以上に、そもそも大学にあっては「研究」こそが重要であり「教育」の方法や授業研究については十分に議論されてこなかったことにも因っていたということができる。たしかに、一九七〇年代の末頃から大学における教育実践、授業実践に関する研究報告が見られ始めてはいた。山内[24]によると松本賢治『大学教育と教育学』、寺﨑昌男(代表)『講座日本の学力別巻第一大学教育』が実践的教育の嚆矢であるという。しかし、そうした教授法の中でメディアをどう活用するかといった報告はほとんどみられない。たとえばJ・ローマンはその著『大学のティーチング』の中で、優れたティーチングとは何かといったことや、講義実践の分析と改善などの具体的な注意点などを述べているが、メディア教育については、「視覚的に教材を提示する手段はさまざまであろうが、講義の心理学的および教育的な目的は一つである。つまり学生が講義に十分に集中し、最大限に理解して、その内容をまとめられることを確実にすることである。これらの基本的かつ伝統的な目的は、熟練した教授によれば、チョーク一本、黒板、そして適当に静かな場所さえあれば達成できるのである。その根本的な点を、機械技術の発達に惑わされて見失わないようにすることが大切である」と結論づけている。一九八四年のマッキーチによる「大学教授法の実際」では、もう少し詳細に「テレビジョン」を授業で実際に使った場合の研究結果をレビューしているが、これも具体的な授業をもとに論じたものではなかった。

このような大学のティーチング、大学教授法の実際、大学教授法入門といった書籍の邦訳がだされはじめはしたが、高等教育の分野では、授業に焦点が当てられてきていなかったのである。それゆえ、ITはそれを研究している専門分野では大きく教育に影響を与え、そうしたITと無縁の研究分野ではまったく教育にそれらが用いられないという分野間格差が開いていったのではないだろうか。

しかし、一九九〇年代に転機が訪れる。一九八七年に設置された大学審議会は、一九九一年に、「大学教育の改善について」とする答申をだし、ここから大学改革の大きなうねりが始まったのである。

教育工学会では、答申の出される二年前の一九八九年に、課題研究の一つとして「大学における教育工学関連授業の内容と方法」というセッションが設けられ、国際基督教大学の岩佐による「ＦＤ評価表と質問票をもとにした講義改善の試み」、新潟大学の生田による「教育の方法及び技術のカリキュラムの枠組みについて」、神奈川大学の末武による「神奈川大学における教育情報工学の実践について」といった発表がなされている。一九九二年には「大学における自己点検」という課題研究が設けられ、一九九四年には「大学における自己評価」がフォーラムのテーマになるなど、「大学教育」に関心が高まってはきたが、授業そのものに焦点があてられるようになったのは、メディア教育開発センターの伊藤を中心とした「教授学習過程の映像化による大学授業改善の研究」とする一連の研究が報告された一九九六年ころからであろう。この年には「高等教育における教育方法」が二つのセッションで行われた。伊藤らは、教授者が自らの授業を研究対象として工夫・改善していくために、ビデオによって授業の実際の場面をとらえ、教授者の自己モデリングの手段とするなどの手法を用いて授業改善の方策をさぐっている。また、同時に、収集した授業映像記録の管理と分析の方法およびそのための装置とソフトウェアの開発も行っているとしており、この研究シリーズは、その後も一九九八年頃まで精力的に続けられた。

それ以前にも、メディアを具体的な授業の中で論じたものがなかったわけではない。たとえば三重大学教育学部の織田は一九八九年に、情報発信型授業を実践するために、「私の大学紹介ビデオ」をつくらせるという「視聴覚教育」を過去三年間行い、授業がつまらないのは詰め込み授業となるからであって、教師は学生の主体的な学習活動の支援者であること、授業の主体は学生自身であることを学生に実感させるのにビデオ制作活動は有効だ、としている。[25] また、同じ年に、武庫川女子大学の余田は、「大学教育における電子会議システム利用の試み」として、教師から学生への一方向の知識伝達になりがちな大学教育の問題点を改善するため、授業の補助として電子会議の利用を試みた研究発表を行っている。[26] 授業で質問しようとする学生が少ないことを問題とし、「電子会議」を使った双方向の対話を重視する学習環境を大学の中につくろうとしたこの研究では、武庫川女子大学人間関係学科において、情報処理教育用に「ミニコン二台とパソコン一〇〇台余りをノードとするＬＡＮを設置して」いたものを、「一九八八年よりそのミニコン上で電子会議システムを稼働させてきた」という。学生の自由な情報交換に使わせてみた場合や、教師が介入した場合など、電子掲示板の利用条件をかえながらデータを蓄積し、大学教育で電子会議を有効に利用するためには「教師も電子会議に参加する」「教室の授業を補うものとして位置づける」「学生にノルマを課し、メッセージが継続的に書かれるようにする」「学生が問いや意見を発しやすくするため教師は情報提供に専念する。メッセージはプリントアウトしてファイルに綴じ、ノートのように活用させる」という五ポイントを提案している。これらは、今日でもなお色褪せてはいない重要な指摘である。こうしたメディアを具体的な授業実践の中で論じた研究は小中学校の分野では大変多く見られたものの、大学教育の中ではまれであった。

しかし、大学教育改革の大きなうねりの中で大学教育そのものに目がむけられはじめていくと、高等教育は教育工学の中でもひとつのテーマとしてとりあげられはじめるようになっていった。一九九八年には、「高等教育・教育方法の改善」というセッションがもうけられ、一九九九年には「高等教育における教育方法」というセッションとして三つ設定されるようになっていた。二〇〇〇年には「大学における学習環境の改善」についてのセッションが二つもうけられたほか、「大学における教授法研究」「ＩＴ学習のための教材開発（高等教育）」「情報教育（高等教育における実践と問題点）」といったように幅広く高等教育の授業そのものに焦点をあてた研究が報告されるようになっている。また、二〇〇〇年には、バーチャルゼミ、ｅスクールといったｅラーニングに関するテーマが目立つようになっており、二〇〇二年には「教育改革の先駆としての高等教育」という課題研究ももうけられている。

インターネットを大学教育にどう生かしていくのか、新しい高等教育のフィールドとして注目をあつめているeラーニングは、どのようにすすめればよいのか、何が課題であるのか、そうしたインフラの開発と教育の両方に焦点があてられはじめてきているのである。インフラの開発に教育の目的が融合して初めてeラーニングは実質的な意味合いをもち、有効にすすむ。これまでみてきたように、高等教育におけるＩＴ化は、「先にインフラのＩＴ化ありき」であり、教育との関連を研究が後追いする形で進んできたが、今やっと「教育のＩＴ化」が追いついてきたところであるといえるのではないだろうか。

## 4　まとめ

第一章では、日本の高等教育においてeラーニングをすすめていく際に前提として必要となってくる政策についての検討を行った。そこで明らかとなったのは、eラーニングに関わる政策は、現場からの必要性や利用の実態に即して制度化されたものではなく、むしろ今後の可能性を拓くためにとられたものであったということである。そして急速に制度面での規制緩和が進む中で、高等教育機関はどの程度ＩＴを利用しているのか、またＩＴ利用を支える環境はどの程度整備されているのかについての検討を第二章で行った。質問紙調査の結果から見えてきたのは、インフラはあっても授業の中でＩＴがそれほど利用されているわけではない、という実態である。ＩＴによって教育の質の向上が期待されているはずであるが、実際にはＩＴの利用は教育の周辺部の利用にとどまっている。その背景には、支援センターやＩＴの利用に関わる委員会などが設置されてはいても、コンピュータの整備といったハードの管理にほぼ手一杯であり、最もニーズの高い授業での利用方法などに関する研修が十分に実施されていないといったことが見えてきた。そこで、そうした研修を行う際に参考にすべき、ＩＴをどのように用いれば高等教育に有効に働くのかといった、高等教育におけるメディア利用の研究の進展具合を第三章で検討してみると、高等教育をフィールドとしたＩＴ利用研究は一九九〇年代後半になって途についたばかりであり、十分な研究知見の蓄積があるわけではないことも明らかとなった。

しかしながら、全体としてみると利用は多くはないものの、個々の授業レベル、学科などの機関内の小さな単位レベルに目を転じてみると、ＩＴを日常的に利用し、効果をあげている事例を探し出すことができる。目的が先にあってツールとして利用されるＩＴは、ややもすれば日常に埋没しがちであり、目にふれることが少ないが、実はそうした利用は我々が暗黙のうちに前提としている授業方法、授業を構成する教師と学生との関係、さらには大学という組織構造へもインパクトを与えている。

第二部では、そうした事例をインテンシブに検討するとともに、それらがこれまでの大学の何をどのように変容させうるのかを考察したい。「新しい技術」に焦点をあてた実践ではなく、日常的な教育の場面に安定した技術としてＩＴを使いこなしている実践を分析することで、わが国の高等教育機関におけるeラーニングが、今後どのような方向に進んでいくのを予見することができるだろう。

# 注

1　国立情報学研究所学術情報ネットワークホームページ http://www.sinet.ad.jp/sinet/sinet_2.html による
2　以下、日本教育工学会大会論文集については、第一著者、発行年、タイトル、ページのみの記載とする
竹本正勝（一九八五年）「パーソナルコンピュータによる電気回路演習用ＣＡＩ」一二三～一二四ページ
3　吉原進ほか（一九八五年）「マイコンによる数式処理システムとその応用例～構造力学へ適用した例～」一一三～一一四ページ
4　槻橋正見（一九八八年）「ＫＡＰＩＴＡＬを用いた授業形態について（三）」五七五～五七六ページ
5　三橋功一ほか（一九八九年）「パソコン教材の開発を中心とした教師の実践的能力の向上に関する一方策」九五～九六ページ
6　http://www.zakon.org/robert/internet/timeline/ による
7　http://www.nhk.or.jp/strl/aboutstrl/evolution-of-tv/p11/ による
8　山下隆夫ほか（一九八六年）「パソコン通信のための研修カリキュラム」二一三～二一四ページ
9　永野和男（一九八六年）「遠隔地からの検索を想定した教育情報ネットワークシステムの開発」（中間報告）二九三～二九四ページ、（一九八七年）「現職教員を対象とした遠隔教育システム構想と教育情報ネットワークシステム」一五一～一五四ページ、（一九九二年）「現職教員のためのコンピュータ通信を利用した遠隔教育の試行と問題点」九六～九九ページ
10　清水康敬ほか（一九八五年）「遠隔テレビ講義システムの評価」七七～七八ページ
11　若松茂ほか（一九八八年）「六四kbps統合ビデオ通信システムによる遠隔教育（三）―面接授業代替システムへの利用（予報）―」四三五～四三六ページ
12　若松茂ほか（一九九一年）「六四ＫＢＰＳ国際ＩＳＤＮで日本とオーストラリアを結ぶ画像音声双方向の語学遠隔授業の試行について」一〇一～一〇二ページ
13　田村武志ほか（一九八八年）「統合ビデオ通信システムにおける教育システムの評価―画像と音声の品質が教育に与える影響（その一）―」四三七～四三八ページ
14　村上正行ほか（二〇〇〇年）「遠隔講義システムを用いた日米間一斉授業に対する受講生の評価」、三二三～三二五ページ
15　若松茂ほか（一九九一年）「衛星通信による遠隔スクーリングの実験的試行について」一〇三～一〇四ページ

16　清水康敬ほか（一九九一年）「衛星通信による遠隔スクーリングの評価」一〇五～一〇六ページ
17　清水康敬ほか（一九九五年）「通信衛星教育システムＰＩＮＥ・ＮＥＴにおける学習者の評価と科目成績との関連」三一九～三二〇ページ
18　衛星通信遠隔教育システム　http://www.cradle.titech.ac.jp/andes/andes.html
19　大学病院衛星医療情報ネットワークのホームページより　http://www.umin.ac.jp/mincs/　による
20　野嶋栄一郎（一九九三年）「国際コンピュータ通信とコミュニケーションスキルの育成」九ページ
21　中植雅彦（一九九三年）「教育の国際化と通信ネットワーク」一一ページ
22　渡辺健次ほか（一九九四年）「インターネットとマルチメディアの教育利用の実践」五四九～五五〇ページ
23　久保田賢一（一九九六年）「インターネットを利用した学生間のコミュニケーション」一三五～一三六ページ
24　山内乾史（二〇〇二）「大学の授業とは何か―改善の系譜―」『大学授業研究の構想―過去から未来へ―』東信堂
25　織田揮準（一九八九年）「情報発信型教育の実践―大学におけるビデオ・レポートの試みと評価―」三四一～三四二ページ
26　余田義彦（一九八九年）「大学教育における電子会議システム利用の試み」一一七～一二〇ページ

# 第二部　事例に見る新しい展開

【組織が変わる】1

# 第四章　知のコーディネーター

## ——国際ネットワーク大学コンソーシアム——

吉田　文

### 1　県がバーチャル・ユニバーシティをつくる!?

ウェスタン・ガバナーズ大学が、日本の高等教育研究者の間で知られるようになったのは、おそらくその構想が大々的に発表された一九九七年の頃だろう。それとて、アメリカの高等教育やIT化の問題に関心をもつごくわずかの研究者の間で知られていたに過ぎない。その頃にすでに岐阜県はウェスタン・ガバナーズ大学に関する情報を得ており、知事の主導のもとに、日本にもそうしたバーチャル・ユニバーシティを設立しようと準備にとりかかりはじめていたのである。

ウェスタン・ガバナーズ大学は、西部一七州とグアム地域の知事が共同で設立したコンソーシアム型のバーチャル・ユニバーシティであり、その地域の高等教育機関の授業を各種のITを利用して提供するものである。学生の受け入れは一九九八年からであり、この種のバーチャル・ユニバーシティとしては、アメリカでももっとも早く設立された部類に属する。

岐阜県がなぜ、いち早くウエスタン・ガバナーズ大学に関する情報を得たのかといえば、ウエスタン・ガバナーズ大学設立の立役者であったユタ州と友好関係があったからだというが、それだけではない。岐阜県は後述するようにいち早く県内のIT関連インフラの整備に乗り出しており、そうした背景があってこそ、アメリカにおける新規な試みに着目することができたのだろう。

また、さらに県には、以前よりコミュニティ・カレッジ構想とよばれる、公開講座などの方法によって県民に対して高等教育レベルの知を提供しようとする試みがあり、県の職員をアメリカのコミュニティ・カレッジの訪問調査に派遣していたという。したがって、大学の知の開放という点からも、バーチャル・ユニバーシティは注目されたのである。

これらの延長上に、県内の大学を集めてコンソーシアムを結成し、ITを利用してその知を発信するという構想が登場したのである。従来の公開講座などと異なるのは、正規の授業として単位を付与し、ゆくゆくはコンソーシアムが大学になって学位までを発行することが構想の初期段階からあったことである。国際ネットワーク大学コンソーシアムとして設立され、一九九八年から具体的な活動がはじまるが、いくつかの関門があった。

表1　県内の高等教育機関数（1998年当時）

| | 国立 | 公立 | 私立 |
|---|---|---|---|
| 大学 | 1 | 1 | 8 |
| 短大 | 1 | 1 | 10 |
| 高専 | 1 | 0 | 0 |

まず、第一の関門が大学設置基準であった。ITを利用した遠隔教育が単位化された授業として設置基準上で認められた最初は一九九八年であるが、それは同期双方向のテレビ会議システムに限定されており、インターネットを利用した授業は単位認定することが認められていなかった。したがって、岐阜県では県内五圏域に最大七ケ所のサテラ

イト会場と主会場でテレビ会議システムを導入して、遠隔授業を実施することにした。会場は、いずれも大学や県の施設を利用したが、合計八台分のテレビ会議システムの導入費用、およそ一六四〇万円は、すべて県の負担であった。

第二の関門は、県内の大学をどのように説得してコンソーシアムに参加してもらうかであった。岐阜県内には、当時二三の高等教育機関があった。その内訳は表1のとおりであるが、県の管轄下にある県立大学はなく、最大の規模をもつ岐阜大学は国立大学(当時)であり、県の管轄下にはない。大学によってこの構想に対するスタンスに温度差が大きく、とくに規模が小さい私立の短期大学のうちには、余力がないことを理由に参加をためらう機関もあったそうだ。さらに、大学人の間には、対面でこそ教育であり、たとえテレビ会議システムを利用したとしても、それでは教育の質が保証できないとして否定的な意見もあったという。それらを一つ一つ説得しつつ、ようやく一三大学の参加を得てはじまったが、そのなかで、全体の取りまとめに大きな役割を果たしたのが岐阜大学であった。

コンソーシアムを運営するのは、参加大学の学長、県の副知事、県教育長、さらに外部から顧問を迎えて組織された運営委員会である。

## 2　コーディネーターに徹する

こうして、国際ネットワーク大学コンソーシアムは、一九九九年から実際に単位が認定される講義を配信しはじめた。ところで、このコンソーシアムは県が主導して結成したとはいえ県立大学ではないのだから、現行の制度ではコンソーシアムとして単位を認定することはできない。その点が、大学として学位を発行しているウェスタン・ガバナーズ大学と異なる。それでは、コンソーシアムとしてどのような形態で遠隔授業を構築し、単位認定をしているのか、その仕組みをみてみよう。

共同授業と呼ばれているこの遠隔授業を担当する大学は、参加大学の持ち回りである。配信される講義は、一回九〇分が一五回で二単位が付与される点は、通常の大学の授業システムと同じだが、参加大学の在籍学生以外の社会人も対象としているために、一九九九年には短期集中的に夜間や土曜日を利用して開講された点に特徴がある。たとえば、平日に開講される授業は毎週二回、夕方一八時ないし一八時三〇分から九〇分、土曜日の場合は、一三時三〇分からと一五時二〇分からとの二回分を、それぞれ九〇分かけて実施した。現在は一三時前後より開始し、一五回の講義を科目により五週間から一〇週間かけて実施している。

一五回の授業を修了すると、参加大学の学生は所属大学の単位として認定され、社会人は科目等履修生として授業担当大学の単位を取得することも、聴講生として単位とは無関係に聴講することも可能である。参加大学の学生は無料だが、社会人が科目等履修生となる場合は、授業担当大学の設定した科目等履修生の費用が、聴講生の場合は五〇〇〇円の料金とeラーニング手数料一〇〇〇円の支払いが求められる。授業の聴講場所は、対面授業を行う「岐阜県民ふれあい会館」か授業担当大学の主会場、ないし、どこかのサテライト会場である。

すなわち、県が主導して結成したこのコンソーシアムは、実は、参加している大学の間の単位互換協定システムとして機能しており、それを県は、実務面でも費用の面でもバックアップしているのである。実務面では、事務局長を含め、県の職員六名によって構成される「国際ネットワーク大学コンソーシアム事務局」を設置し、各所のアドバイスを得て講師の手配、広報、聴講生の教務、テレビ会議システムの維持管理などをすべてこなし、かつ、費用の面では、テレビ会議システムの維持管理費用、非常勤講師の講師料などすべてを賄っている。これらの費用は、二〇〇一年で二七八〇万円、二〇〇二年で二八六〇万円、二〇〇三年は二〇〇〇万円かかっているそうである。県はコーディネーターとしての役割に徹して、コンソーシアムを維持しているのである。

ところで、この共同授業は、通常の大学間の単位互換協定に基づく授業の交換とは大きく異なっている点が一つある。それは、授業担当大学の教員が一人で一五回分の講義を配信するわけではないということである。授業を担当する講師は、講義科目に関する国内外の一流講師であり、一五人の講師によるリレー方式の授業として実施されている。一流の講師を呼ぶことによって、共同授業の魅力を高め、より多くの社会人を引き付けようというのかもしれない。もちろん授業担当大学の教員も講義を担当しているが、一五回分の講義のうち多くても五〜六回、少ない場合は二〜三回であり、それも特定の学部に限定されず、全学的に参加している。それ以外は、他大学の教員、企業人と多様な講師陣である。県が負担している非常勤講師の手当ては、こうした教員が主会場において講義をするための招聘費用なのである。

講義のテーマは、マルチメディアやIT、知識社会論、社会福祉論に関するものが主であり、これまで年間四科目が提供されている。オムニバス形式の講義であるため、参加大学では専門科目ではなく共通科目として位置付けている。社会人にとっても、テーマの現代性、学際性からみて、職業上のキャリアアップというよりは、教養を高めるものとして機能していると思われる。

## 3　テレビ会議システムからeラーニングへ

このコンソーシアムにおける遠隔授業を、テレビ会議システムによって実施したのは、大学設置基準をクリアするための次善の策であり、いずれは、インターネットによる非同期双方向の遠隔授業を実施することを当初より目論んでいた。待ちわびていたその日は、インターネットなどを用いた遠隔授業に単位を付与できるとした二〇〇一年三月三〇日の大学設置基準の改定によってもたらされた。

早速、二〇〇一年後期の授業では、インターネット・モニター聴講生という制度を新たに設け、テレビ会議による講義を、ビデオ・ストリーミングにしてインターネットに流すことで、インターネットによる遠隔授業を実験的に実施し、その反応を探った。定員二〇名としたインターネット・モニター聴講生への応募は、予想をはるかに超え、現在では三〇名が聴講している。所属大学ないし事務局からIDを取得して聴講したモニターの視聴後の反応は、おおむね良好であり、二〇〇二年度からはテレビ会議と併用してインターネットによる視聴に対しても単位を発行しはじめた。

このeラーニング授業の仕組みをもう少し詳細にみてみよう(図1)[1]。所属大学ないし事務局から得たIDによってパソコンの授業画面にはいると、そこには、講義の映像、講義に使用されたパワーポイントの資料、講義資料の目次の三つの画面が登場する。講義映像は、テレビ会議で配信される主会場における講師の講義をビデオで撮影したものであり、それをビデオ・ストリーミングに編集してウェブに掲載したものである。パワーポイントの資料も、同様に講師が講義で使用したものである。講義映像にしたがってパワー

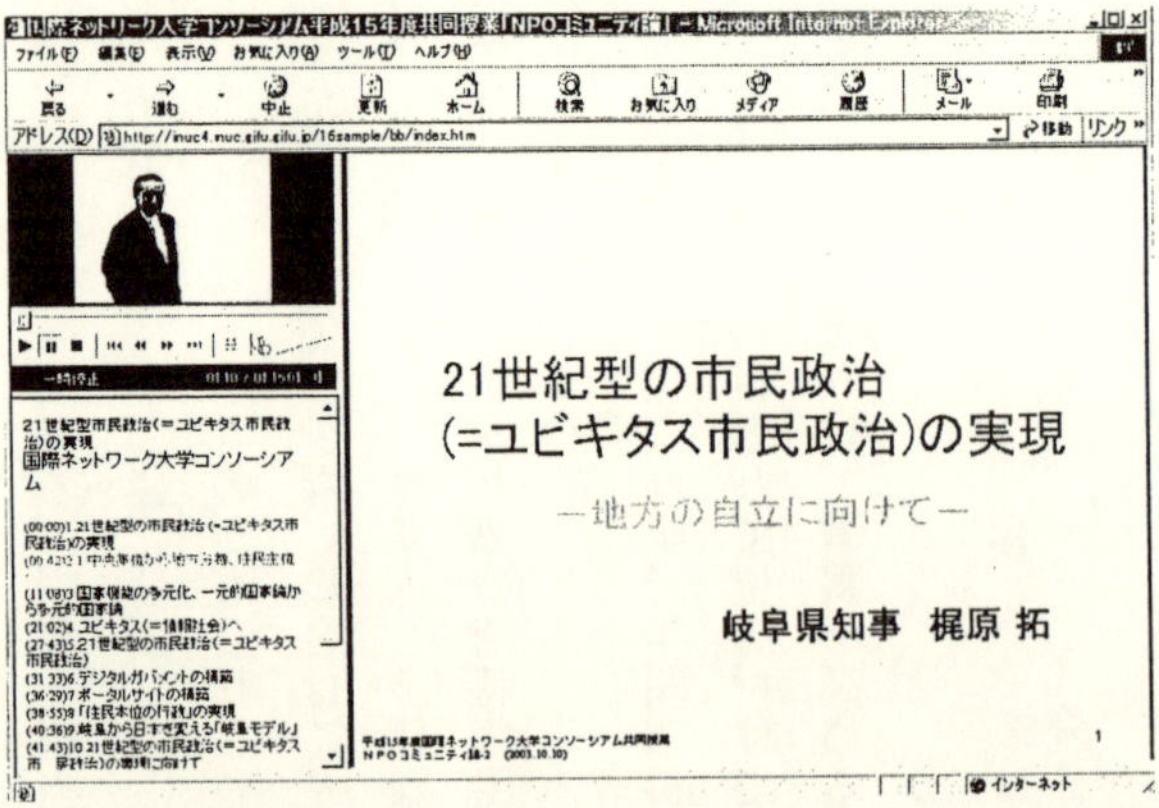


図1　インターネット授業画面イメージ（http://inuc4.inuc.gifu.gifu.jp/16sample/bb/index.htm）

ポイントの資料も自動的に送られ、また、講義のある部分を繰り返して視聴したい場合は、講義資料の目次をクリックすれば、その場面が登場する。

この授業を視聴するためには、ＣＰＵ二六六メガヘルツ以上、ハードディスクの空き容量が一〇〇メガバイト以上のパソコンが必要であるし、インターネットはＡＤＳＬ、ＣＡＴＶ等の高速、常時接続の環境が求められている。したがって、自宅から電話回線やＩＳＤＮによって接続している場合は、音声だけになったり映像がとぎれたりと満足な状態では視聴できないため、学生の多くは大学で視聴しているという。

ｅラーニング授業は、テレビ会議による授業の翌日にはインターネットに掲載され、一週間いつでも視聴が可能なオンデマンド形式になっている。だが、一週間すると、次の講義が掲載されるため、前週の講義をみることはできなくなる。一週間限定のオンデマンドという方式は、学生が学習を継続するための策であるが、それでも一週間の最後に学生の視聴が集中することが問題になっているという。

双方向性をもつ授業とするために、授業への質問・それに対する講師の回答が掲示板を利用して行なわれ、また、それように開発された専門のアプリケーションを利用して、メモの作成、レポートの編集、完成レポートの送信ができる。受講生は授業ごとに、すなわち一週間に一度レポートを提出することが義務付けられている。

ｅラーニング授業が本格的に開始した二〇〇二年度からは、従来、夜間や土曜日に行なわれていたテレビ会議による講義を、平日の午後の時間帯に移動した。それによって会場においてライブで受講する社会人は減少している。また、現在は、ｅラーニング授業のうち一部の科目は学生にのみ開講され、社会人は視聴できないが、開講科目数だけみれば、共同科目数を上回るまでになっている。

## 4　実績をどうみるか

さて、国際ネットワーク大学コンソーシアムも始まって六年目を迎えた。当初の一三大学の参加も、現在、一八大学にまで増加した。二〇〇四年の授業数は共同授業三科目、eラーニング授業一一科目となった。このあたりで、ひとまず、その実績をみておこう。実績の一つになるのが受講者数であるが、それを授業ごとにまとめたのが表2である。

これをみると、各授業の受講者数は、多いときで四〇〇人を超え、少ない場合でも一五〇人を超えている。学生が常に二〇〇人前後を占めており、受講者の主体である。ただ、授業担当大学以外に所属している学生は一〇〜二〇人程度であり、圧倒的多数は授業担当大学の学生だそうだ。二〇〇一年度までは、会場のスペースの問題から、学生は一五〇〜一八〇人、科目等履修生は一〇人、聴講生は一〇〇人という定員を設けていた。そうした定員による枠を、学生は大幅に上回り、聴講生もほぼそれを満たしている。数万円を支払い科目等履修生になってまで、受講したいという学生(社会人)はほとんどいないといってよく[2]、社会人は、大学の単位の取得に魅力を感じて受講しているわけではないことは明らかである。

二〇〇二年前期の受講者数は、それまでと比較すると大幅に少なくなっているが、これは社会人聴講生が減少したことによるものである。その理由は、一つには、授業の時間帯が平日の午後に移動したことで企業での団体受講が大きく減少したことにあるが、もう一つは、従来のテレビ会議システムでは主会場と県内五箇所のサテライト会場で受講できたものを、インターネットを利用するようになって、テレビ会議は岐阜の主会場と授業担当大学の二箇所と少なくなったことが、県の中央部以外に居住する社会人の足を奪うことになっていると思われる。さらにいえば、イン

表2　各授業の受講者数

| 授業名 | 受講者計 | 学生 | 聴講生 | インターネット・モニター聴講生 |
|---|---|---|---|---|
| 1999年前期・マルチメディアコミュニケーション技術 | 464 | 273 | 171 | - |
| 1999年後期・知識社会論 | 297 | 123 | 174 | - |
| 2000年前期・マルチメディアコミュニケーション技術 | 378 | 216 | 162 | - |
| 2000年後期・知識社会論II | 390 | 275 | 115 | - |
| 2000年後期・21世紀社会福祉論 | 417 | 259 | 158 | - |
| 2001年前期・知識社会論III | 240 | 128 | 112 | - |
| 2001年後期・新世紀IT社会 | 304 | 240 | 64 | - |
| 2001年後期・21世紀社会福祉論II | 364 | 243 | 78 | 43 |
| 2002年前期・生命科学と情報の最前線 | 240 (93) | 195 (78) | 45 (15) | - |
| 2002年前期・知識社会論2002 | 292 (107) | 183 (88) | 49 (15) | - |
| 2003年前期・生命科学と情報の最前線 | 185 (105) | 140 (93) | 40 (12) | - |
| 2003年後期・人間福祉学 | 359 (59) | 313 (45) | 46 (14) | - |
| 2003年後期・ＮＰＯコミュニティ論 | 174 (68) | 87 (44) | 87 (24) | - |
| 2004年前期・健康科学 | 134 (37) | 0 (0) | 134 (37) | - |
| 2004年後期・人間福祉学 | 73 (13) | 0 (0) | 73 (13) | - |
| 2004年後期・ＮＰＯコミュニティ論 | 64 (24) | 0 (0) | 64 (24) | - |

注：( )はｅラーニング受講者数、内数。
学生には、科目等履修生を含む。
2004年度の学生の受講者数は不明。
出典：国際ネットワーク大学コンソーシアム事務局(2002)「平成11年度～平成16年度共同授業の実施状況」国際ネットワーク大学コンソーシアム。

ターネットがサテライト会場での聴講に代替するかと言えば、必ずしもそうではないことにある。というのは、接続環境がＡＤＳＬやＣＡＴＶを必要とするために、まだ、自宅から視聴できる環境にある者が十分な数に達していないと思われるからである。

学生のうち、半数弱はインターネットによって受講していることは興味深いが、多くは大学において受講しているそうである。

オンデマンドがインターネットの売り物であるが、映像と音声をフルに活用した授業構成では、ｅラーニングの合

表3　受講生の意見

| 授業名 | | 満足度 | 難易度 | 受講希望 |
|---|---|---|---|---|
| 2001年前期　知識社会論III | 学　生 | 23.3 | 55.8 | 44.2 |
| | 聴講生 | 60.0 | 29.4 | 90.9 |
| 2001年後期　新世紀IT社会 | 学　生 | 29.1 | 11.8 | 88.2 |
| | 聴講生 | 41.2 | 30.6 | 65.9 |
| 2001年後期　21世紀社会福祉II | 学　生 | 55.8 | 10.1 | 76.8 |
| | 聴講生 | 64.3 | 0.0 | 83.9 |
| 2003年前期　生命科学と情報の最前線 | 学　生 | 52.0 | 54.0 | 63.0 |
| | 聴講生 | 81.0 | 53.0 | 88.0 |
| 2003年後期　人間福祉学 | 学　生 | 33.0 | 0.0 | 67.0 |
| | 聴講生 | 50.0 | 0.0 | 92.0 |
| 2003年後期　ＮＰＯコミュニティ論 | 学　生 | 75.0 | 25.0 | 50.0 |
| | 聴講生 | 91.0 | 12.0 | 83.0 |

出典：国際ネットワークコンソーシアム(2002)『平成13年度国際ネットワーク大学コンソーシアム実績報告書』国際ネットワークコンソーシアム
同(2004)『平成15年度国際ネットワーク大学コンソーシアム実績報告書』国際ネットワークコンソーシアム

言葉である、「いつでも・どこでも・だれでも」のうち、「どこでも」が充分には実現しないのが現状なのである。

実績という観点からは、受講者の受講後の意見も参考にすることができよう。たとえば、平成一三および一五年度の実績報告書から各授業の受講者に対するアンケートから授業全体に対する満足度(「非常に満足」＋「満足」)、難易度(「難しい」)、今後の受講希望(「機会があればまた受講したい」)の比率を学生と聴講生にわけてみると(表3)、押しなべて聴講生の満足度は高く、難しいと感じる比率は低く、今後の受講希望も高いという結果が明瞭である。

学生が共同授業を受講したのは、「講義内容に興味があったから」という理由をあげる者がもっとも多い点は社会人と同じであるが、それ以外に「先生に薦められたから」、「他に履修したい授業科目がなかったから」といった消極的理由が多い。ここが社会人聴講生と異なっている点であり、そうした動機づけの違いが、講義に対する満足度が低いことにつながっていくのかもしれない。また、学生には、「講義のレベル」に関して改善すべきだとする者が社会人に比べて多く、一流の講師陣のリレー講義は、社会人にとっては有意義でも、共通科目を履修する学生にとっては難易度が高いのかもしれない。[3]

学生間の単位互換として機能することが、このコンソーシアムの目的なのか、あるいは、コミュニティ・カレッジ構想にもとづく大学レベルの知を県民に開放することが目的なのか、それとも、どちらとも視野において対応可能なものにしていくのか、いずれ検討課題となるのではないだろうか。

コスト・ベネフィットの観点からいえば、五〇〇〇円の聴講料×聴講生数という収入が、県から支出されるコストに見合うものにはなっていないことは明らかである。もちろん、このコンソーシアムによって収益をあげることは当初より目的とはされていないだろうが、年間経費である二〇〇〇万から三〇〇〇万円弱を、今後も議会の承認を得て支出しつづけられるかは、このコンソーシアムをどこまで公共政策の一環として位置付けられるか否かにかかっていよう。これまで、通信制の印刷教材による遠隔教育は廉価であることを最大の売り物にしてきたが、それがＩＴにかわることによって、教室での対面教育よりも高くつくものになってしまった。そうまでしてＩＴによる遠隔教育を維持していく論理、あるいは、県予算という範囲での他の収入による相殺が必要になろう。

## 5　日本版スーパー情報ハイウェイ

クリントン政権下にあるゴア副大統領がスーパー情報ハイウェイ構想を掲げたのは一九九三年であるが、岐阜県知事はそれよりも早く同じ構想を抱いていたという。それは、「岐阜情報スーパーハイウェイ」として結実しつつある。初・中等教育から高等教育機関、さらには県から市町村までの地方自治体の県内全域を、光ファイバー網によってカバーすることをめざしてきたのは、広い県域の情報の地域間格差を解消することが目的であった。この「岐阜情報スーパーハイウェイ」は、二〇〇三年四月より一ギガビットでコンソーシアム大学を結び、eラーニング科目のストリーミング・データ、講義資料データの転送に利用している。これによって視聴はずっと容易になった。こうした巨大なインフラの整備計画は、インターネットによる大学間のコンソーシアムの構築という構想を生み出すもとになっているのである。

それだけではない。これも約一〇年の歴史をもつが、岐阜県はシリコン・バレーならず「Sweet Valley（スィート・バレー）」の構築に力を注いできた。[4] ＩＴ関連の研究開発拠点、ハイテク産業、商業複合地域である県南を、スィート・バレーと名づけて資源を結集し、ＩＴ関連産業、コンテンツ・ビジネスの一大集積地とすることをめざしている。加えて、ＩＴの専門家の育成やベンチャーの育成、研究開発なども重要なＩＴ化戦略とされ、官主導のもとでの産との連携がＩＴをキーワードにしてすすめられている。

おそらく、「岐阜情報スーパーハイウェイ」にしても「Sweet Valley」にしても、これらの構想や戦略は、まだ投資の段階にあり、これだけで岐阜県全体を潤すほどの収益が充分にあがっているわけではないと思われる。しかし、これらが、いずれ県を潤すものとなることが戦略なのであろう。

県には、もう一つ「岐阜県まるごと学園構想」というインターネットによって小学校から大学までを接続し、どこでも授業が受けられるようにすることをめざした構想もあり、ここではインターネットによる高大連携や中高連携が模索されている。[5]

国際ネットワーク大学コンソーシアムも、これらのＩＴ化戦略の一つであり、県内高等教育機関在学生の学習の向上や、社会人の文化・教養レベルの向上への貢献という理念と、整備したＩＴインフラの活用方策とが結合したところに生まれたものだと理解されよう。

## 6　めざすは国際

もともとウェスタン・ガバナーズ大学をモデルとしたコンソーシアムである。遠隔授業の講師は、国内「外」の一流講師であることが目玉であった。コンソーシアム名に「国際」を付したのも、国際的なコンソーシアムにすることが目標だったからである。インターネットが国境を越えて瞬時に世界を駆け巡る特性を考えれば、それは当然の目標だろう。

では、具体的にどのようにして国際を実現していくのだろう。まず、第一は、受講者に対する留学補助金という支援事業である。単位や修了証を取得した受講者が、現地留学、もしくは、インターネット留学した場合に、五万円を上限として、授業料の半額を補助する制度である。対象校は、ウェスタン・ガバナーズ大学(WGU)加盟の二七機関、南部地域電子キャンパス(SREC)加盟の二八四機関、イギリスのヨーク・セント・ジョン・カレッジの合計三一〇機関(WGU　とSREC重複加盟が二機関)であったが、二〇〇三年からはヨーク・セント・ジョン・カレッジ一校に限定された。これらの機関は、いずれもインターネットによる単位化された授業の配信を実施しており、南部地域電子キャンパスはウェスタン・ガバナーズ大学と並ぶ、アメリカ南部諸州の高等教育機関のコンソーシアムである。もちろん、留学補助金は、これら海外機関において単位を取得した場合に支援されるものである。

だが、こうした支援制度を設けていても、これまでのところ利用者は皆無であるという。広報活動が不充分だからということが理由にあげられていたが、それだけではないだろう。現地留学でもインターネット留学でも、まず、それをめざす学生や社会人がどれほどいるかという問題と、たとえ留学を希望したとしても、単位を取得できるだけの語学力をどれほどが持ちえているかという言葉の壁が大きいのではないだろうか。

日本人にとってもっとも身近な外国語である英語でも、その壁は高く、それだからこそ、壁を超えるべく英語研修は盛んである。このコンソーシアムでも、協定を締結しているイギリスのヨーク・セント・ジョン・カレッジから講師を招き、二日間の集中英語研修を毎年夏に二回、無料で実施している。二〇名程度に限定されたクラスでは、受講者一人あたりの授業時間は一〇時間にのぼる。一〇時間の授業が即効性をもつわけではないだろうが、講師を海外から招き、無料で講座を設ける背後に、県の国際化にかける意気込みがみえるようである。

その意気込みは、現在オーストラリアの大学との間でのeラーニングの実施に向けての検討にあらわれている。二〇〇二年度より開始されたこのプロジェクトは、岐阜大学教育学部と、シドニー大学文学部との交流として締結され、両大学の交流授業をeラーニングとして提供することになった。

教育の国際化は、従来の人の移動による形態から、インターネットの登場によって講義や教材という「物」が移動することでも可能になったことを、コンソーシアムの企画からもみることができよう。

## 7　講義か教材か

オーストラリアの大学との間での講義のやりとりが実現して、講義や教材が物として国際間を移動する場合、語学の壁にとどまらない問題が生じるように思える。それは、インターネットにのって流れる「物」の形を双方比較すれば納得されることである。現在、コンソーシアムから配信されている授業は、あくまでも教室の授業における講義をインターネットに掲載して、それに質問やレポートの双方向機能をもたせたものである。そこでのコンセプトは、講義の範疇にとどまっている。

しかし、アメリカ、カナダ、オーストラリアなどeラーニングが普及しているところでは、インターネットにのった「物」は、教材になっている場合が多い。シラバスがあり、学習内容が教科書のように記載され、参考文献へのリンクが張られ、小テストをパスして次の授業に進むといったように、学生は講義を聴くのではなく、文章を読みながら学習するのである。

同じインターネットにのった授業でも、教室がコンピュータのスクリーンに登場するのと、教科書と教材とテストがスクリーンに登場するのとでは両者の違いは大きい。前者では教員の顔が見えるが、後者では教員の顔はみえない。また、制作の手間隙を考えると、後者にかかる時間と費用と知恵は、圧倒的に前者を凌駕している。

こうした違いを超えて、双方が互恵的に単位互換ができるのか否か、「物」が移動する教育の国際化には、こうした問題が派生する可能性も考慮すべきだろう。

## 8　県域 or ボーダレス

県のコンソーシアム構想の最終ゴールは、学位を発行する完全なバーチャル・ユニバーシティを設立することにあるという。そうした大きな夢に近づくためには、いくつかの検討課題があるように思われる。

まず第一に問題となるのは、各種の社会制度や大学間の温度差といったきわめて社会的な文脈だろう。これまでの経緯からわかるように、地方自治体である県が主体になってコンソーシアムを結成しても、県はコーディネーターとしての役割に徹するしか方法がない。あくまでも知を提供するのは大学だからである。しかし、その大学の方はすべて足並みがそろっているようにはみえない。大学によって互換できる単位数にも違いがあり、県はそうした問題をコントロールできる立場にない。一八大学が参加しているといっても、開講されている共同授業は、年間三～四科目と少なかった。そのため、二〇〇三年四月より包括的単位互換制度を導入し八科目を提供するに至った。一大学から三科目六単位の提供をめどに調整を続けているということだが、機関の規模などの条件が異なるため、すべての大学が賛同するまでにはまだまだ時間がかかりそうだ。

第二には、一流講師によるリレー講義という授業方式である。オムニバス方式の授業は、体系だった知識を身につけることを目的とする大学教育との間に齟齬を生じることはないのだろうか。また、県内大学のコンソーシアムでありながら、必ずしも、県内大学の知の提供ではないということにはならないだろうか。

そして、第三は、情報の収集と発信という両面で優れた機能をもつインターネットの特性を考えたとき、岐阜県におけるインターネットの利用は情報の収集に特化していた。国内外の一流講師を招いての講義、海外の大学との協定、現在検討されている海外大学のコースの導入などは、いずれも世界の英知を岐阜県内に集積し、それによって県内大学の学生や県民が豊かになることを目的としたものであるが、それは、インターネットによってどこからでも情報を収集できるという機能を最大限利用しているといってよい。

インターネットのもう一つの機能、情報発信を考えたとき、これまでのところこの試みは県域を超えて、その機能を利用してはいない。県としては既存の大学講義を岐阜情報スーパーハイウェイにのせてeラーニングで今後の科目充実を図ることを検討しているというが、確かに、受講者が社会人であれば、県内居住者に限らず、世界のどこからでもアクセスは可能であり、事実、県外聴講生も若干名在籍しているそうである。だが、県のもつ知を県外に、あるいは、海外に発信することは必ずしも意図されてはいないようだ。コーディネーターとしての県は、県内に集積した「知」を発信するという役割についても考慮の余地があるように思えてならない。

これらの課題はどれも、「県」が主体となって大学間の「コンソーシアム」を結成したというその構想と方法の新規さに起因するものである。おそらく一大学がeラーニングを実施する場合、あるいは、複数の大学が自主的にコンソーシアムを結成した場合には、これらが課題として析出されることはあまりないだろう。コンソーシアムがコーディネーターであるところが、強みであると同時に弱点にもなるのである。

現在の日本では例のない試みを、岐阜県と県内大学は遂行しているわけだが、両者がどのように歩調を合わせていくことができるのか、大いなる実験に注目していきたい。

## 注

1　国際ネットワーク大学コンソーシアム事務局(二〇〇二年)『平成一四年度・国際ネットワーク　大学コンソーシアム共同授業・インターネット配信システムの概要』

2　科目等履修生の費用は、大学によって差が大きく、安いところでは一万九〇〇〇円程度、高いところでは六万五〇〇〇円を超えている。

3　国際ネットワーク大学コンソーシアム(二〇〇二年)『平成一三年度国際ネットワーク大学コンソーシアム実績報告書』、同(二〇〇四年)『平成一五年度国際ネットワーク大学コンソーシアム実績報告書』

4　岐阜県(二〇〇一年)「Sweet Valley」

5　「岐阜県まるごと学園構想」とその活動については、http://gakuen.gifu-net.ed.jp/（二〇〇四年一〇月一日アクセス）

【組織が変わる】2

# 第五章　インターネット市民講座のパイオニア

――大阪市立大学――

穂積　和子

## 1　なぜインターネットによる市民講座か？

大阪市立大学がインターネット市民講座を開講したのは一九九六年と、まだインターネットが世の中に浸透していない時期であった。

インターネットは情報を得るだけでなく、情報発信により、社会構造をも変えうる有益な道具であることに気づいていた医学部の故山上征二助教授は一九九五年一月一七日の阪神大震災時の透析患者被災者の受入などの救急医療に携わった経験をもっていた。彼は『インターネットによる医療情報発信』[1]の中でこれからの課題についてつぎのように述べている。「専門家集団がその集団でのみ通用する価値とは何であるのか。大いなる専門主義が大いなる断片主義に通ずる危機はないのであろうか。こうした、情報発信をする側の問題と情報発信を受ける側にも、幾つかの課題が存在する。その一つが、情報の質を吟味できる個人の確立であろう。氾濫する情報の渦中のなかで、必要な情報は何かを選択できる知恵と理念がいま問われているともいえる。こうした情報の受発信が存在してこそ現代の情報化に対応できる基盤が準備されたといえよう。さらに、『インターネットは医療をどう変えるか』[2]では対談で次のように述べている。「インターネットの情報は決して正義を主張するのではなく、反論、批判をそのまま掲載するのを一つのスタンスにしたんですね。（略）インターネットの本質的なコンセプトは、神経系の発達経路と非常に類似しています。最初に、それぞれの脳細胞が一つずつ存在する。その間で細胞をつなぐシナプスが伸びていき、神経繊維でネットワークを形成して成長します。同じことが情報化社会でもいえます。ネットワークの網を広げ、それから拡大することが、社会の成熟度であると思います。そのためには、多様な価値とそれから多様な連携ができる情報システムが非常に重要な役を果たすはずです。一つの権威をつくる思考とはまっこうから対立するものです」。

インターネットがもつ「速さ、広がり、非排他性、敏速な双方向コミュニケーション、情報伝達の経済性」の特徴を用いて、「個人を、大学を、そして社会を変える」という壮大な挑戦をするにあたって、インターネット市民講座立ち上げの一人であった山上助教授は将来を見据えたインターネットの威力を理解していた。

## 2　インターネット市民講座の立ち上げ

大阪市立大学では一九九三年の夏から着手していた学術情報総合センターの工事が進み、一九九六年秋にはオープンする見通しがついていた。日本の大学としては破格な施設が完成するので、この機会に関連した行事を始めようということでインターネット市民講座の案が浮かび上がっていた。[3]大阪市立大学の広報スタッフは学長指名の組織であり、瀬岡吉彦教授と山上征二助教授が入っていた。学術情報総合センターのネットワーク担当であった中野秀男教授は一九九五年に大阪大学から大阪市立大学の学術情報総合センター準備室に着任したばかりであった。インターネット技術に熟知した中野教授が広報スタッフに入ってインターネット市民講座は実現にむけて動き始めた。

広報スタッフは何度も議論を行い、①大学の授業を広く一般の方に知ってもらう、②双方向の授業とする、③無料とする、④一クラス五〇名程度とする、⑤できれば単位を取得できるようにする、という骨子ができあがった。最終的なインターネット市民講座の提案書にはつぎのことが書かれている。「大学が閉鎖された学問の場であってはいけない。都市型総合大学の複合的学部編成を有機的に連携して講座を公開する。系統的かつ連続的な知識をいかに知恵に変換できるかを試みることである。たとえば、高等数学の問題を小学六年生でも七〇歳の高齢者であっても興味をもち、解こうとしてゆく環境と条件の設定が講座の公開の理念である。大学での研究が高度化、専門化すればするほどその表現や内容は難解かつ複雑化してしまう。活用できない知識は実学主義とは大きく隔たり、それが故に、情報発信そのものが不可能となる。大いなる専門家は容易に難解な事象を伝えることができる。この命題こそがすべての専門家としての心すべき課題だと考えられる」[4]。

受講対象者は、学問に興味をもつ市民、生涯教育の希望者、日本に興味をもつアジア人、欧米人、さらに外出を制限された身障者とし、さらに英語版の講座画面を併用することで日本に興味をもつ欧米人が公開講座に参加する可能性をも考えていた。最終的には大学の国際化までをも視野に入れていたわけである。

インターネットによる公開講座は「開かれた市立大学」を示すことであり、情報発信拠点とすることであった。大学という公共の社会資源を有効かつ効率的に活用することこそ、与えられた使命と目的であると。

この企画がすんなりと通ったわけではなかった。学内でも一部に時期尚早との意見もあった。骨子⑤の単位を取得できるようにするということに対しては、旧文部省との折衝の結果、「前例がありません。授業は原則として対面で行うものです」と強く抵抗された。また部局長会や評議会の議を経る前に、企画の一部が新聞社にもれて騒動になることも起こった。しかし、最終的には広報スタッフが広報としてやるということで決着がついた。その結果、一九九六年度よりインターネット市民講座を実験的に実施することが可能となった。

## 3　一九九六年度のインターネット市民講座の奮闘

昨今のインターネット市民講座が「市民にわかる講義」を提供するのとは異なり、大阪市立大学のそれはあくまでも「大学や大学院レベルの講義を市民に提供する」というものであった。

この時代、米国の大学では教員が競って自分の教材をインターネットで発信しており、大学で行われている授業内容を市民が参照することは可能であった。しかし日本においてはすべての大学にまだホームページすらない時代に、市民を対象とした「大学の授業」が提供されたのである。大阪市立大学のインターネット市民講座の試みは、日本における「大学の知の共有」の始まりであるといえよう。

また、メーリングリストという言葉を知らない人が多い時代に、双方向のインタラクションを行うことを目的としてメーリングリストも準備された。初年度には六〇〇通というメールの交換があったという。受講生も教員もかなりのハイテンションであったことがうかがえる。

しかし大学の講義をインターネット上に講義として実現するためには教員達の多くの労力を含む努力が必要であった。医学部の中村肇非常勤講師(のち助教授)が事務を担当し、技術は中野秀男教授が担当した。初年度はインターネット市民講座を推進した広報スタッフと親しい教員や広報委員に、ボランティア的に講義を頼むという形で始まった。それにこたえて、経済学部、理学部、文学部、生活科学部、医学部の五学部の教員が講座を担当してくれることになった。教える科目については個々の教員の自主性に任せたので、大学院レベルの講義、昨年度学生に行った講義、今年度学生に行う講義、新たに創り出した講義、など教員によって異なっていた。これらの教員の中には自分でホームページを作れるどころか、ワープロすら使えない教員もいたということは時代的には当然のことである。

個々の教員の奮戦記を見ると当時のたいへんさをうかがうことができる。

「『劇場国家』ビザンツ帝国」の講義を担当した文学部の井上浩一教授のホームページ教材には歴史的なビザンツ帝国の地図や絵画など画像資料がふんだんに利用されている。ところが井上教授はインターネットとはまったく無縁で、電子メールを読む環境さえ無かった。広報スタッフであったこと、年間一二回の授業ノートをそのままホームページに載せるためにワープロ原稿を月一回、広報の技術スタッフに渡せば良いということで引き受けたそうだ。しかし、実際に授業が始まってみると予想していたよりはるかにたいへんであったと、つぎのように弁解している。[5]「読めば授業になるノートを作るには時間がかかり、毎週毎週、講演原稿の執筆に追われているようになったが、謝礼はない。電子メールは読めないので質問には答えずに一年間の一方的な授業を行う。研究の進み方が思わぬ方向に展開していき、最初に載せた講義計画と最終講義のまとめが違ってくる。大学の講義がいかに不親切なものかを受講生に教えたことになる。講義が難しいという学生のクレームに対しては、レベルを下げることにより受講生に失礼にならないようにしたつもりだ」と。

「英語で学ぶ日米社会」を担当された医学部のハイラ・エドニー講師もたいへんではあったがこの試みを続けて欲しいと、つぎのように語っている。[6]「月一回の原稿提出日に間に合わすのがたいへんだった。自宅にパソコンが無かったので大学の研究室で教材を作成した。ＨＩＶとＡＩＤＳに関する講義では、読者に対して明快にかつ直接的に事実をありのままに提供するために取り組んだことは、自分自身にとっても得るところが大であった。このような取組は地域社会に貢献し始めており、良い実験であり、継続して欲しい」。

このような教材作成ばかりが教員の苦労ではない。山上助教授のサーバに教材を入れたり維持管理する技術担当者の労力も相当なものであった。技術を担当した中野教授によると、講座の募集をホームページで行うためのしくみの作成、受講生のメーリングリストの作成、ワープロで渡された教材や図表などのホームページ化、メールソフトの文字化けなどの対処、受講生の電子メールの変更依頼や過去のメールの閲覧機能を処理する仕事など、一年を通して多くの作業が発生したという。ホームページ教材は静止画像やテキストが中心であったが、実際には動画などを見ることのできる配慮もしたそうである。著作権の問題があり、一般に公開されることはなかったが、受講生だけがビデオを見ることのできるホームページも作成された。

## 4　インターネット市民講座の受講生

市民講座提供側の熱い思いに受講生はどのようにこたえたのだろうか？

市民講座の広報活動は大阪市立大学の広報誌に載せるとともに、インターネットの検索エンジンサイトに掲載を依頼することから始まった。また新聞などのマスコミにも取り上げてもらった。初年度は開講講座が五講座、二一〇名の受講生での出発であった。東京や北海道だけではなく、アメリカ、ブラジルなどからの受講生もいた。最も多い年代は三一歳から四〇歳までであり、一八歳から六四歳までと年齢層の広がりも見せた。男女比では圧倒的に男性が多

表1　年度毎の講座数と受講者数

| 年度 | 講座数 | 講義回数 | 受講者数 | 修了者数 |
|---|---|---|---|---|
| 1996 | 5 | 54 | 210 | |
| 1997 | 8 | 95 | 284 | 40 |
| 1998 | 8 | 87 | 394 | 48 |
| 1999 | 11 | 113 | 522 | 89 |
| 2000 | 10 | 100 | 488 | 40 |
| 2001 | 11 | 129 | 550 | 44 |
| 2002 | 11 | 130 | 924 | 11 |
| 2003 | 10 | 110 | 650 | 56 |

く、七割を占める。大阪市立大学では従来型の市民公開講座を文化交流センターで行っており、ここでの受講生は主婦や年輩者が中心である。従来型の市民講座では通えない受講生がこのインターネット市民講座を受講できたことがわかる。実際、インターネット講座と市民講座は受講生の棲み分けができており、共に必要とされ開講されている。

受講生はその講座のテーマに関連する職業をもつ者を含め多様であった。たとえば医学関係の講座では現役の医師、福祉関係の学生、保健婦、薬剤師、理学療法士、家庭の主婦、患者、法律関係者、高校教師などが受講した。また大学の教員やコンピュータ技術者などの専門家達に混じって小学生が半年以上に亘って受講した珍しい例もあった。

レポートを年に三回提出すると学長名の入った修了証を貰うことができる。しかし学部の高学年のレベルまたは大学院のレベルの講義内容であるため、受講生の一〜二割程度しか修了証をもらえなかった(表1)。受講生からは講義が難しすぎるというアンケートの回答もあることから基本的な知識がないと受講が難しいのかもしれない。しかしある講義では、それが研究の最前線を扱っていたにもかかわらず、受講生が新しい情報を提供して、教員が修正する場面も見られた。インターネットによって知を高めようという目的の一つは確かに実現されている。

教員と受講生達のメーリングリストの使い方は教員によって異なった。その使い方によって、議論の多い講義とそうでない講義に分かれてしまった。議論を活発化させるために、教員の一方的な伝達ではなく議論の場としての利用を促進するようなメールの使

**表2　1996年度の受講生のコンピュータ環境**

| 使用OS | 人数 |
|---|---|
| Macintosh | 51 |
| Windows 95 | 30 |
| Windous 3.1 | 15 |
| Unix | 4 |

| ブラウザ | 人数 |
|---|---|
| Netscape 2.0 | 51 |
| Netscape 1.0 | 30 |
| Internet Explorer | 15 |
| Web surfer | 4 |
| その他 | 11 |

| モデムスピード | 人数 |
|---|---|
| 28800 | 47 |
| 14400 | 19 |
| ISDN | 13 |
| LAN | 10 |
| 9600 | 4 |
| 19200 | 3 |

| メールソフト | 人数 |
|---|---|
| Eudora | 47 |
| Microsoft Exchanger | 15 |
| Netscape | 9 |
| Cmamelon | 4 |
| その他 | 27 |

い方の配慮が必要であった。中野教授が一九九七年度に担当した「インターネット概論」では一三〇名の受講者がおり、メーリングリストで活発な議論が行われた。そのメーリングリストに参加する約三〇名の常連者にうまく発言させるように、そのうちの五名がコアとなって議論を引っ張った。その常連者達はインターネット市民講座が修了してからも、私設のメーリングリストで交流を続けており、また電脳秘書として教授のお手伝いしてくれる者もいた。教員が議論を活発化させるために働くのではなく、コアとなる受講生を引きだすという教員側の工夫を見ることができる。また、インターネット上の会議だけでなく、教員によってはオフラインミーティングも開かれていた。

　インターネット市民講座をドラえもんの『どこでもドア』に例えた受講生がいた。小さい子どもを抱えて一日の大半を家の中で過ごしていた主婦が外界へ繋がるドアから教室に入れたというわけである。大学時代よりも真剣に勉強し、いまでもオフ会などで親交を温めているということである。[7]

　表2は一九九六年度に開講したインターネット市民講座を受講した学生たちの自宅のコンピュータ環境である。OSでは、マッキン

トッシュが半数以上、ブラウザではネットスケープが八割、モデムスピードでは半数が二万八八〇〇bps、メールソフトの半数がEudoraと、現在のコンピュータの利用環境と随分と異なることがわかる。

## 5　インターネット市民講座の変化

二年目の九七年度からは部局長会にお願いして各学部から一講座を提供してもらうことができた。教員各自が担当する授業とは関係なく自由に作ることができる反面、インターネット市民講座用の教材作成にはそれなりの時間が必要である。この作業を行うための配慮は各学部に任された。各種委員会の負担を減らすとか、大学の担当講義を減らすといった配慮をした学部もあれば、まったく考慮されずにボランティアでという学部もあったようである。しかし、教材コンテンツの作成についての重要性やたいへんさとそれに対する支援が必要であることが教員全体の認識となっていったことがうかがえる。

学部には大所帯の学部やそうでない学部もあり、一学部から毎年一名の担当者をだすのがたいへんな場合もある。そこで理学部では毎年学科単位に担当教員を割り当て、生活科学部ではオムニバス方式で複数の教員が担当するなどの工夫が行われた。

受講生は毎年増えており、インターネット市民講座が定着していったことがわかる(表1)。付録学部別の「開講講座」に示したように、開講される講座も多様となっていった。

教員のサーバを使って行っていたインターネット市民講座は、一九九九年度からは運営費などが正式な予算として認められた。それにより市民公開講座と同様に、教授の場合、一コマ一万五〇〇〇円の報奨金を教員にだすことができた。またホームページ運営費用として年間一〇〇万円の補助を得ることができ、講座用のサーバを購入することができた。インターネット市民講座の初期には教員達が担当していた窓口も事務局庶務係が受講生の受付窓口となり、予算もとれるようになってきた。サーバ管理の業者選定も予算計上などの手続きは事務局に任せることができるようになった。インターネット市民講座担当者は年に三回ほど飲み会を行って、問題点などを議論し、今後の改善についての意見交換をしてきたという。インターネット市民講座は学内で認知されるものとなっていった。

## 6　インターネット市民講座が与えた影響

講義を担当してきた教員達はインターネット市民講座をどのように感じていたのだろうか。また、教員達の意識はどう変化したのだろうか。そして残された問題は何なのだろう。これらを座談会資料[8]をもとにまとめるとつぎのようになる。

情報技術の利用者層の増加に伴ってワープロも使えないという教員は減ってきた。現在では、自分でホームページを作ることのできる教員と、資料をワードファイルで提出してホームページの作成を依頼してくる教員は半々の比率になってきた。提出された教材はもとの状態をホームページ上で表現するためにＰＤＦ形式での提供も行われている。工学部の教員は自分でレジュメや予習復習用の教材、さらにパワーポイントの教材などをインターネットにアップロードしている。教員達の情報リテラシーの進歩である。

教材作りについては、多くの教員が原稿準備に多くの時間を要したといっている。教員が新しいテーマの講座を担当して教材を作るか、またはいままでの授業ノートを利用して作るかによって教材作成に要する時間は異なる。しかし一回の講義の準備をするために少なくとも三時間、多い場合には二週間の時間がかかったという。教員達に読むだけで分かるという教材作りの場が提供されたことになる。

教材作りだけでなく教材利用に対する教員の意識も変わった。それは、一旦インターネット上に教材を作ると、それを自分の授業でも利用できることが分かってきたからだ。美しい教材がいつでも利用できるので、市民講座用に作った教材を大学の担当講義で利用している教員もいる。ホームページ作成の負担は増えたが授業準備の負担は減った、さらに休講のときにもホームページで自習させることができたと、ホームページ化に伴う効用に理解を示す教員が出てきた。普段の講義を電子化して公開し始めた教員もいる。市民講座を契機に教材作りに熱心になった教員もいれば、また変わらない教員もいる。教材を再利用する可能性があるか否かが、教員が教材作成に熱意をもつようになる動機の一つといえる。

市民講座の担当を機会に、自分の関心領域を開拓するために新しいテーマで講義を行うという挑戦を行った教員もいた。インターネットという道具が著書や論文とは別のルートとして自分の考えを発信できることに有用性を見いだしたという教員もいる。教材をインターネット上で公開するので、いい加減に教材を作成してはいけないことが分かったとか、他のインターネット上の情報が気になり始めたという教員もいる。同じ所属学部の教員が見ていることがわかるし、他の教員の作成した教材が気になるという。教員達の間でインターネットの効用が理解され始めた。

受講生の反応がつかめない、冗談が通じない、手応えがない、重要な部分を板書して学生にノートに書かせることができない、思ったより反応が少ないなどインターネット市民講座への批判ももちろんある。実際の講義の雰囲気を教材にちりばめたり、学生に文章だけでやる気を起こさせる工夫、動画や音声を駆使したり、パズルやクイズ、スモールテストや課題を入れるような工夫が考えられるという。またインターネット市民講座そのものが研究になるとか、専属でやるという状況ができない限りは、大学の教員としてより良い教材を開発していくことが難しいことも指摘されている。

双方向性を狙ったメール交換についてはメールの返信に負担が多かったと感じる教員もいる反面、受講生が何を考えているかを理解するためにメールが有用であるという教員もいる。修了証をもらった受講生はそう多くはない。しかし提出されたレポートの中には教員が思いつかないような興味深い観点のものもあり、多様な考えを知ることができて有意義かつ面白いと思う教員もいる。新しいコミュニケーションツールの発見である。

教員達が狙った教育レベルはおおむね学部の高学年から大学院が多かった。その結果、内容が難しいという要望に応じて内容を易しくする傾向に流れていることが問題点の一つとしてあげられている。また市民講座担当者へ謝礼が出ることになったので大学の授業の負担を軽減することの必要性についての問題点もでてきた。

九年間一貫してインターネット市民講座に関わってきた中野教授は、ドラッガーのeラーニングについての意見が、インターネット市民講座を成功させる上で重要であるという。それは、授業の組み立て方の三つの工夫である。一つは生徒の関心を持続させるための工夫、二つ目はできない生徒の面倒を個別に見るための工夫、そして三つ目は講義の背景、意味、関連情報を与えて、その講義の意味を教える工夫である。一番目と二番目についてはインターネットのインタラクティブ性が活用できる。三番目の意味を教えるためにはインターネット上のさまざまな情報をリンク集として提供することができる。インターネットはこれらの工夫を行うための道具が用意されているのである。

●インターネット上に教材を置くことで他の研究者達との交流はできたのであろうか？

「結び目理論」の授業は他大学の大学院の授業としても利用された。さらに他の国立大学の数学教員からインターネット講座にあげられた課題の答についての質問もあった。大学の知を発展させる可能性も見えてきている。

●大学の組織はどのように変化したのだろうか？

ボランティア教員の努力によって行われてきた実験的なインターネット市民講座は、大学の新しい教育方法の一つとして認知されてきた。また対面授業では考えられなかったようなさまざまな問題点もでてきた。教員の意識が変わり、ファカルティ・ディベロップメントの道へと繋がっていくことは明らかであろう。

●市民はどのようにインターネット市民講座を受けとめたのであろうか？

受講生には大学の講義とは違った新しい関わり合い方をもつ機会が与えられた。それが新しい人とのつながりであったり、教科書からは得られない知的刺激を受けることであったり、理解できるまでメールで質問することができるなど、教室での対面授業とは異なったものであった。新しい学習形態が与えられただけでなく、主体的に研究に関わることをも含めて、誰でも、いつでも、どこからでも、学習が可能になった。

## 7　インターネットによる知の発信へむけて

大学の設置基準上の制約から、単位を付与する授業を提供する遠隔授業やバーチャル・ユニバーシティ構想は同期双方向型のテレビ会議システムを中心として発展してきた。これを実現するために教室設備やシステム構築のために多額の費用を導入してきた大学も多い。インターネット利用者層の増加、高速通信回線利用の増加、動画像を伴う映像受信が普通に利用できるようになった現在、テレビ会議とインターネット会議の区別をつけることはできなくなってきた。文部科学省が二〇〇一年三月にはインターネットでの遠隔授業による単位認定という大学設置基準の改訂をせざるを得なくなったのは当然である。

大阪市立大学は一九九六年度から一貫して大学の講義をインターネットで配信してきた。その間、広報スタッフ代表の濱岡教授が定年退官し、工学部の南斎教授が加わり、さらに積極的にインターネット市民講座が推進された。六年間継続して行ってきた授業は二〇〇二年度の七年目からはそのまま大学の学部の単位認定科目とすることができた。これは、インターネットの重要性と将来の可能性をしっかり理解していた創成期の教員達の努力とそれを継続させた多くの教員達の努力にほかならない。インターネットの初期の思想と同様に、制約をつけずに各教員の自由に任せた情報発信ならびにインタラクションが教員達に、また大学組織に与えた影響は大きい。教員達それぞれがインターネット市民講座で得たものを、これからの学部学生へのインターネット講座として生かしていくことができるのである。

インターネット市民講座を継続してきて技術的に蓄積したノウハウも多い。大学設置基準が改定されたことに伴い、二〇〇二年度からは実際の授業をビデオで収録し、ストリーミングビデオで提供する大学が増えてきた。しかし、市民を対象とする学生の受講する通信環境が十分でないことを大阪市立大学は知っている。ストリーミングビデオも用意するが、その他の教材も用意する、音声を主体に考えるなど、いままでの経験を生かすことができている。ビデオ形式の授業配信は実際に授業に参加しているような臨場感を味わうことができる。しかし、ビデオ形式の授業を参考文献として引用することはできない。研究を視野に入れればテキストベースの教材は必須である。

オンラインコースという名前で提供されている欧米の教材は、教員と専門スタッフによって多くの資金と時間をかけて作成されるものである。吉田氏も指摘しているようにそれがコストと見合うかという問題もある。[10] また米国の大手出版社ではインターネット上に大学教員が書いた教科書のWBTや教師用の教材を置き、誰でも無料で利用することができる。さらに、大学の教員であれば、学生用の試験問題をもらうこともできる。[11] これは教科書という著作を理解させるためのＷＢＴであり、教材である。それとは異なり、大阪市立大学の市民講座のインターネット上の教材は、新しいテーマでの大学の講義である。したがって、米国のサイトのように教科書の教材を発信することは、大阪市立大学のような最先端の情報と議論の場を提供するということには及ばない。

大学の権威に身を置かず、即時性、利用可能性を十分に生かして大学の知を発信するという創設当時の目的は実現できたといえるのだろうか。インターネット市民講座を担当した教員達にはインターネットの意味とその効果が伝わったことであろう。これらの知は教員達と受講した市民との切磋琢磨に限らず、ネットワークを形成して多くの人々の知るところとなった。大阪市立大学ではじまったこの知のネットワークがインターネットを通じて他大学や研究機関、学会に伝播していくことが期待される。

| 2002 | 2003 | 2004 |
|---|---|---|
| 情報、リスクと株式投資 | 銀行の大衆化と金融商品の価格—戦後ドイツ金融とリテールバンキング— | グローバル企業の立地論 |
| マクロ経済学入門 | 欧州統合の成り立ちとアジアへのレッスン | 都市失業問題への挑戦 |
| 社会主義市場経済と中国民法 | 概説・現代ドイツの政治 | 江戸～明治初年における法・制度の変遷—江戸と大坂との比較を交えて— |
| ５因子モデルによる性格の理解 | アメリカ現代詩への招待 | 日本語文法の基礎 |
| 物質の多様性 | 細胞：生命の源 | 宇宙から素粒子へ |
| 自然のふるまい・人間のふるまい | 科学と人間 | UNIXで学ぶC言語 |
| 医学・医療と情報 | がん治療の現状と展望 | 循環器（心臓と血管）疾患を考える—病態と最新の治療— |
| 健康へのアプローチ | 住居環境—ヒト・住まい・都市—<br>健康へのアプローチ | 健康情報の最前線 |
| ライフスタイルに取り入れよう身体運動とスポーツ | 長命から長寿～めざそう元気老人 | |
| グローバリズム再考 | | |
| 情報メディア論 | | |
| | 情報メディア論 | 情報システムソリューション |

付録　大阪市立大学のインターネット市民講座の開講講座

| 学部＼年度 | 1996 | 1997 | 1998 | 1999 | 2000 | 2001 |
|---|---|---|---|---|---|---|
| 経営学研究科・商学部 | | 日本的流通システムが変わる！ | 地球環境問題への会計アプローチ | クルマ社会の都市と交通 | 衣料ファッションの文化と産業 | インターネットを活用した会計情報の利用法 |
| 経済学部・経済学研究科 | 医療経済学 | 在宅医療の医療経済（医学部と共同） | 自由主義、社会主義、ロシア | 近代日本経済の自画像ー明治・大正・昭和のエコノミストたちー | 近代「社会」とグローバリゼーション | 財政学の常識・非常識ー日本の財政危機を考える |
| 法学部・法学研究科 | | | 労働法のはなし—採用から退職まで | 社会保障の権利について | 刑事法への招待 | コーポレート・ガバナンスと会社法制 |
| 文学部・文学研究科 | 「劇場国家」ビザンツ帝国 | 「地図」に見る地域形成史 | メディア・情報・身体-メディア論の射程 | 人体実験の倫理学 | 〈有名性〉をめぐる現在 | 《意味》の生まれる場所一言語理解システムの探究 |
| 理学部・理学研究科 | 結び目理論 | 結び目理論 | | 地球科学におけるGRASS GIS入門 | GRASSを用いた地理情報システム入門 | 自然に挑む先端化学 |
| 工学部・工学研究科 | | C言語への招待 | UNIXで学ぶC言語 | 理系研究者の世界へようこそ | 化学と生物学の融合—ゲノム科学を中心として— | 物性物理学における最近の話題 |
| 医学部・医学研究科 | 英語で学ぶ日米社会 | 骨粗鬆症の基礎と臨床 | | 老年痴呆の臨床・基礎そしてケア | 消化器疾患：診断と治療のエッセンス | 21世紀の感染症に挑む |
| 生活学部・生活科学研究科 | 高齢化社会の福祉 | 食品の物性とゾルーゲル転移 | たかが子育て、されど子育て | 居住環境最前線12の課題 | 食と健康 | 公的年金の理念・機能と改革の方向 |
| 保健体育科 | | | | スポーツ＆モダン・アクティブリビング | スポーツと健康のサイエンス | スポーツとアクティブライフを楽しむ |
| 経済研究所 | | | | アジア大都市論 | 産業集積と中小企業 | 米中関係の新展開と21世紀のアジア経済 |
| 学術情報センター | | インターネット概論 | インターネット概論 | WWW（World Wide Web） | | インターネットとセキュリティ |
| 創造都市研究科 | | | | | | |

## 注

1　山上征二(一九九七)「インターネットによる医療情報発信」日本醫事新報
http://www.hosp.msic.med.osaka-cu.ac.jp/HDSTAFF/yamagami/intecn1.htm(二〇〇二年八月三〇日アクセス)

2　山上征二・宮武明彦(一九九八)「インターネットは医療をどう変えるか」SCOPE
http://www.hosp.msic.med.osaka-cu.ac.jp/HDSTAFF/yamagami/98scope2.htm(二〇〇二年八月三〇日アクセス)

3　山本研二郎前学長「インターネット市民講座開設時の思いで」
http://www.media.osaka-cu.ac.jp/koho/sidai-koho9912/yamamoto.html(二〇〇二年八月三〇日アクセス)

4　大阪市立大学広報スタッフ「大阪市立大学インターネット市民講座提案書」
http://www.hosp.msic.med.osaka-cu.ac.jp/HDSTAFF/TEIANSHO.htm(二〇〇二年一一月三〇日アクセス)

5　井上浩一「インターネット市民講座弁解記」
http://koho.osaka-cu.ac.jp/koho33.html#33-1(二〇〇二年八月三〇日アクセス)

6　ハイラ・エドニー「楽しいページ、学べるページ、価値あるページ、そう、それがホームページ講座です」
http://koho.osaka-cu.ac.jp/shidai-koho/no34.html#34-2(二〇〇二年八月三〇日アクセス)

7　「インターネット市民講座受講生から一言(辻合華子)」市大広報第四〇号
http://www.media.osaka-cu.ac.jp/koho/sidai-koho9912/hanarobo.html(二〇〇二年八月三〇日アクセス)

8　「インターネット市民講座講師座談会」市大広報第四〇号
http://www.media.osaka-cu.ac.jp/koho/sidai-koho9912/talk-all.html(二〇〇二年八月三〇日アクセス)

9　P・E・ドラッガー(二〇〇二年)『ネクスト・ソサエティ』ダイヤモンド社、九五〜九六ページ

10　バーチャル・ユニバーシティ研究フォーラム発起人監修(二〇〇一年)『バーチャル・ユニバーシティ』、吉田文、「IT先進国に見るデジタルキャンパスの実態」アルク、二七〜五三ページ。

11　Prentice Hall ホームページ、http://vig.prenhall.com/(二〇〇二年八月三〇日アクセス)

【組織が変わる】3

# 第六章　大学の知と企業の知恵によるコラボレーション

——聖学院大学——

三輪　勉

## 1　ベストな学習方法？

「学生が一番効果的に学習を行うことができる環境を模索したら、いつでも、どこでも学習することができる、『遠隔学習』が学生にとってベストの方法だろうと思ったのです」。

こう語ったのは、聖学院大学で遠隔学習を熱心に推進してきた大森助教授である。聖学院大学では、一九九八年にコンピュータリテラシー育成を目的とした必修科目「コンピュータ基礎」を遠隔学習で開始した。

二〇〇〇年当時、すでに衛星やＩＳＤＮなどさまざまな通信手段を利用した遠隔学習は、日本でも初等中等教育や高等教育を中心に行われていた。しかし、多くのケースでは遠隔学習の実施の必然性を伴わない、いわゆるシステムありき、研究ありきの事例であった。つまり、遠隔学習とは言いつつも、学習者や教員のために必要とされた実践ではなく、システム開発者あるいは研究者といった専門家のための実践や実験の場として行われている傾向が強かった。それゆえ、実際に授業に携わる教員と学習者にとって、遠隔学習が大きなメリットになると認識した前述の大森助教授の発言が非常に新鮮に聞こえたのであった。

聖学院大学は二〇世紀初頭に設立したプロテスタント・キリスト教系の神学校が基盤となっているが、大学教育に関しては一九八八年に埼玉県上尾市に開設された政治経済学部が最初である。すなわち、大学の歴史としては日本の他の大学と比較すると、非常に新しい部類に入る大学である。同大学では、教育方針として三つの柱を立てている。その中の一つが、今回のコンピュータリテラシー育成である。これは、コンピュータリテラシーを読み・書き・そろばんに準ずるリテラシーと位置づけ、情報化社会を生き抜くためには誰にも必要なスキルであるという認識からである。だからこそ、純粋に学生ひとりひとりが必ず自らのスキルとしてコンピュータリテラシーを身につけてほしい、しっかり学習してほしいという観点から、最適な学習方法を模索した結果、遠隔学習という新しい学習スタイルが導入された。

## 2　「コンピュータ基礎」概要

「コンピュータ基礎」は、入学当初に学生が購入するCD - ROMによって学習支援を行い、あらかじめ設定されたカリキュラムに沿って学習が展開される。課題の提出や質問、成績参照などはインターネット上ですべて行われることが大きな特色となっている(図1参照)。学生は指定された期間内に、各自のペースにしたがってレッスンごとの練習、課題を済ませていく。該当するすべての課題提出が学生には義務づけられており、終わった課題から順次、大学のサーバーを介したオンライン上で提出していく。提出された課題は、大学から委託を受けたサポート担当の企業が定量的に採点作業を行い、学生に再びインターネットを通して返還される。返還された課題には、自らの課題に対する評価やアドバイスが記述されており、これらをインターネット上で閲覧できるしくみである。なお、インターネットを利用する学生の金銭的負担を軽減するため、ネットワークプロバイダーと大学間で契約を結んでいる。

一方、学生は大学の斡旋により、「コンピュータ基礎」が受講できるだけの能力を満たしたパソコンを準備し、使用するCD‐ROMを購入する。このCD‐ROMが遠隔学習におけるコンテンツであり、学生は自分のペースで学習を進めていく。学習内容としては、パソコンの操作方法およびワープロと表計算ソフトの基本的な利用方法であり、マウスとキーボードの基本操作から入る初心者向けのものといえる。開始当初は、企業内教育で実際に利用されていた内容をアレンジし、四セクションの中に一五のレッスン、そして三〇の課題が組み込まれていた(表1参照)。その後、学生や他の教員からの要望により、大学生活により沿った内容、すなわち聖学院大学のオリジナルな内容へと変化していった(表2参照)。具体的には、ゼミ合宿など身近な大

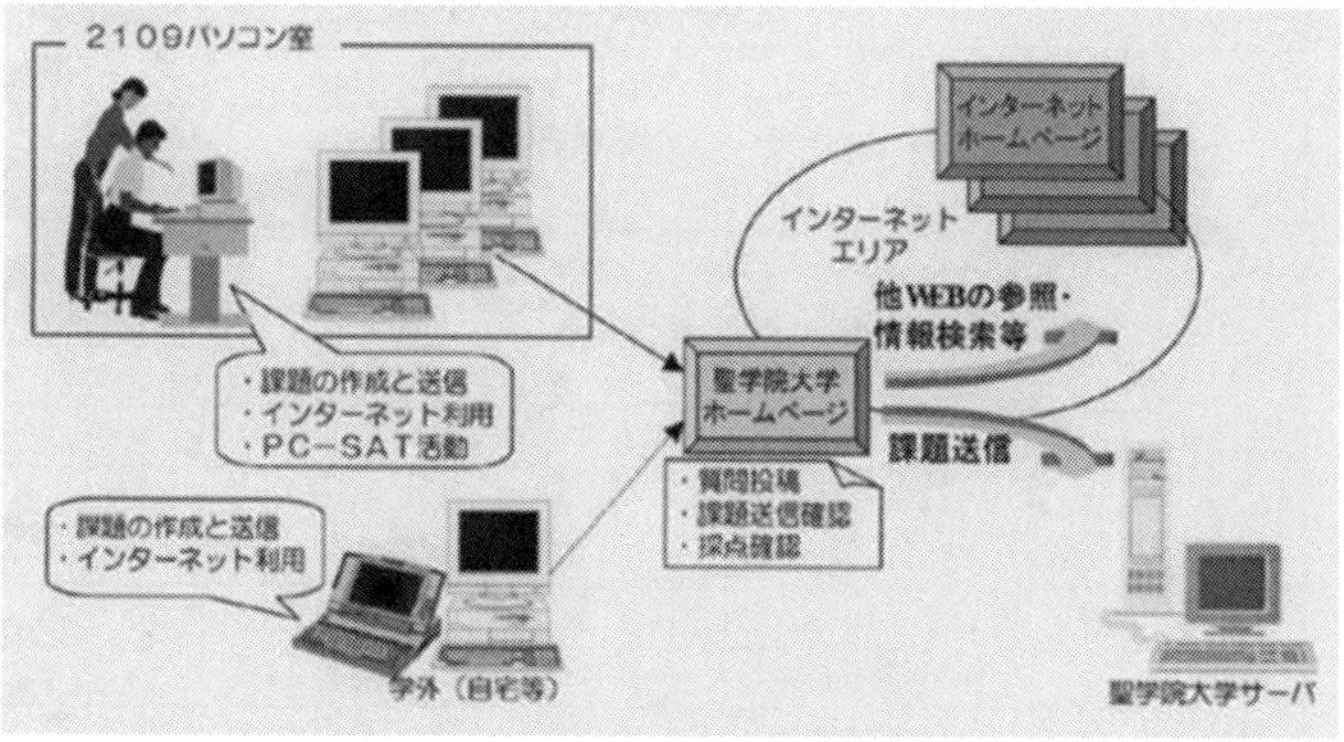


**図1　「コンピュータ基礎」の概略図**

聖学院大学（2000）「基礎教育入門「コンピュータ基礎」のご案内」より

学生活そのものを取り入れたり、各学科の担当委員が独自に学部や学科の目標に沿った課題を学習内容に加えた。これらの変更点を含め、結果として、五つの章の中に二四のレッスン、そして二〇課題になった。

次に本科目の展開であるが、授業開始時に当たる最初のセクション（現在では章）のみは、大学において集合学習形式で機器やソフトの利用などのガイダンスを行い、以後は学生自身のペースにしたがってスタートさせる。学生は各レッスンが終わると、用意されている課題に取り組み、オンラインで提出することが義務づけられている。これら課題には、配点および合格基準点が設けられており、その基準点に達することでレッスンが完了となる。たとえば、二〇〇〇年度のカリキュラムにある「マウスとキーボードの基本操作」では、配点が五点、合格基準点が三点となっており、学生は三点以上を取ると修了となる。

そして、最終的には与えられた提出課題をすべて提出し、かつ全体の合格基準点である六〇％前後を取得すれば、最終の試験である習熟度テストを受ける資格が得られる。しかし、学生全員が提出課題のみで合格基準点に達することはなく、任意で提出可能な応用提出課題と呼ばれる別な課題を複数用意して、合格基準点に達するよう補充課題

**表1　2000年度　コンピュータ基礎カリキュラム**（一部抜粋）

| Section | Lesson | 課題名 | ファイル名 | 配点 | 基準点 |
|---|---|---|---|---|---|
| 1 | 1 | マウスとキーボードの基本操作 | 1_1.txt | 5 | 3 |
| | | | 1_2.txt | 5 | 3 |
| | | | 1_3.txt | 5 | 3 |
| | 2 | MS-IME2000による日本語入力 | 2_1.txt | 5 | 3 |
| | | | 2_2.txt | 5 | 3 |
| | | | 2_3.txt | 5 | 3 |
| | 3 | Windows98の基本操作 | 3_1.txt | 5 | 3 |
| | | | 3_2.txt | 5 | 3 |
| | | | 3_3.txt | 5 | 3 |
| 2 | 1 | 「お菓子のレシピ」を作る | お菓子.doc | 10 | 6 |
| | 2 | 「上映会のお知らせ」を作る | 上映会.doc | 10 | 6 |
| | 3 | 「血液の成分について」を作る | 血液成分.doc | 10 | 6 |
| | 4 | 「四字熟語テスト」を作る | 問題.doc | 10 | 6 |
| | | | 回答.doc | 10 | 6 |

**表2　2002年度コンピュータ基礎カリキュラム**

◆秋学期「コンピュータ基礎B」　(一部抜粋)

| Chapter | Les | 課題名 | 保存ファイル名 | 配点 | 計 |
|---|---|---|---|---|---|
| 黄の章 | 1 | ヴェリタス祭チャリティバザー | Y1_bazaar.doc | 10 | 40 |
| | 2 | ベルマーク運動について | Y2_bell.doc | 10 | |
| | 3 | アドバイザーグループ名簿 | Y3_住所.xls | 10 | |
| | | はがき | Y3_はがき.doc | | |
| | 4 | ゼミ合宿のご案内 | Y4_合宿.doc | 10 | |
| 黒の章 | 1 | ・各学科向け課題……必修<br>・共通課題／他学科向け課題から……選択<br>【合計6課題を提出のこと】<br>(詳細は、春学期中に配布予定の「黒の章」ガイドブックを参照してください。) | | 10 | 60 |
| | 2 | | | 10 | |
| | 3 | | | 10 | |
| | 4 | | | 10 | |
| | 5 | | | 10 | |
| | 6 | | | 10 | |

聖学院大学（2002）「2002年度コンピュータ基礎A/B　課題一覧表」より

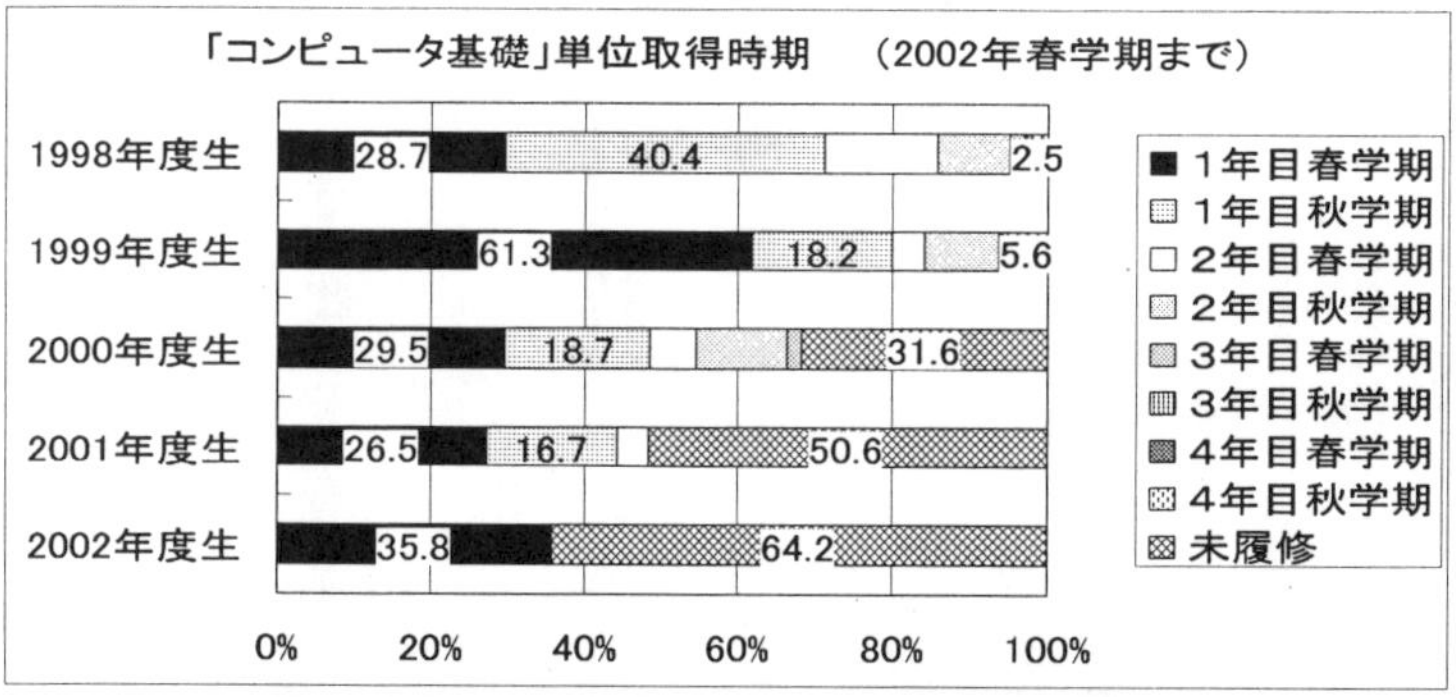


**図2　学生数から見た「コンピュータ基礎」単位修得時期**

を用意している。習熟度テストは、大学において実施される。これは、今まで修得してきた内容を大学として確認すること、そして本当に学生が定められた内容にしたがって学習してきたかどうかを確認するために遠隔学習形式ではなく、対面でかつ大学で行われる。最終的には、各課題の点数および習熟度テストによって、担当教員が総合的に評価を下す。

　ちなみに、それぞれの課題に対しては提出期限が明確に設けられておらず、大学側が修得期間を約半年と目標を設定し、習熟度テストの実施日のみ決めている。そのため、期間内に学生が早く課題を済ませようと、遅く済ませようと成績には直接関係はない。実際、コンピュータに熟知している学生は、入学から一カ月半ほどで終了する例もある。全体の傾向としては、一年目修了時にはおよそ半数、二年目修了時には約七割から九割の学生が単位を取得している（図2参照）。

これら提出課題と応用提出課題を解答し、習熟度テストを受けることで、多くの学生は単位をほぼ毎年取得できている状況である。修得できなかった学生に対しては呼び出しや補習を大学内で行う。それでも修得できない学生に対しては、再履修の形を取る。

## 3　「コンピュータ基礎」の隠された特徴——外部企業との連携

学生にとっては非常に大きなメリットのある遠隔学習であるが、実は大学側にとってはシステムの構築や運営を中心に、既存の学習形態と異なる分、手間もかかる。それゆえ、遠隔学習のメリットを認識していても、このようなシステム構築あるいは運営面でのノウハウが存在しないゆえに、なかなか実施に踏み切れない高等教育機関が多い。

聖学院大学においても実施前の立場は、多くの他の大学同様に遠隔学習のシステム構築、運営面に関するノウハウはほとんどないに等しい状態であった。それでも、「コンピュータ基礎」を実施し、現在まで授業を継続している。なぜ、そしてどのようにして遠隔学習を他の科目と同様に、軌道に乗せることができたのだろうか。

実は、「コンピュータ基礎」を円滑に実施することができた大きな理由は、大学だけではなく、多くの外部企業との提携、コラボレーションが行われていたためである。教員の役割である、授業に対する「準備」、「実施」、「評価」のすべてにおいて外部企業との提携を行っている点が大きな特徴である（図3参照）。これは、今までの遠隔学習あるいは産学提携の事例と比較しても、教員の役割すべてに外部企業が参入するというきわめて稀なケースである。以下、この流れに沿って、外部企業が授業に対しどのような役割を担っているか詳しく見る。

### (1) ハード機器の準備

「コンピュータ基礎」は学生全員を対象とした必修科目であるため、学生はコンテンツであるＣＤ‐ＲＯＭを動かすことのできる環境が必要である。そのため、大学では入学と同時に全学生に対し、パソコンを持つことを積極的に薦めた。

開始当初の一九九八年当時はまだパソコンの普及率がそれほど高くなかったため、ベンダー各社の営業と交渉し、大学が斡旋できるモデルを選定した。これはベンダーにとって、ある程度まとまった数を販売でき、また潜在的な顧客を開拓できる大きなメリットがあった。また、大学側も市場価格よりも販売価格を下げることにより、学生の金銭的負担を軽減でき、かつ機器操作面でも統一した指導が可能になる。つまり、大学側、そして企業側双方にとって大きなメリットが成立するため、このような構図ができあがったわけである。

双方のメリットを活かしたこのしくみを考案した大森助教授による

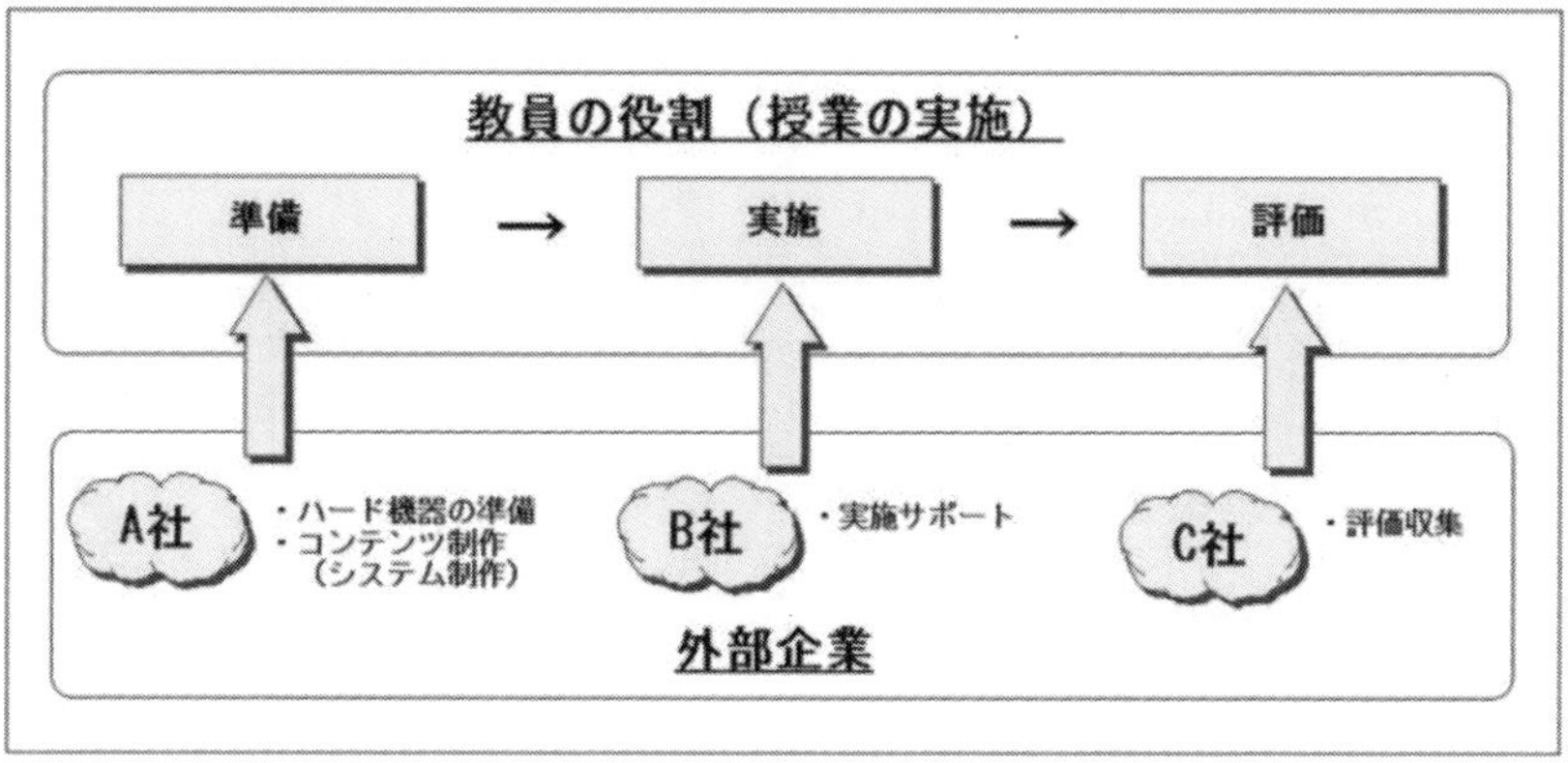


図３　「コンピュータ基礎」における教員と外部企業の役割

と、実はもう一つ注意した点があるという。それは、必ず自由競争の市場原理を導入するということであった。言い換えれば、パソコンのような機能や価格の変動が激しい物品の場合、必ず毎年選定に際して複数企業によるコンペティションを実施し、その時点で大学にとって最良の企業を選択している。

しかし、最近では社会全体のパソコン普及率の上昇に伴い、学生におけるパソコン所持率も向上している。そのため、入学当初の購入検討者がここ数年は入学者の一割にも満たないため、該当企業がベンダーから一般の量販店へとシフトしている。

## (2)　カリキュラムに沿ったコンテンツ制作

「大学の授業はつまらない」、「聞いていても眠くなる」といった体験、若しくは大学生からの話を聞いたことがないだろうか。残念なことではあるが、大学の授業に対してこのようなイメージを未だに抱く人は多いだろう。

大学教員は、研究者として自らの研究を進めていくことと同時に、学生に対してよりよい教育をしなければならない。大学で担当する授業内容を考え、教えることと、自らの専攻分野の研究を行い、所属する学会で発表したり、論文を書くことを両立しなければならない。そのため、従来は大学教員の時間的余裕が無いなどの理由で、どちらか一方に重点を置く傾向が見られていた。ただ最近では、ＦＤ(Faculty Development)と呼ばれる、大学教員の資質や能力向上を目指した取り組みも盛んに行われており、おもに教育内容や教育方法の改善がはかられている。こうした取り組みにより、大学教員にとっても学生にとっても学びやすい環境を作り出している。

聖学院大学も例外ではない。「コンピュータ基礎」導入の際には、こうした効率的かつ効果的な教育環境の実現ということが目指された。その結果、カリキュラムおよび授業内容も外部企業と協力して実施することに至った。「コンピュータ基礎」は主として、コンピュータリテラシーの修得という定められた目的がある。それゆえ、特定の専門分野に精通し、時間的にさほど余裕のない大学教員よりも、学生にとっては、浅く広く、かつ基礎に重点を置く企業内教育で利用されているカリキュラムを活用したほうが、学習効果は高いと総合的に判断した。以上の点から「コンピュータ基礎」では、外部企業が実際のカリキュラムやコンテンツに協力することとなった。

外部企業の関わりとしては、主としてＣＤ‐ＲＯＭの内容および制作になる。一九九八年の開始当初は、企業内教育のコンテンツを活用することから始めた。そのため、大学生向けに多少はアレンジされているとはいえ、このまま企業内教育で活用しても差し支えない内容となっていた。その後、学生や教員の意見から、社会に出てからも通用するスキルというコンセプトを維持しながら、より学生にとって身近で親しみやすく、また学びやすいように、学生生活に準じた内容へとアレンジを加えている。

### (3)　サポート体制

教室で行われる授業に比べ、遠隔学習やｅラーニング、通信教育といった学習の場合、途中で学習をやめてしまう人の割合が、通常の対面形式の学習と比較して一般的に高いとされる。[1] 最近では、その主要な原因の一つが一人で学習を行う形態にあるとされ、学習に関して担当教員や他の学習者と話すことを薦めている。たとえば、友人同士で気軽に学習内容のことを話す感覚をヒントに、教員や学習者同士のコミュニケーションをすることができる電子掲示板を作っている。

「コンピュータ基礎」においてもこの点は重視されており、学生に対してつねに学習内容に関するサポートが受けられる状態を作っている。ただ、いつでも学習が実施できる形態であるため、大学教員が専属でサポートをすることはコスト、時間などの面から見ても非常に難しい。そこで、外部企業にサポートの一部を任せる方法が採られている。

「コンピュータ基礎」では、各レッスンに課題が設定されており、それら課題を終わり次第提出することになっている。この、確認テストの要素を含んだ課題を採点し、間違った項目に関してアドバイスを行うことが外部企業のサポートとしての役割になる。具体的には、課題の提出は大学のサーバーを通して行われ、採点する企業もこのサーバーを介し、学生ひとりひとりと課題に関するやりとりをオンラインで行う。課題を提出した学生には課題の採点を行う以外にも、どこで間違えたのか、どのようにすべきかといったアドバイスなども併せて返信している。学生もその返信に対して質問などがある場合は、即座にオンラインで聞くことができる体制をとっている。また、過去に行った課題やその結果、お知らせなども各個人に公開されており、いつでもオンライン上で閲覧することが可能な状態である。また、サポート担当企業から派遣された常駐のＳＥが一名、そして学生ＴＡ約三〇名が交代で対面形式のサポートを大学で行っている。オンラインでは質問や相談をすることに限界を感じたり、上手く表現できないため、分からなかったことはその場で質問するほうが効率良いと考えている学生を中心に活用されている。

## 4　大学と外部企業とのコラボレーションでの光と影

このように、聖学院大学では新たな学習スタイルを誕生させ、外部企業をうまく取り込んで円滑に実施させている。その成功の秘訣を大森助教授に聞いたところ、つぎのように述べた。「外部企業と組むことが出来たのは、私ども大学とそれから該当した企業双方にとってメリットがあったからです。どちらか片方のメリットしかないのであれば、ビジネスは成り立ちません。双方にとって既存のデメリットを越えるメリットが、新しい『コンピュータ基礎』という学習スタイルにあったからです」。

大学にとっての最大のメリットとは、外部企業と提携することで、大学に存在し得ないスキルを総合的に導入できた点だと述べている。大学に存在し得ないスキルは、学生ひとりひとりに対して行われる、きめ細かな技術指導およびサポートの実施である。学生ひとりひとりにわかるまで指導するというこの方法は理想ではあったが、そのまま導入することはコストや時間的に無理であった。それゆえ、このような前提をうち破っただけでも、大きなメリットである。結果として、当初の目的どおり学生にコンピュータリテラシーを修得させ、他の科目でもコンピュータを使う授業展開ができるなど副次的なメリットも多くなった。

また、コストの削減も注目すべき点であろう。今回の場合、学生一人当たりに約五〇〇〇円が予算として組み込まれている。このコストには、教室やサポート、採点費用などすべてが含まれており、実は非常勤の教員を雇うよりも安くなるのである。具体的には、一学年を入学者平均の七五〇人と考え、一学生五〇〇〇円とすると、約三七〇万円となる。非常勤の教員で同じ内容を実施する場合、一クラス三五人とすると二二クラス必要となる。非常勤は二〜四コマが通常であるため、結果としては六、七人雇う必要が出てくる。つまり、人件費だけでも「コンピュータ基礎」の総費用と並ぶ程度となる。他にも、教室やコンピュータのコストなど設備費用を考慮すると、いかに「コンピュータ基礎」という学習スタイルが、コストの削減に成功しているか分かるだろう。

一方、外部企業を取り込んだことによるデメリットとしては、主として大学設置基準など遠隔学習を実施する上での関係法との調整、そして外部企業各社に大学という特殊な場所を理解してもらう点である。前者に関しては、単位認定される授業として基準を示している大学設置基準との調整、特に大学内外に理解してもらうための説明に苦労している。後者に関しては、技術的なサポートに来ているシステム・エンジニアに対し、学習内容に関して質問をするなど契約外の業務が発生してしまうこともある。つまり、なかなか契約内容どおりといかないことが多く、担当する企業に状況を理解してもらうことが非常に大切になってくる。

## 5　これからの産学連携

二〇〇二年に現状確認を目的として再度訪問調査を実施したが、学習内容や担当者、委員会などが設置されたことを除いては、ほとんど以前と変わらなかった。これは、今回紹介した遠隔学習のスタイルがかなり完成されていることを裏づけている。その際に、今後の方針について現在の担当である渡辺助教授に伺ったところ、この方針を今後も維持、そして発展をさせていくという。具体的には、毎年カリキュラムの見直しを行うこと、そして入学前指導への活用を考えているそうである。カリキュラムに関しては、現在でも毎年、一年間かけて見直しを行っているが、とくに二〇〇三年度から高等学校に導入される教科「情報」への対策が必要であると言及している。また入学前指導に関しては、入学者のレベルを均一に保つため、現在行われている「コンピュータ基礎」を入学前に前倒しし、実施させることも将来的には検討しているそうである。

一方で、これだけ成功すれば他の科目への適用を推測するが、現在のところ積極的には考えていないようである。慎重な姿勢を取る理由としては、他の科目への応用を考えると、現在よりも大規模なシステムが必要である点を強調していた。資金面の問題、そしてカリキュラムや大学設置基準を中心とした関係法との調整もかなり必要であり、現状では難しいという。

また、あまり言及はしていなかったが、大学としてのアイデンティティの問題も浮上している。今回は、導入目的が学術的な分野ではない、一般的なコンピュータリテラシー育成と明確に定まっており、かつそれを専門とする教員数が圧倒的に不足していたことが「コンピュータ基礎」を導入する大きな要因となった。つまり、学生に身につけて欲しい能力ではあるが、大学として専門分野外の授業を実施するだけの基盤が備わっていないゆえに実施した方法である。それゆえ、むやみやたらに教育学や社会学といった学術的な分野へ応用することは当初から考えておらず、大学教育そのものの存在意義が薄れてしまう恐れのないようにしている。

近年の日本経済の不況は、聖域といわれた教育産業にも大きな影響を与えている。民間の教育産業では、学習者や教育効果を重視したカリキュラムでは利益を生むことはあまりできず、利益優先にすると教育の質が低下し、教育単体でのビジネスが非常に難しい状況に陥っている。この流れは大学でも同じである。情報化、少子化により、国内だけではなく、海外を含めた大学間での競争が熾烈になり、自助努力なくしては、運営そのものが成り立たなくなるのは時間の問題である。遠隔学習やeラーニングといった新しい学習スタイルの導入は、これらに対する一つの解決策とも言える。

最近では、遠隔学習やeラーニングは多くの大学で実施され、活気づいているように見えるが、その多くは実用化が非常に難しい内容ばかりである。それは、教員や学習者にとって必然性のない状態で、無理に導入された事例が多いためである。具体的には、新しいメディアやテクノロジー、LMSそのものの導入、あるいは研究や実践そのものが目的というパターンが大学では該当する。また、民間の教育産業では、数値として表れやすいコスト削減、投資や経営、運営側のみの視点での教育効果、及びそれらの市場調査の結果に流され、導入し、これらの側面からの評価しかできていないためである。確かに、遠隔学習やeラーニングの実験、導入の初期段階としては、これらは正しい選択方法ではあるが、そのような時代は既に終わっている。本当に遠隔学習やeラーニングを実用化させたいのであれば、主体である教員や学習者にとっての必然性を考慮した研究や実践が行わなければならない。つまり、もし自分が常習者であるならば、本当にそのような授業を受けてみたいか、初心に返って考える必要があるだろう。

今回は、そのような点を産学連携という形でカバーし、私たち研究者や実践に携わる者に対し、警笛を鳴らしてくれた格好の事例であった。遠隔学習やeラーニングは、時間と場所の壁を崩した新しい学習スタイルであり、それらの障害のために勉強ができなかった学習者を救済する画期的な方法である。それゆえ、今後も教育提供の一手段として活用しなければならない。本事例は、教員や学習者を主体として運営している、実用化の一事例として今後も注目していく必要があるだろう。

### 注

1　Phillips, V. (2000) The Virtual Classroom Vs. The Real One. Frobes.com(二〇〇二年一一月一五日アクセス)など

2　OECD. (1996) Information Technology and the Future of Post-Secondary Education. Paris: OECD.
OECD. (2001) E-Learning: The Partnership Challenge. Paris: OECD.

【組織が変わる】4

# 第七章　全面展開はどこまで維持できるか？

――早稲田大学・文学部の事例――

沖　清豪

## 1　はじめに

学の独立・進取の精神を教旨とする早稲田大学では、従来から学生や教育に対する関心は必ずしも高いものではなく、しばしば学生を「放任」することが最善の教育であるかのような認識が学内外においてみられた。それは学生自身にとっても学生生活の自由を謳歌する点で少なからず相当の利益があったともいえるだろう。

しかしながら早稲田大学も大学の大衆化に直面している点では他大学と同様である。二〇〇二年には従来からの研究重視型の大学から教育をも重視する大学へという転換を図るために、「学びの杜　ワセダ―再生プロジェクト―」[1]が宣言された。この宣言の中では「学生が主役の大学」を目指すために、充実した授業作りや高度情報化の充実などを

**表1　早稲田大学及び同大文学部の情報化計画・組織の変遷(1995年度～2002年度末)**

| 年度 | 1995 | 1996 | 1997 | 1998 | 1999 | 2000 | 2001 | 2002 |
|---|---|---|---|---|---|---|---|---|
| **早稲田大学情報化推進プログラム** | 立案 | | 第Ⅰ期(～1999年度末) | | | 第Ⅱ期(～2002年度末) | | |
| DCC(デジタル・キャンパス・コンソーシアム) | | | | | 第1次(～2001年度末) | | | 第2次 |
| CUC(サイバー・ユニバーシティ・コンソーシアム) | | | | | | | | 開始 |
| MNC(メディア・ネットワーク・センター) | | | 創設 | | | 再編 | | |
| 教務部情報企画課 | | | | | | 創設 | | |
| ITセンター | | | | | | 創設 | | |
| 遠隔教育センター | | | | | | | | 創設 |
| **文学部情報化プロジェクト(情報化検討委員会)** | | 開始 | | | | | 終了 | |
| TRC(戸山リサーチセンター) | | | | | | | 設置 | |

出典：筆者作成

キーワードとした大学改革案が多数提示されている。こうした改革案は一九九〇年代から提示されてきたものでもある。

学生の実学志向が強まり、一方で志願者が減少を続ける中で、大学内でも特に文学部は一九九〇年代からその存在意義を強く訴え、従来から蓄積されてきた知的資産を教育面で積極的に活用するために、授業・教材の情報化を積極的に進めてきた。現在では、特に入学前の高校生から大学院生あるいはエクステンション・センターの受講生まで、そして何より個々の教員の様々なニーズに対応し、新たな研究・教育体制を作っていくことが求められている。

こうした学内の情報化に関しては、すでにいくつかの文献で紹介されてきているところである。しかしながら表1に見られるように、学内の改革動向は急速であり、学内にいても全容、とりわけ制度改革と実践との関係を把握することは容易ではない。そこで本稿では、特に組織の面と新しい実践に焦点を当ててみたい。具体的には、まず大学全体の情報化戦略を組織改革の面から概観し、さらに文学部における情報化の各種試みについて、特にオンデマンド授業の展開と高校生向けの模擬授業の提供に焦点を当てて紹介し、今後の課題に言及する。

## 2　大学全体の情報化戦略の展開

### (1)　早稲田大学情報化推進プログラム

早稲田大学における全学的な情報化の全体方針の基盤となっているのが、一九九五年に策定された「早稲田大学情報化推進プログラム」である。このプログラムは一九九七年度以降を三年ごとに第Ⅰ期から第Ⅲ期に分け、計九年間にわたる改革の方向性を示したものである。

第Ⅰ期(一九九七年度〜一九九九年度)ではまず学内五万人におよぶ学生全体が共有できるネットワーク基盤の構築に力が注がれるとともに、ネットワークを利用した授業システムの構築や研究成果の社会的還元方法としてのデータベース作成などが注目されることとなった。ネットワーク基盤の構築の中心を担ったのが、一九九七年に新設されたメディア・ネットワーク・センター(MNC)であり、当初メディア・ネットワーク・センターは学生に対する情報関連科目の提供や教職員および学生のネットワーク関係構築のためのあらゆる業務を担うこととなっていた。また情報化された授業システムについては文学部における実験なども踏まえ、一九九九年度にデジタル・キャンパス・コンソーシアム(DCC、一次)を開始した。メディア・ネットワーク・センターとデジタル・キャンパス・コンソーシアムについては項を改めて紹介する。

第Ⅱ期(二〇〇〇年度〜二〇〇二年度)は「教育のオープン化」「研究のオープン化」をスローガンとして、第Ⅰ期の成果を実際の授業に導入することとなった。またデータベース構築に関しても、教員の業績・担当授業などの情報を検索可能な形態にするとともに、そうした情報を個々の教員が自ら編集・記入することが可能となる教学支援システムが導入された。ここで特に積極的に導入されたのがオンデマンド授業などネットワークを活用した授業形態である。

　なお二〇〇三年度から開始される予定の第Ⅲ期（二〇〇五年度まで）ではさらに学生・教職員のオープン化をスローガンとして、海外、特にアジアを中心とした各国との人間レベルの交流を基盤とした情報化が模索されることとなっている。

## (2)　メディア・ネットワーク・センターの成立と改組

　以上のような情報化戦略を支える教学上の組織体として、メディア・ネットワーク・センター（ＭＮＣ）があり、さらにメディア・ネットワーク・センターから各学部事務所等に、情報化を専門に担当する教学支援担当と呼ばれる職員が出向し、当該箇所の情報化に関するさまざまな職務を担っている。この職務には事務所内の情報化の円滑化だけでなく、教員の情報化活動の支援までが含まれた。こうした職員による研究教育支援は従来の大学運営の中では必ずしも有効に機能してこなかった領域である[2]。

　早稲田大学では一九八〇年代より特に事務の情報化が進められてきたが、教学における情報化は一九九六年にメディア・ネットワーク・センターが設置されたことによって促進された。同年にはエクステンション・センターの講義においてＩＳＤＮ・衛星回線による遠隔授業が実施され、さらに翌一九九七年には全学四万人以上の教職員学生全員にメールアドレスＩＤを発行する体制（ｍｎシステム）が整えられ、新入生全員にＩＤが発行された。

　また、二〇〇二年度からは従来の大学独自のメールシステム（WinYATと呼ばれる大学独自のメール・ソフトによる運営）から、次世代インターネット・サービスとしてＮＥＣが開発した新しいメール・システムであるWaseda-netへと移行し、生涯使用できる予定の汎用型アドレスを教員・学生に提供している。

以上のような活動の広がりの中で、メディア・ネットワーク・センターは創設当初こそすべての機能を担っていたが、業務の多様化・複雑化の中で改組が求められ、二〇〇〇年度に統括部門としての教務部情報企画課、情報技術の研究教育への活用を支援・促進する運用統括部門としてのＩＴセンター、そして実際の教育・研究機能を担うメディア・ネットワーク・センターとに分割されている。さらに二〇〇二年度にはオンデマンド授業の運営を担う遠隔教育センターも設置され、学内の情報化に対応している。特にＩＴセンターは授業時における教室機器運用のサポートから研究室に訪問しＰＣやネットワークの使用について相談に応じる体制をとっており、教員が情報化を進めるための体制そのものは充実していることがうかがえる。ただし二〇〇二年度においてはこの訪問相談の利用は低調で同一教員が複数回使用している状況に留まっているとのことである。

### (3)　デジタル・キャンパス・コンソーシアム(DCC、一次)

さて、大学教育のオープンネットワーク化を推進し、特に情報化推進プログラムの実施における中核的組織が必要性が高まる中で、一九九九年度には大学理事会の下にデジタル・キャンパス・コンソーシアム(ＤＣＣ、一次)が設置された。デジタル・キャンパス・コンソーシアムは会員企業との技術・資本提携に基づいて、学内各所の情報化を推進するもので、文学部の活動を主な対象としつつ、「教育のオープン化」を目指して、情報化に関する多様な研究・実践を行う基盤となっていた。

さらに、デジタル・キャンパス・コンソーシアムが二〇社に達する企業と連携する中で、参加企業と早稲田大学との共同事業会社として二〇〇〇年四月には早稲田大学ラーニングスクエア株式会社が、同年一〇月には早稲田大学インターナショナル株式会社が設立され、大学内の情報化、教育研究のオープン化に関する実務、プログラムの提供などを担っている。二〇〇二年度より、デジタル・キャンパス・コンソーシアムは二次の活動へと移行しており、アジアの大学連合を目指したサイバー・ユニバーシティ・コンソーシアム（CUC）の活動を支える企業連合体としての側面が強調されてきている。また一次の活動の中で創設された早稲田大学ラーニングスクエア株式会社は、生涯学習機関である早稲田大学エクステンション・センターとの協力の下、エクステンション科目の全国発信やインターネット公開講座「現代版早稲田講義録」などの発信を担当している。[3]

### (4) 前提としての「教育のオープン化」

早稲田大学の教育機能に関する改革をみていく上で無視できないのが、「教育のオープン化」と呼ばれる一連の改革である。特に専門科目も教養科目も多数の学部ごとに分散して設置されている状況で、学部の枠を超えた総合的かつ多様な教育を実現するために、二〇〇一年四月にオープン教育センターが設置された。このセンターの設置目的は、学部の枠を超えた科目として全学の共通設置科目であるオープン科目や一年生向けに複数学部教員によって運営されるテーマカレッジ、そして大学の枠を超えた単位互換制度の調整・運営である。学内設置科目の運営にとどまらず、高大連携や大学間の単位互換制度も調整・運営することが期待されている。

こうした活動の中で二〇〇一年度から開始されたのがf-campus構想である。これは近隣に所在する学習院大学・学習院女子大学・日本女子大学・立教大学・早稲田大学の五大学間で、在学生に幅広い学修の機会を提供することを目的として、学部段階での単位互換制度を導入するものであった。特にこの構想では事務処理の簡素化・電子化を進めており、登録などの手続きがネット上で実現されている。[4]

このオープン化への過程において、多くの学部が位置する西早稲田キャンパスから若干離れた戸山キャンパスに位置する文学部において提供される授業を中心として、特に場所と時間の制約を克服するために、オンデマンドと呼ばれる方式の授業に力が注がれることとなったのである。

## 3　文学部における情報化戦略の展開

以上のような全学的な動向と関連する形で、しかし文学部は学部として独自の方針に基づいて、九〇年代後半から情報化に力をいれてきている。これはもちろん教学面での改革を図ることとともに、全学的に学部改組・大学院改革が進められていくなかで、文学部としての独自性をどのように発揮し、生き残り方策として位置づけられるものでもあった。

本節では、文学部における情報化を支える組織と主な活動について概観する。

### (1) 情報化検討委員会から戸山リサーチセンターへ

文学部における情報化戦略の端緒は一九九六年度に遡る。前年に発表された「早稲田大学情報化推進プログラム」を受け、文学部でも「文学部情報化推進プロジェクト」を立案することとし、その実行組織として「文学部情報化検討委員会」が設置された。この委員会はその後五年間の文学部内における教学の情報化推進に関する一切の責任を負うこととなり、特に企業との連携を図りつつ、ソフトの開発と資金の確保を目指すこととなった。

委員会の具体的な活動をみると、委員会において総合的な戦略が検討され、それに基づきつつ委員会のもとに作業部会(二〇〇〇年度で三三作業部会)が設けられた。作業部会はそれぞれ、文学部ウェブサイトの構築、学術データベースの作成、マルチメディアを利用した授業実践の推進の事務調整を図ってきた。[5] なお、これらの委員会ならびに作業部会が実際に作業を進めるにあたっては、全学機関であるメディア・ネットワーク・センターならびにデジタル・キャンパス・コンソーシアムとの密接な連携が図られてきた。

情報化検討委員会が二〇〇一年度末で解散する中で、同年度からは文部科学省の私立大学学術研究高度化推進事業「学術フロンティア推進事業」に指定された戸山リサーチセンターが主導する形で、「教育・研究のオープン化」という全学的なスローガンに応じた情報化が推進されることとなった。

本センターでは新たな遠隔教育システムの開発、ならびに文学部(戸山)キャンパスに設置されたプロジェクト研究所を統合し研究活動を推進することが目指されている。特に新たにオンデマンド型授業教材作成援助が積極的に展開されており、スタジオや機材、オンデマンド授業に対応した教室・施設などの充実が図られているところである。

## (2) オンデマンド授業の積極的展開

文学部で設置されている授業の中で、特にいわゆる総合講座と呼ばれる科目群が存在する。これは既存の一九専修の枠にはまらない学際的な課題を扱う授業として設置されているものである。多数の専任・非常勤の教員が参加し、自らの専門的知見を提供する形態がとられている。

この中でも例えば総合講座七「文化研究とコンピュータ」は、週に一回、自由な時間に、ネット上の授業コンテンツにアクセスし、授業用に設置された掲示板に自らの感想を書き込み、また他者の意見に対し応答することで出席とみなされるものである。この形式は、受講人数が多く、教員と学生あるいは学生相互が議論を行うことが困難な中で、

表2　2002年度オンデマンド授業の実施状況　( )内は通年以外の科目で内数

| | 全学授業数 | 内文学部 | 内他個所 |
|---|---|---|---|
| フルオンデマンド型(ほぼすべてオンデマンド) | 18(7) | 13(2) | 5(5) |
| ハイブリッド型(通常授業＋オンデマンド) | 28(4) | 26(2) | 2(2) |
| 掲示板型(通常授業＋掲示板を活用) | 41(8) | 31(1) | 10(7) |

出典：講義要項データベース等より作成

必要に応じて意見を書き込み、議論に参加することが可能になるものとなっている。[6]

現在、文学部ではこうした総合講座だけでなく、一般の演習・講義科目なども積極的にオンデマンド化が進められている。このオンデマンド授業の形態としては、コンテンツの形態に応じて、すべての授業をオンデマンド方式で実施する「フルオンデマンド型」、一部の授業コンテンツをオンデマンド型としつつも通常方式の授業も活用する「ハイブリッド型」、さらに授業方式は通常のものであるがその後の議論の場として掲示板(ＢＢＳ)を活用して学生間の意見交換を授業時間以外にも促進する「ＢＢＳ型」が準備されている。ＢＢＳには教員用に課題提出のチェックや小テストを実施し評価を行えるような機能も付加されており、教員は自らの授業内容などと勘案し、いずれかの方式の授業を希望することになる。

こうしたオンデマンド授業は、現在遠隔教育センターが中心となって全学的な展開を目指しているが、文学部では従来からの蓄積および戸山リサーチセンター(以下ＴＲＣ)の実験の一環として独自の展開・充実が図られている。

ちなみに二〇〇二年度において、オンデマンド授業の実施状況は**表2**のとおりである。

### (3)　文学部ホーム・ページを通じての情報発信

大学、および学部がホーム・ページを通じて情報を発信することは特段目新しいものではないが、文学部においては、大学としての公式掲示板(通称オープン・カフェ)が開設されていた点で注目を集めていた。

オープン・カフェは従来サイトの深い階層に備えられていた卒業生や受験生向けのゲストブックを二〇〇一年四月に大幅に改訂し、トップページから直接誰もがアクセスできるような掲示板として再生したものであった。大学（学部）の公式サーバー上に設置され、アクセス・記入が匿名で行われるものとなっており、他に類を見ないものであった。この掲示板は、文学部のホームページの管理を担当する教務と、職員若干名で運営され、学生や学外の受験生などからの問い合わせに対応するだけでなく、まさに「オープン」な環境で文学や哲学、人生論などについて様々な議論が交わされていた。[7]

## 4　高校生向け模擬授業

さて、文学部学部段階で現在進められている情報化の実践例、特に新しい型の授業についてはすでに複数の書籍で紹介されているため、ここでは二〇〇二年度に新たに実施された高校生向け模擬授業についていくつかの観点から整理しておきたい。

このネット上で実施された模擬授業はリクルート社の協力によってサイバーレクチャー研究所（プロジェクト研究所の一つ）、TRCの授業実験の一部として実施されたもので、春季には二講座、夏季には四講座が公開された。具体的には、「文学研究ファーストステップ」「エジプト考古学への招待」が春季と夏季に、「『大学論』について話そう」「文化人類学と世界遺産」の二講座が夏季に公開された。

授業の概要・構成は概略次のようなものであった。まずリクルート社進学カレッジのウェブ上で正規受講生を募集し、また各授業の導入部分を一般に公開した。受講料金は徴収せず、一切を無料としたが、学校ないし家庭に一定程度以上の性能を有するＰＣ機器が必須とされた。

実際の授業では、受講を申し込んだ高校生にパスワードが付与され、指定された期間内でのコンテンツへのアクセスとともに各講座で示された課題を提出することが求められた。さらに各授業に関する質疑やそれ以外の一般的な雑談を行うための掲示板が設置され、そこで教員と高校生との間で様々な交流や意見交換が見られることとなった。

加えて、夏季の講座の場合には講座開設期間に大学全体のオープン・キャンパスが実施されたため、その特別企画として高校生と担当教員とのオフ会(面接授業)が実施された。各講義とも数名程度の参加ではあったが、実際に受講している高校生と教員との間で有意義な交流を図ることができたと思われる。

なお各講義とも文字データなどは担当教員が作成し、それをリクルート社が作成してきた既存のプログラムに組みこむことで、文章と画像とからなるコンテンツが作成された。

筆者は上記のうち「大学論」を担当し、実際に高校生とオンライン上でもオフ会でも話をする機会を得ることができた。その体験に基づいて、本制度の意義と課題をまとめておきたい。

まず、本講義の成果としては次の三点が挙げられるだろう。第一に、高校生にとって別世界である大学での「学び」の体験が特殊な形態であれ実現できることが挙げられる。終了後とられたアンケートでも大学での学習の一端が体験できたことに対する満足度は非常に高くなっていた。

第二に、特に掲示板による教員、あるいは学生との交流を図ったことが挙げられる。上記掲示板は担当の教員が実際に書き込むだけでなく、学生チューターも参加し、高校生からの書き込みに積極的に対応し、あるいは学生チューターからも積極的に発言することで、相互の交流が活発になった。特に春季と夏季二回実施された講座では、教員も学生チューターも対応についての経験の蓄積があったため、教員自らが頻繁に掲示板上で発信し、それに応じた形で高校生からの発信も増加した点が注目される。またある授業では教員と学生チューターとが相補的に意見を出し合うことで講義内容を深めることにつながっている。

第三に、全体として受講生の持つ大学のイメージ改革には一定程度寄与したのではないかと思われる。特に講義期間終了後、全部のコンテンツを一般に公開しつづけることによって大学の分りにくさを改善する成果があったのではないかと思われる。

一方、課題については、今回が最初の試みということで、選ばれた内容に生徒全体への訴求力があったかどうか判然としない点が指摘できる。そもそもこの授業を受講する高校生がすべて早稲田に進学する意思があるかといえば必ずしもそうではなく、さらに文学部に進学を希望する高校生は実際多くないようである。あるいは高校生自身も明確な解答がでるとは限らない「学び」について、慣れるのに精一杯というアンケートへの回答がいくつか見られた。こうした状況に対しては、プログラム内容や提供方法の多様化が必要である一方、対費用効果も考慮すべきかもしれない。

さて、こうした高校生向けの模擬講義をネット上で実施した経験から、次のような提案が可能であろう。

まず、高校生全般向けの模擬授業の場合、総論的な内容を実施するより、より具体的な課題(例えば「識字」問題などが掲示板で話題に上った)を扱ったほうが有効かもしれないと思われる。コンテンツにアクセスしても課題を提出しない受講生が多数存在したという現状を考えると、受講生が全く知らないこと(識字など)、あるいは彼らにとって身近な内容(学習指導要領など)を扱うほうが、高校生への訴求力があったかもしれない。

これと関連して、すでに(対象は限定されているが)大学の授業を高校生に公開している以上、高校生向けの特別講義を公開するよりも、実際に行われている授業をパッケージ化するなどして公開した方が、より高校生が関心を深められるかもしれないと思われる。場合によっては、さらに単位認定まで視野に入れることもありうる。いずれにしても高校生や高校側のニーズをいかに捉えるかが今後の課題となりそうである。

なお、導入教育・補習教育的プログラムをこの方式で実施することが可能であろう。具体的には、大学における本の読み方、レポートの書き方などについては、大学院生のTAも参加してもらう掲示板などを設置することで、質の高い導入教育プログラムを作成・提供できるのではないかという手ごたえがあった。

本講義はあくまで実験的な性格が強く、リクルート社によるISIZEネットカレッジ事業が新たな展開を示していること、またTRCの研究実験として成果を検証していく必要もあり、今後の展望は現時点では未定である。しかし高大連携を深めていくにあたってネット形式の授業、オンデマンド授業の展開は必須と思われるのであり、今回の実践による成果は決して小さいものではないと思われる。

## 5　おわりに――情報化の成果と課題

さて、本論の最後に現在の文学部における情報化実践から読み取れる示唆を幾つか整理しておくことにしたい。

第一に、情報化を進めるためには当然ハード面の対応が不可欠である。特にPCを初めとする情報機器だけでなく、こうした授業を並行して実施するために設備の完備された教室が複数必要となる。早稲田大学文学部の場合、一九九九年九月に竣工した三六号館は講義用の教室にはすべてノート型PCを含むマルチメディア機材が準備されている。また従来からの教室でも可能な限りメディア機材やプラズマディスプレイ等が設置され、教員のニーズに対応している。さらに、新たな外国語(英語)習得のための機材(TeleMeet PCなど)の開発も無視できない要因となっている。[8]

第二に、特に授業教材開発に関して、プログラムの開発・支援が不可欠である。現時点ではソフト開発はDCCの会員企業に事実上委ねられているのが実態であり、会員企業への依存度が高まっている点にも留意が必要となろう。一度開発を開始すると特にプログラム関連では途中で仕様などを変更することが困難になりがちである。プログラム開発にあたっては、中長期的展望を踏まえておくことが大学・学部側にとっても重要な課題となる。

第四に、継続的な研究開発のための資金確保は不可欠であり、かつもっとも解決困難な課題となっている。文学部の場合、二〇〇一年度まではデジタル・キャンパス・コンソーシアムによって必要となる資金が確保され、二〇〇二年度以降はＴＲＣの活動を中軸にすえ、独自の財源を確保している。公的補助が競争的資金へとシフトしつつある中で、今後も多様な戦略による財源確保は必要不可欠になる。

第五に、教員間のデジタル・ディバイドの増大も無視できない。一方でビデオ教材を編集する設備を縦横に活用し、授業を変革している教員がいる一方、他方でｅメールの使用自体を忌避する研究者も存在している。さらに情報化に関わるプロジェクトに資金が集中していることに対して、学内・学部内の完全な合意が得られているとも言いがたい。デジタル・ディバイドの問題は、教員間だけでなく、教員と職員との間にも存在するように思われる。特に情報化に積極的でない教員が多数存在すると、情報化が進められても教員の無関心によって、結果的に担当職員の過重な負担が生じる危険性を無視できない。教学支援担当職員が担う職務も過大なものになっている。

そして第六に、研究領域ごとの学生・教員にみられる認識の格差が増大している点が問題として挙げられる。一部の専修ではオンデマンド授業などをほとんど実施していないため、その専修の学生もまた大学における授業の新たな展開が見られることを十分認識していない。また、教員の多くもこうした実践が行われていることに無関心である。特に依然としてＰＣ利用や情報化に対する批判的意見が学部内で強いことも無視できない。実際ＰＣや情報化とは無関係に優れた授業実践を行っている教員も存在しているので、議論がさらに錯綜している。

早稲田大学、とりわけ文学部の実践は、人文系学部におけるメディア活用授業のあり方、研究と教育との有機的結合を目指す情報化のあり方として、注目すべきものである。しかしそれは早稲田という知名度の高さ、そしてそれに基づく企業との連携によって成立しているという点で、まさに脆弱性をはらんでいるともいいうる。もはや情報化戦略は早稲田大学においても教育と研究の充実にとって不可欠なものとなっている。今後、どのような形態で情報化の資金を確保していくのか、そして一度始めた情報化戦略をどのような領域において継続しつづけるのかが真剣に問われなければならないだろう。早稲田大学、そして同大文学部の情報化戦略は不断の戦略立案からくる人的制度的な疲弊によって、現在大きな転換期に直面しているといえるのではないだろうか。[9]

## 注

1　本プロジェクトの概要は、http://www.waseda.ac.jp/kansa/service/index.htmlを参照。

2　松岡一郎(二〇〇〇年)『早稲田大学デジタルキャンパス革命』、アルク、一九一〜一九四ページ参照。

3　第一次デジタル・キャンパス・コンソーシアムについては、http://www.waseda.ac.jp/dcc/consortium/1stg/を、第二次デジタル・キャンパス・コンソーシアムについては、http://www.waseda.ac.jp/dcc/を参照。

4　f-campusについては、https://www.f-campus.org/を参照。

5　情報化検討委員会による実践は、前掲『早稲田大学デジタルキャンパス革命』、および早稲田大学情報化検討委員会編(一九九九年)『キャンパス情報化最前線　早稲田大学文学部の試み』早稲田大学出版部、を参照。

6　オンデマンド授業の実際については、井桁貞義(二〇〇一年)『文学理論への招待　〝オンデマンド授業〟の実際と大学授業の新しい可能性』、早稲田大学文学部、が具体的な方法を説明している。

7　しかし、「荒し」「煽り」といった投稿が頻発した結果、二〇〇二年九月末に閉鎖に追い込まれた。

英語教育に関する情報化実践については、早稲田大学文学部情報化検討委員会編（一九九八年）『インターネットで変わる英語教育　早稲田大学文学部の実験』、早稲田大学出版部、参照。

9　本原稿執筆後の二〇〇三年度科目登録において、ほぼ全面的にウェブによる科目登録が目指された。当初は三月下旬からのほぼ二週間にわたって、全学部の学生が自らの履修計画を立案し、ウェブ上で正確な登録を行なうことが想定された。しかしミドルウェアを中心として多数の問題点が発生し、登録開始初日からアクセス制限が断続的に生じた結果、三月末にいたりほぼ全学でマークシートによる従来の科目登録方式への転換、科目登録のやり直しを余儀なくされるという深刻な事態となった。

特に大規模大学の場合、学生数への対応と教育課程の複雑化への対応という二つの問題を抱えている。さらに学部単位でというよりも全学的に一元化された組織（早稲田大学の場合はメディア・ネットワーク・センター）によってシステム構築が目指されるため、一旦事故が生じるとその影響は甚大なものになってしまう。情報化政策立案にあたっては、科目登録などのように多数の学生が集中してアクセスするといった状況に対応したシステムの準備をどのように整えるか、そして教育課程改革によって複雑化し続けている履修制度を踏まえたプログラム作りをどのように推進するかといった解決困難な課題を検討しつつ、さらに対費用効果も考慮しなければならないというジレンマを抱えているといえそうである。

なお現在二〇〇五年度正式発足を目指して、オンデマンド授業流通フォーラム創設の準備が進められている。本フォーラムは現在オンデマンド授業で提供されているコンテンツを将来的に有償で全国に提供していくことを目指しているとのことである。これも一つの資金確保の動きとして位置づけられるであろう。

【人が変わる】1

# 第八章　サポート部門が果たす役割
——金沢工業大学——

吉田　俊六

## 1　金沢工業大学の目標と概要——地域に根ざして、独自性を探求する

### (1)「教育付加価値日本一」の大学を究極の目標とする

金沢工業大学は地域に根ざし、全国・国際的な展開を目指している。建学の綱領は「人間形成」、「技術革新」、「産学協同」の三本柱として簡明に示されている。この理念は今や、「金沢工業大学の『人間力』教育」として日本国内の多くの大学が手本とすべき、独自性に富むグッド・プラクティス事例として高く評価されるところとなった。同学では、長年にわたり「工学設計教育とその課外活動環境」に取り組み、一人ひとりの学生の、創造性、チーム活動能力、問題発見・解決能力、自学自習能力、プレゼンテーション能力、コミュニケーション能力、知識を応用して新しい価値を

生み出す能力等を多面的に開発してきた。これらの能力開発をさらに推進することで、究極の目標である「教育付加価値日本一」の大学を目指すことになる。

## (2) 立地

金沢工業大学に向かうには金沢駅から約二五分の路線バスを利用する。大学と住宅が一体化した小さな町に工科系最大を標榜している図書館ライブラリー・センター（ＬＣ）のタワーがランドマークとしてそびえ、キャンパス内に建物がコンパクトに配置されている。

外郭には多くの学生が自主プロジェクトを行なっている「夢考房」の建物などが並び、放送大学の石川学習センターや、コミュニティ放送局（野々市町との共同運営）等の公共的な文教施設が隣接している。大学独自の学生寮を作らず、学生の宿泊施設は地元コミュニティに依存している。アパート・下宿の中の約二〇〇棟（三五〇〇室）は大学のＬＡＮと光ファイバーで接続し、全国でも珍しい先行的なユビキタス・ネットワークを試みている。学生の出身地は全国にわたり、地元学生比率は三割程度に留まる。

## (3) 沿革と概要

前身の北陸電波学校の時代より四〇数年、金沢工業大学となってからまだ三〇年強の比較的若い大学である。

辛口の地元有識者諸氏は「あの大学がここまで成長するとは想像していなかった」、「図書館にあれだけの投資をして耐えられるかどうか心配だったが、何とか乗り越えられたらしい」、「ＩＴ投資を克服できたら、金沢の私大の中で最後まで生き残るのがＫＩＴ（金沢工業大学）になるだろう」等とかまびすしいが、大学創設以来、歴代理事長が希求し続けた飽くなき教育ロマンとこれに応えてきた教職員のチームワークの良さ、さらに大学の立地するコミュニティが一体となって現在のステータスを築きあげてきたものと考えられる。

ここで、金沢工業大学の概要を見ておこう。

現在、三学部一五学科、大学院は博士課程前期・後期七専攻、修士課程三専攻で構成されている。修士課程には、二〇〇四年新設の臨床心理学専攻、および、東京で社会人対象の一年間コースの知的創造システム専攻が含まれる。工業系単科大学から、大学院レベルでの人間科学分野等、新ドメイン開拓に取り組む姿勢に進取の志が反映されている。学生数六八五一名、工学部は七〇〇名、環境・建築学部は四八〇名、情報フロンティア学部は三〇〇名の定員である。学科は最大規模で二〇〇名、最小規模では五〇名。六〇名規模、八〇名規模、一〇〇から一二〇名規模を定員とするものが多い。教員数約三〇八名、事務職一七七名、技師四八名、その他(アウトソーシング活用)からなるサポート体制となっている。

## 2　経営努力の特徴——マーケティングと経営管理

### (1)　優れた環境分析とマーケティング力

①『教育付加価値日本一の大学をめざしています』

筆者は『ＫＩＴは教育付加価値日本一の大学をめざしています』というキャッチフレーズを初めて目にしたとき感銘を受けた。短いフレーズで不退転の取り組み姿勢を明確化し、マーケティングの観点からも評価できる。教育重視をはっきり宣言し、実現させようとする取り組みに強く共感できる。しかも、このように宣言する自信はどこから生まれたのであろうか、その経営の実態を学びたいと思った。

ネーミングにおけるマーケティング発想の優れた例として『夢考房』や『マルチメディア考房』など「工房」の工の字を「考」に置き換えるだけで、「知識」から「知恵」へとパラダイムシフトする意思を明示することに成功したものがある。学部・学科のネーミングも時代の流れを敏感にとらえ、対応することで、若者達が志望選択したくなるものが多く見られる。

### ②　学生クライアント主義＝「面倒見が良い大学」──市場の明確化

一八歳人口の減少に伴い、大学の需給バランスは構造的に崩れ、二〇〇三年度「私立大学・私立短期大学入学志願動向（速報）」によると、調査対象の四年制大学五二一校の二八・二％が入学定員割れ、短期大学四一五校の四五・五％が入学定員割れを起こしており、この傾向はここ数年横ばい状況と伝えられている。マクロ的に捉えれば、大学全入の時代は少し先とみなされているが、現実を見据えれば、すでに顕在化している。定員の半分にも満たない大学や倒産にいたる大学と高い倍率を維持する大学との二極化が進んでいる。

金沢工業大学では学生を顧客（クライアント）として捉えようとする意識改革が同学の現状につながる戦略の根幹に存在し、ここから多様なマーケティング展開が図られている。

二〇〇三年四月には学生サービス向上のための専門部署として「ＣＳ（顧客満足）室」が設置された。このマネジメントのセンスもクライアント重視の企業の取り組みに近い。

顧客満足はサービスに対する満足意識の高さとして測定されるが、何よりも、リピート需要の高さによって実質評価が定まる。同学の卒業生・修了生（一九九九年から二〇〇一年度）を対象とした顧客満足についてみる限り、「総合評価」は（非常に満足＋満足：八三・四％）となりきわめて高い。さらに、「後輩に金沢工業大学を勧められるか」との設問に対する回答は、（大いに勧められる＋勧められる：八一・五％）となり、潜在的なリピート需要の高さが窺える。学生による満足度の高い大学として国際基督教大学が引き合いに出されることが多い。外部からの評価で、金沢工業大学と国際基督教大学が並んでいる資料を発見した。

「大学ランキング二〇〇五年版」（朝日新聞社）によれば、全国の大学の学長からの「教育分野」での評価は国際基督教大学が一位、これに次ぎ金沢工業大学が二位とめざましい。以下、③立命館、④慶応義塾、が高く評価されている。また、「教育面・研究面の総合評価」でも国際基督教とともに五位と評価されている。上位の内訳は①慶応義塾、②京都、③立命館、④東京となっている。ついで、高校側の評価に着目すると、「総合評価」は全国で九番目と高い。北陸の代表格とみなされる金沢大学は一九番目である。同様に、「生徒に薦めたい大学」としての評価は全国で八番目と高い。いわゆる、偏差値の高さを当然視する諸大学の中にあって、独自性でポジションを獲得していることが目立つ。全国七〇二の大学の中で主な進学校の進路指導教諭から「面倒見が良い大学」および、「入り易いが評価できる大学」の項目でトップにノミネートされ続けている。ここに同学の真骨頂が発揮されている。

## ③「知られていないのは、ないのと同じ」

最近、とみに全国的に知名度が高くなってきているのは、『文藝春秋』など全国誌を用いたインフォマーシャルをベースとしての持続的な広報活動と、アドホックではあるが、マスコミを賑わすコンペやコンテストでの活躍を通じて、学生達が知的能力を知らしめることの二面がかみ合ってきたからと想定される。『週刊エコノミスト』二〇〇四年七月二〇日号掲載の「選ばれる大学」特集によると、高校進路指導教諭によるアンケートでは「大学広報が上手な大学」として七〇二大学の中で一二位と高く評価されている。

例えば、夢考房のロボットプロジェクトチームが「ＡＢＵアジア・太平洋ロボットコンテスト二〇〇二」に参加し、最高賞「ＡＢＵロボコン大賞」を受賞した。ＮＨＫの全国生中継に加えて特集番組でダイジェスト版も放映されており、二〇〇三年のアジア・太平洋ロボコン代表選考会では準優勝を納めてもいる。これらの活動を広告宣伝費に換算したら途方もない金額に相当するであろう。パブリシティ＝知名度浸透効果を高めるマーケティング成果となったと評価できる。他にもソーラーカープロジェクト、福祉搬送車プロジェクトなど、エンジニア志望の若者達の憧れの的となるプロジェクトが目白押しである。現実に工学応用能力を楽しみながら身につけさせる学びの場があることを未来の入学志願者向けにＰＲすることも狙っているのである。

実は、こうした学生支援のマーケティング努力を重ねてきていることは無視できない。広告業界の古典的な殺し文句を例に引けば、「知られていないのは、ないのと同じ」であり、地方に立地する比較的若い大学にとっては重要な戦略である。

## (2) 経営管理面に現れる『教育付加価値サービス向上』努力

### ① 学生納付金に依存した財務構造

金沢工業大学の経営分析資料が開示されているので参考までに他大学との比較をとおして特徴をとらえる。『週刊東洋経済』(二〇〇二年一〇月一九日特大号)の特集記事「本当に強い大学――初公開！　有力私立大学五六校「二〇〇一年度決算」の読み方」なる記事で、一〇の経営指標を手がかりにした、各大学の特徴分析を比較することができる。金沢工業大学の寄付金豊富度は〇・七％で五六校中四七位となっている。同学の場合、「授業料依存度：学生生徒納付金／(帰属収入－医療収入)」は八一・八％である。

金沢工業大学も日本のほとんどの大学と同様に、構造的に学生の納付金に大きく依存していることがわかる。問題は、この現実をどのように経営に結びつけるかである。

## ②　人件費率の抑制と教育研究の充実

五六校中で一位になっているのが、「人件費比率：人件費／帰属収入」の少なさで三五・五％である。さらに、「教育研究充実度＝教育研究経費／帰属収入」の指標では、五六校中で五位となっている。上位内訳は①独協：四三・〇％、②慶應義塾：四二・六％、③近畿：三六・六％、④東海：三六・一％、そして、⑤金沢工業：三六・〇％である。ちなみに、『週刊東洋経済』（二〇〇三年秋季版）「本当に強い大学」特集でも金沢工業大学の教育研究充実度は三七・八％であり、他の多くの大学と比して相対的に高く評価されている。

ところで、大学のような非営利機関での人件費率削減はサービス残業のような無理を伴いがちではないかという疑問がわくが、広報担当者は「本学では多くの業務をアウトソーシングしており、そのために人件費率が少なくなっています」という見解を示している。

合理的に人件費を抑制し、それを教育研究の充実に振り向けることで、貴重な授業料収入を活かしているというのであろう。これらから、「教育付加価値日本一をめざす大学」を標榜する基本姿勢をうかがうことができ、そして、授業料の投資を上回る回収と満足度を得させるためのさまざまな学生への働きかけが試みられているものと理解できる。

金沢工業大学に限らず、知的競争に生存を賭けるよりないわが国の大学・研究機関において、外部資金の導入を図ることが極めて重要な懸案である。周知のように、科学研究費補助金採択件数および金額は大学の研究レベルを図る上で典型的な指標となっているが、金沢工業大学の採択件数は二〇〇二年度に五八件であり、私立大学工学部の中では、三位に位置づいている。上位内訳は、①早稲田（一四八件）、②慶應義塾（一三三件）、③金沢工業（五八件）、④立命館・上智(五五件)、等となっており、過去四年間のデータで見る限り、私学の中で金沢工業大学の件数三位の位置は変わらない。さらに、補助金の額も基礎研究C・工学部門では私立大学のトップ(全体の七位)である。また、工学系の特徴でもある産学協同研究も年間二〇〇件を超える水準にあり、促進への挑戦も続くであろう。同学経営トップが対外的に「教育サービス」局面の重要性を強調するが、実は研究面での実績と自負心の裏づけがあった上での発言であり、その上で、わが国の大学・大学院は「教育サービス」にもっともっと情熱を注ぐべきだと猛省を促していることが推し量れる。このあたりは「秘すれば花の」デリカシーを感じる。

## 3　生き残りを賭けた「教育改革」とITの活用

### (1)　「教育改革」への取り組み

#### ①　独自の生き残り作戦を模索

構造的に少子化していく時代を迎え、「地方立地」・「私立」・「単科(工業)」の三重苦を背負って大学を経営して行くために、いかなる差別化戦略を構築し、実践するかが「教育改革」への課題であった。

金沢工業大学の経営層は一九九一(平成三)年七月に文部省(当時)が発表した「大学設置基準の大綱化」を、大学教育の自由化、すなわち、大学への競争原理の導入であると受け止めた。大局的な見通しや判断基準等を参考にし、一九九五(平成七)年度から従来と比べて全く新しい教育体制を整えて、教育改革を実施し始めた。抜本的なサービス向上への取り組みで教員の業務量は明らかに増えたが、学長より教員に対して、『これからは、研究ももちろん大事ですが、教育最優先で取り組んで頂きたい』との意思確認の働きかけがあり、全教員との意思統一がはかられた。全教員が海外の大学を視察し、教育サービス分野で熾烈な競争を展開し、研究だけでなく教育の成果も厳しく評価されている実態を体感した上での合意形成であった。また、教育改革の実施と同時に、外部から専門家を招聘してＩＴを活用しての教育改革を促進させることになった。

一九九八（平成一〇）年度は試行を経ての完成年度となった。

## ②「知識から知恵に」のパラダイムシフト

教育改革の内容を一語に凝縮しているのが、「知識から知恵に」のスローガンであり、これを従来からの知識付与型の教育と対比して示すと、以下の三つの座標軸の変容であるとしている。すなわち、『知識の伝授→知恵の修得』、『解がひとつ→解が多様』、『例題解答型→問題発見・解決型』へとパラダイムを切り替える試みである。

金沢工業大学のこれらの試みは、当時の米国の教育界のムーブメントと対比させて表現すれば、いわゆる「ステューデント・オリエンテッド」な体制への転換であり、自学自習のための環境整備と情報の高度化のためのＩＴ活用を通じて〝創造性開発〟を試行してきていると言えよう。

具体的に言えば、教務の枠組みを三学期制で六〇分授業へと変革し、シラバスを緻密化することで、評価方式も変更した。例えば、全学共通の評価の配分として、期末試験は授業全体の評価に対して四〇％分に限定するのが特徴である。授業に出席せず、期末試験にだけ出てきても満点は四〇点とし、単位取得不可能とした。同時に、残りの六〇％分を出席点、小テスト、臨時試験、課題へのレポート等々に細分化し、出席を重視したり、課題レポートを重視したりする教員の裁量性も担保された。同時に、グループ課題、グループワークを必須のものとしてコミュニケーション能力の研鑽を日常的な活動に仕込む方式など、時間を多重的に活用する工夫が凝らされている。学生は常時利用可能な学内ＬＡＮの端末からシラバスを閲覧し、授業の進捗と自ら行うべきことをきめ細かく納得し、計画的に学習する習慣を身につけやすくなっている。さらに社会に出る前段階での意識啓発のために履修登録は、担当教員との契約関係を結ぶことであると意識づけている。

## （2）ＩＴの活用で改革の促進

### ①　高度情報時代の戦略拠点：「情報処理サービスセンター」のサポート機能――ＩＴは道具に過ぎないが、戦略的に使えば武器になる

教育改革の一環として、ＩＴによる変革を促進させるために、情報処理サービスセンターに、大手情報システムインテグレータの金沢支社長であった専門家Ｔ氏を招聘した。金沢工業大学では、大学経営管理に関連する情報処理システムの汎用機を内部スタッフが独自に構築し、それは完成水準にあった。だが、当時、世界的にエンドユーザー・コンピューティング（ＥＵＣ）の動きが始まっており、慶應の湘南藤沢キャンパスがクライアント・サーバー型のシステムを打ち出して話題を呼んでおり、この大学の過去の投資と改善で築いてきた汎用機システムは革新に乗り遅れた部分を抱え込んでいるともとらえられていた。

ところが、専門家の招聘によって、教育改革のテーマであった「情報の共有化」文化を醸成する仕掛けにかかりながら、同時に技術面で抱えている課題の解決が可能になった。

インターフェースに工夫を重ねてＥＵＣ型中心の全体システムとの統合化を図るのに成功したのである。

Ｔ氏は大学の経営資源は企業と異なり、「技術革新」を唱えながらもスクラップアンドビルドはできないのが特徴であるという。この担当者Ｔ氏がかかげたコンセプトは「マルチメディアキャンパス（ｅユニバーシティ）」であり、具体的には、キャンパスネットワークと教材のマルチメディア化により実現をはかっている。センター職員のスキルの向

上や各種データベースの蓄積、学内にすでに張り巡らしていたネットワークバックボーン等々の既存の経営資源にＩＴの技術革新を援用して相乗的な効果を発揮する仕組みへと統合化が進められた。

ネットワークインフラストラクチャーの整備は、平成七年までに光ケーブルやメタル線を用いた幹線を敷設してひとつの区切りとし、平成八年に六二二Ｍbpsのアトム基幹ネットワークの構築で大きな変貌をとげたとのことである。

### ②　情報処理サービスセンターの構成と特徴

情報処理サービスセンターのメンバーは現在のところ、総勢二〇人である。うち、一〇人の専任者の役割は、創り・蓄積し・継承する分野であり、システムプランナー（専任一人）、システムエンジニア（専任二人）、コンテンツ制作者（専任二人＋学生一〇人）、ＡＶ技師（五人うち事務一人）となっている。リーダー役のＡＶ技師はこの大学の卒業生であり、大学設立当時から放送部での活躍ぶりを評価され、技師として採用されたという経歴をもつ。放送関係の事業部門から、センターの一員となり、業務として、映像コンテンツ作成およびイントラネットで時々刻々学内に流す教務関連情報ならびに、各種事務関連の案内やイベントのスケジュール等の情報を流通させることにも取り組んでいる。筆者はこの卒業生の愛校心のこもった仕事ぶりなどを取材して、金沢工業大学の発展は私学ならではの教職員一体となったファミリー意識に支えられていることを再認識させられた。同学の情報処理サービスセンターの経営資源として特筆できるのは、コンテンツの蓄積資産、および、それを最新の技術で「資源化」してしまう、スタッフ能力を持つサポート体制であろう。コンテンツに関しては別途後述する。

また、業務を委託している一〇人の役割は、管理・運用・メンテナンスである。すなわち、ネットワーク管理（業務委託二人）、パソコンセンター（業務委託三人）、システム運用（業務委託五人）である。

筆者はｅラーニング分野で先行する米国の大学やコミュニティカレッジを見学しているが、学生数二万人規模のキャンパスであるためもあるが、情報処理サービスセンター的な組織は必須のものであった。学内警察があるのと同様、セキュリティ面でのチェックを徹底するために専任であれアウトソーシングであれ、専門スタッフを貼り付けている。比較対象とはなりにくいが、国立大学法人で情報やコンピュータ分野の技官が不足している場合は当該分野の教官がシステムの維持管理まで兼務せざるを得ない状況も想定される。同学のように専任スタッフがいてヘルプデスク機能はもとより、教材づくりを支援する体制には、羨望を覚える。また、ここを大学の生命線ととらえる真剣さは組織構成やスタッフ数からも推し量れる。

## 4　eユニバーシティ・eラーニングへの取り組み

「模索するeラーニング」なる本書の問題設定で取材し、同学のこの分野への歴史的な取り組みや進展の度合いを知るにつれて、eラーニングを実施可能とするeユニバーシティとの組み合わせで、紹介せざるを得なくなってきた。特に、コンピュータネットワークの整備、これに接続するラップトップPCの活用を大前提とした教育の実践を掲げて、自前のコンテンツを作成・活用する組織と体制を構築し、さらなる工夫に挑戦し続けている同学の現状報告は、eラーニングを模索中の多くの大学にヒント与えるであろう。以下は情報処理サービスセンターシステム部長のT氏が作成されたメモの内容を引用し、コメントを加えさせていただきたい。

### (1)　eラーニングコンテンツの蓄積と展開

金沢工業大学の大きな強みは、一九七八(昭和五三)年から開発の始まっているCAI教育の取り組みとこれに伴う教材開発の歴史的蓄積にある。二〇年あまりの間に五〇科目を越す教材が開発され、同時進行的に視聴覚教育が積極的に展開されたために、ビデオ映像を用いた教材も開発されたという。一九八一（昭和五六）年にはＡＶＩＳ（Audio Visual Information System）が導入され、一万二〇〇〇巻からなるビデオ教材が、教室やライブラリーセンターのＡＶコーナーに配信された。現在はこれが学内ＬＡＮに向けても配信されており、授業や自学自習に用いられている。このビデオライブラリー（ビデオコンテンツ）は、アナログのＶＯＤ（ビデオ・オン・デマンド）システムとしては、世界最大規模に成長している。

ｅラーニングを推進する上で、教育効果を高める映像コンテンツは非常に大きな役割を担っており、その礎となっている。しかも、専任の技師と設備を組織的に備えている大学は日本においてもほとんど例がないとのことである。

一九九六（平成八）年に、同学ライブラリーセンター内に「マルチメディア考房」が開設された。これは、同学のプロジェクト型教育体系の核となる「夢考房」のデジタル版とでもいえる施設である。コンテンツ制作・ＡＶ編集などのオーサリング用高性能パソコンを設置しているので、ＣＧや映像、音などのマルチメディアコンテンツの制作活動を支援し、創造性豊かなデジタルコンテンツ・クリエーターを育成し、同時に同学のオーサリング技術を全学的に向上させることを目的としているという。二〇〇一（平成一三）年には、教材コンテンツの開発をさらに推し進めるために「教材コンテンツ制作支援室」を開設した。情報処理センターの中に教材コンテンツの制作・編集用の機材を備え、専任のコンテンツ制作者と八から一〇名の学生スタッフが教材の制作に携わっているとのことである。

金沢工業大学がこれほどまでにコンテンツ制作に力を入れる背景に、この分野がまさに同学の取り組む専門分野であることのみならず、ビジネスの新たな柱としてｅラーニング市場にむけてオリジナル教材を開発・販売しようと企図しているようにうかがわれる。

実際に、過去、出版社と共同開発した教材の商品化を進めてきた実績もある。教育改革後の学習・講義では学生の能動的な取り組みを促し、教育の品質を高め、教員の負担を軽減させ、さらに教員・学生間のコミュニケーションを促進する試みがなされてきており、この改革そのものが教材作成につながる部分もあったであろう。二〇〇四(平成一六)年八月現在、T氏の今後の展望から引用すれば、以下のように表現される。

一昨年あたりから、国立大学を中心に多くの大学がＬＭＳ(ラーニング・マネジメント・システム)を導入し、ｅラーニングに向けた取り組みをはじめている。ただし、クラスルームでのコラボレーションや教材のダウンロードという限定的な使われ方が大勢を占めており、本格的なコースウエアやコンテンツの開発までに至っている例は少ない。ＫＩＴでは、ＬＭＳの中核と位置づけている「ＷｅｂＣＴ」に「講義ＶＯＤ」などのｅラーニングシステムを加え、コンテンツのさらなる充実をはかるとともに、学習成果の向上やコンテンツ開発の生産性向上に向けた実証研究を推進していく予定としている。

コースウエアは、学習コースの章立てや理解度テストなどから構成されており、静止画・ビデオ・アニメーション・音声などの一つ一つの素材(コンテンツ)を「ラーニング・オブジェクト」と呼んでいる。この素材を組み合わせることでさまざまな学習コースの設計が可能となる。ＫＩＴでは、このラーニング・オブジェクトをデータ・ベース化することにより、さまざまなコースで活用することを計画している。

また、ＬＭＳが国際標準規格(ＳＣＯＲＭなど)に準拠したものであれば、制作した学習コースをその都度利用する多くの教育機関で変換し対応させる必要はなく、そのまま使用することができる。こうしたＬＭＳの汎用性から、教材の流通がすでに始まっている。ｅラーニング市場の普及拡大に伴い、数年後には教材の流通が本格化しているものと思われる。その時、ＫＩＴは、他の大学や機関で開発された教材を使用する立場ではなく、広く供給する立場でありたいと願っているという。

## (2) 金沢工業大学のeラーニングシステム

同学で現在使用しているにeラーニングシステムついて、内部資料から引用すると以下のようになっている。

① WebCT(Web Course Tools)【非同期型】

マルチメディアコンテンツ・セルフテスト・学習進捗管理や成績管理・コラボレーション(メール、チャット、掲示板、ホワイトボードなど)からなる学習コース。

使用している科目は、「測量学」「電子回路」「工学設計Ｉ」「情報設計」「インストラクショナルデザイン」である。

② WBT(Web Based Training)【非同期型】

学習進捗管理や成績管理、コラボレーションなどの機能を持たず、コースに沿って順に自学自習する学習コース。

使用している科目は、「プレスメント物理」「プレスメント数学」「数理工統合　数学トピック」である。

③ 教材のダウンロード【非同期型】

講義ノートや参考資料などの補助教材のダウンロード。使用している科目は、基礎教育課程、専門教育課程の中で二〇～三〇科目において運用。

④ 講義VOD【非同期型】

講義の模様を自動収録し、インターネットに配信するVOD(ビデオ・オン・デマンド)システムで、東京の大学院では全講義を収録(実際に活用する際に、著作権など様々な解決すべき課題が想定されている)。講義でパワーポイントやHTMLを用いる場合にWindows・静止画像・ビデオ・URLなどのファイルを一緒に収録し、それをストリーミング(ビデオ）サーバーを経由して配信する。学生は講義の模様をいつでもどこでも視聴可能となる。

⑤　Net AVIS【非同期型】

AVIS（Audio Visual Information System）のビデオ教材を学内にLAN配信。

⑥　遠隔ゼミ【同期型】

テレビ会議システムを用いて遠隔ゼミや講義を行うもので、東京〜野々市、ロサンゼルス〜東京間で運用している。

⑦　インターネット町民塾【非同期型】

地元自治体の野々市町と共同運営している生涯学習型の学習コース。

以上の内容は学生が学内（時に、アパート）LANの情報コンセントに接続し、自学自習することを想定する観点からの展開が多いためか、通信衛星等を用いての遠隔授業【同期型】などの例は少ないのが特徴であろう。

しかし、一人ひとりの学生が自分の不得意な分野や理解しきれない箇所を、マイペースで学習できるようになる場合や、教員と学生とのコミュニケーションの場としての活用や、学生が主体となって協調学習（コラボレーティブ・ラーニング）を通して知識だけでなく、創造的な「知恵」をも学習する場合など、能動的な教育を可能ならしめる環境づくりと教育サービスのためのeラーニングを志向していることが良く分かる。

## (3)　情報処理サービスセンターのサポートレベル向上戦略—目玉は〝コースデザイナー〟による授業の高度な差別化

eラーニングを模索中の読者諸氏へのヒントを得たいと考え、情報処理サービスセンターのT氏の考えを披瀝していただくものとする（文責は筆者）。

システム部門の新たな取り組みに、三つの柱を想定している。①ウェブ・ポータル、②ポートフォリオ(これは、金沢工業大学における学生の活動歴のデータベースに相当し、学業成績のみならず部活動なども、キャリアに含めて適職の発見用インベントリーとしての活用、あるいは、応募先企業との適応性などのシミュレーション等にも利用可能と見込んでいる)、さらに、ITが大学を変えると想定するのであれば、欠かせないのが、③eラーニングの分野である。学生の集中力を配慮して六〇分単位の授業に切り替えて以来、プレゼンテーションにIT技術の活用は必須のものとなり、教室の機能も大幅に変化してきている。授業の効率を高めるためにWebCTを試行しているが、鍵となるのが〝コースウエア〟と〝コラボレーション〟である。現在までのところ、各授業を担当し、教材も自前で作成している教員に依存している〝コースウエア〟おいて、わが国で最も欠けていて遅れをとっているのが、〝コースデザイン〟の能力である。教員よりも、各分野の内容に精通しながら、同時に、IT技術に卓越し、学生にとって授業の継続で何が身についているのか効果測定し、その成果をより良い教材作成へとフィードバックできる能力を持つ〝コースデザイナー〟が欲しい。この能力をもつサポート部隊が形成されれば、授業の効率が飛躍的にたかまり、大学間競争に生き残れる鍵となると考えている。こうした、コースデザイナーと教員とのコラボレーションを取り結ぶソフトとしてWebCTの活用に取り組んでいる。KITの特徴を活かしたいので、人材を自前で育成中である。(わが国の現状を直視すると、まさに「模索するeラーニング」の段階ではないだろうか。多くの大学でイメージに浮かぶのがWeBCTであり、市販のシステムをそのまま、あるいは、カスタマイズしたものを(サポートサービス込みで)導入する場合が多いであろう。しかし、これまた、ほとんどが限られた教員個人に依存せざるをえない仕組みであるために、せいぜい一年で息切れしてしまう実態がある)。

また、学生の自学自習をサポートするのが、教材・課題のダウンロードであり、教員が授業の場面で画像を補強したい時に、同学で独自に開発したビデオオンデマンドの仕組み(NetAVISと称している)も活用できている。例えば、これらの機能で、誰にでも平等に情報を共有できる仕組みとして、各専門教員の紹介ビデオ(三年がかりで作成したもの)を用意している。同学では二年次の最初の段階で卒業学科を決定する。この段階では、全ての研究室がどのような専門的な研究を行っているか、専門用語の並んだ説明文だけでは理解しがたい現実がある。そこで、サポート部門が各専門教員の紹介ビデオを制作し(一〇分〜一五分で研究の内容や特徴、教員のプロフィールなどを紹介し、「研究内容の面白さ」を何とか分からせるように編集している)、一年生の間にこのビデオも手がかりの一つとして将来取り組みたい専門学科を決められる仕組みは、学生にとって、いつでも自由に閲覧できる利点がありITインフラの良い活用事例として評価できる。

筆者は、情報処理サービスセンターのT氏の構想に啓発され、以下のように捉えてみた。すなわち、〝コースデザイナー〟は専門分野に関する知識、方法論等で教員とコラボレーションできる水準を維持し、一方でITに関する技量に長じていること、さらにデザイナーとしてのアレンジメントや割付、演出などのセンスも求められる人材である。一つの大学に帰属して独自性を深求することで実力がつく世界かもしれない。しかし、日本全体のレベル向上をはかるために、専門職の交流を通じて、さらなるレベルアップを目指す仕組みや優秀な作品を表彰するコンペの仕組みなども考えてみたいものである。一案としては、メディア教育開発センターのような共同研究機関が交流の機会を設けて高いレベルの共同研究機会をもうけること、および、模索中のサポートスタッフむけに〝コースデザイナー〟入門講座など設置し、ここでの講師陣として活躍の場を提供することなどが考えられる。こうした、連携を通じて、国際的にも交流範囲をひろげての活躍を期待したい。

# 5 「情報共有化」文化の多面的な追求

## (1) eユニバーシティは、e情報共有化の文化を基盤としている―修学支援システムとポートフォリオ―

全学生がラップトップPCを所持し、学内各所に配置されている情報コンセント(時には居住しているアパートの場合もある)に接続して機能させる〝ラップトップ・キャンパス〟では教材や課題の配信とレポート提出を「ポートフォリオシステム」として運用している。学生が入学してから卒業するまでの課題・レポート類をすべてデータベースに蓄えることを可能としており、学んだこと＝「知」のポートフォリオ化を推進している。

一方、学生にとって知らなければならない必要情報は従来、掲示板、ポスター、様々な通知書などの印刷物によるものであったが、これらの修学上必要な情報は、①全学的情報、②該当者情報、としてイントラネット上で展開している。学内を歩いていると、要所要所の学内TVにテロップが流れているので、否応なしに情報が目に入る仕組みとなっている。さらに③「個別情報」はセキュリティ管理と結びついた「ポータルシステム」を通じて活用されている。

安全で、使い勝手の良いネットワークを維持するためにはPKIによる認証の高度化を必要としており、現在の学内認証局にくわえて、将来は社会人教育・単位互換運用、さらには、生涯学習事業(インターネット市民塾など)に向けて学外の認証局を使う場面が発生する見通しである。

金沢工業大学では身分証・学生証に非接触型ICカードを用いているが、二〇〇二(平成一四)年四月より、教職員レベルで接触型ICチップを合体させたハイブリッドカードを用いている。これはチップ上の電子証明書を用いた認証とデータベースへのアクセス制御やPKIによる暗号化を行うものである。ウイルス汚染を防止するために、インターネットとの接続口にウイルスフィルタ用のコンピュータ、また、各自のパソコンにもウイルスチェック用のプログラムを稼動させている。

こうした環境のもと、数学・物理などの基礎科目に関する学習指導・助言を行っている「基礎工学教育センター」では、指導を行った全ての内容を指導履歴としてデータベース化しており、その内容を分析することで授業内容・教育手法の改善に結び付けている。そのほか、学生の授業アンケートから授業理解度、講義のわかりやすさ、講義資料の充実度などの教育品質に関わる情報・データについて、キューブ・データベースの構築を進めている。

キューブ・データベースは多次元分析を行うことができるので、グラフ・変位表など、ビジュアルで分かりやすい情報の共有化に貢献する。学務部推進課での「授業アンケート分析」「教育効果分析」、その他の部門での「投稿ボックスの投稿内容の分析」「修学アドバイザーによる指導内容の分析」「SL：サブジェクト・ライブラリアンによるレファレンス分析」「資格取得状況の分析」などの統計分析を一層有効に活用するために、キューブ・データベースへの移行を進めているという。

こうした、「情報共有化」の文化土壌が形成されているからこその、eラーニングの効用と考えられる。ここまで、徹底させることで、「面倒見のよさ」という、ありふれた表現とeラーニングの必然的な結びつきが解明されてくる。

### (2) コミュニケーション能力向上が全学的な経営目標―教職員も学生もプレゼンテーションとグループワークを重視

#### ① 教職員のプレゼンテーション研修

サポート部門の専門的技能訓練については、教職員対象のデータ・ベース講習会やソフトウェア講習会が開催されている。このほか、ＩＴ関連の専門技能訓練については、その業務形態に応じて各種外部の講習会等への参加を積極的に支援している。このことは、結果的に仕事の効率を高めることにつながってくる。ここで、最も同大学らしい、印象深い例として、プレゼンテーション研修を紹介したい。

ＫＩＴでは、教育サービスを向上させるためのＦＤ活動に力を注いでおり、筆者はメディア教育開発センターが二〇〇一年九月に実施したシンポジウム「ＦＤ（ファカルティ・ディベロップメント）の運営を考える」に参加して、その内容について垣間見る機会を得た。同学のＯ教授がパネリストとして「教員のためのプレゼンテーション技法講習会と授業アンケート」について事例報告をされた。

ここでは、教職員が夏休み期間の間に一五から二〇人単位で取り組み、四日間のハードな講習をもれなくきっちりと受講することになっており、既に、全教職員約六〇〇人のうち五〇〇人程度が受講済みとの紹介がなされた。全教員に、学生にわかりやすく、効果的で魅力ある授業をさせるのが目的であり、学習目標の明確化、授業のプロセス改善を目標にしているとのことであった。ここでは、同学が掲げているテーマの「学生が主役」、「知識から知恵へ」、「学習意欲を引き出すには」、「学生が意欲的に授業に参加するには」等々について、数名の教員を単位とするグループに分かれて徹底討議を行うこと、この結果のプレゼンテーションを通じて、ＩＢＭの関連企業の専門インストラクターから徹底的にしごかれることも紹介されている。

職員についてもこの講習を行なう必要がある。同学では、「問題発見・解決能力、プレゼンテーション能力、チームワークとリーダーシップ」を身に付けた行動する技術者の育成をうたっている。ことあるごとに、学生のグループ討議の機会を設定し、教職員がグループ討議の訓練、成果の講評を行なわなければならないのである。

### ②　教職員のクロスオーバー関係とコミュニケーション

**1　学生のチームワークを支援する教職員チーム**　チームワークを培うために、能登半島穴水湾に保有する施設を利用し、二泊三日の合宿研修を行なっている。昼は海洋活動を中心に行い、夜はブレーンストーミングの手法のガイドとグループ討議および、プレゼンテーションの研修が行われる。最終日には発表会があり、講評を与えるプログラムである。

ここでは、教員も職員も学生にとっては〝こわい〟先生として映っており、グループ数の多さからみても、教職員が一体となってガイドしなければ、〝教育付加価値〟を高める効果を追求できない。これらの合宿で教職員が交流し、ひとつ釜の飯を共にすることで、同じ目的に向けての紐帯も強まってくるとの指摘がある。

**2　父親としての教員、母親としての職員**　また、就職のガイダンスなどでは、職員が中心になってプレゼンテーションを行なわなければならない。職員にとってもプレゼンテーション研修が必須のものとなってくる。

教員は単位を与えるという切り札を持つコワイ先生であるから〝父親〟的に指導する。一方、職員は教員をサポートし、面倒見の良さを発揮して、もちろん、社会一般の常識と同様に学内の規律やルールを守らせるために、注意を促すような〝母親〟的な役割を担う存在であることを自認し、教員と職員は相互補完的な役割関係を指向している。

**3　アウトカムとなる就職支援は重要な職務**　教員と職員の職務がクロスオーバーする場面の典型例として、就職活動がある。就職活動が目に見える魅力であるからこれに力を注ぐのは、多くの私立・国公立大学に限らず共通しているが、同学においては教員の半数以上が企業出身者であり、各学科の教員約七〇名で「進路アドバイザー（進路指導教員）」を構成していること、また、企業での採用担当経験者が「キャリア・アドバイザー」として学生の進路相談に応じていること等を訴求点としている。学生の個人経歴を多面的にデータベース化するポートフォリオ作戦もすでに実現し、一歩踏み込んでの「就職内定率の分析」も可能となっている。付言すれば、マスコミが着目する金沢工業大学の知名度の高さは、その就職率の高さにもある。九九・六％（二〇〇三年度）の就職率は全国水準よりもはるかに高く、出口の実績こそ、教育サービスに対する総合評価とみなすこともできる。

二〇〇三（平成一五）年五月より、個々の学生に One to One の修学情報を提供するポータルシステムの運用を始めている。セキュリティーシステムが完成したからこそ可能となった個別情報管理であるが、出口となる就職のガイドに際して、全教職員が一人ひとりの学生の多岐にわたる情報蓄積を活用できる仕組みとなっている。かつては、関係部署の担当者のみが個別に把握管理していた諸情報を一元管理し、教職員がウェブシステムを用いて更新閲覧を行うことが出来る。個別情報には以下のアイテムがふくまれる。すなわち、入学前情報から、修学情報、褒賞情報、指導情報（就学指導・生活指導・進路指導・学習指導）、授業欠席情報、取得技能情報、ライセンス情報、取得資格情報、TA活動情報、学内アルバイト活動情報、プロジェクト活動情報、クラブ活動情報、学生団体活動情報、奨学金情報、などである。

**4　職員のIT活用は就職支援から始まった**　職員がITを活用する活動のさきがけとなったのが就職活動支援を目的とするデータベース作りであった。従来、工学部系統の就職は研究室・教員経由で八割程度が決まっていたが、自分の意思で就職先を択びたいと希望する学生の割合は年々増加してきている。こうしたニーズに対応して、「就職情報」をサポートする進路開発センターでは約二万二五〇〇社の企業情報や求人票の受理状況、それぞれの企業に卒業生がいるかどうか等の企業情報データベースを独自に整備し、学内のどこからでもアクセス可能な「企業情報検索システム」を作り上げている。

## 6　教育サービス水準を改善し続けるための新たな経営努力
### ―サポート部門が先導し、卓越した経営品質の仕組みを創造する―

#### (1)　新たな目標「日本経営品質賞」への挑戦

将来環境変化に対応して、教育改革を実施し、軌道に乗り始めた段階で新たな挑戦課題が勃発した。『日本経営品質賞の教育分野に応募したい』との理事長の提案により、一九九九(平成一一)年に全学から二〇数人のプロジェクトメンバーを選び出し、日本経営品質賞への挑戦の火蓋を切った。

「大学は学術的価値、社会的価値、組織的価値の三つの価値を追求すべきと考え、組織的価値を高めるための活動として、日本経営品質賞への取り組みを位置づけている」という。組織内部に経営品質をアセスメントするためのセルフ・アセッサーを育てなければならないが、既に約二〇〇人の職員のうちの多くがセルフ・アセッサーとなるための延べ六日間の講習会を終了している。サポート部門の経営効率向上についで、教員にもその立場を活かした経営効率向上を図ってもらうことに成るとしている。経営品質を評価することで権威のある米国のMB(マルコム・ボールドリッジ)賞で二〇〇一年に初めて教育部門が評価対象となった。ここで優秀とされた三校の中のひとつ、ウイスコンシン州立大学スタウト校の担当者を二〇〇二年九月に同学に招き、意見交換と評価のヒントを得た。また、IT先進国のシンガポールで経営品質賞に応募しようとしている大学を訪問し、情報交換および相互に切磋琢磨する関係作りに努めている。

### (2) わが国の大学の経営品質を高めるために、外部評価基準を重視するようになる

周知のように、日本経営品質賞は(財)社会経済生産性本部が一九九五年に創設した表彰制度で、八つの領域からなる審査基準書により三段階の審査が延べ一〇〇〇時間にわたって行われ、受賞企業を決定する。この表彰により、わが国の企業が国際的に競争力のある経営構造へ質的変換を図るため、顧客視点から経営全体を運営し、自己革新を通じて新しい価値を創出し続けることのできる「卓越した経営品質の仕組み」を有する企業を輩出させるためのインセンティブとしようとしている。おそらく、わが国の大学の中で、日本経営品質賞を活用して外部評価基準を重視した厳しい「陶冶」に取り組もうとしている例はまだまれであると想定できる。

### (3) サポート部門が先導し、卓越した経営品質の仕組みを創造する

日本経営品質賞の教育部門に求められる審査基準は①経営幹部のリーダーシップ、②経営における社会的責任、③顧客・市場の理解と対応、④戦略の策定と展開、⑤個人と組織の能力向上、⑥価値創造のプロセス、⑦情報マネジメント、⑧活動結果、の八項目である。応募する側の組織のプロフィール、環境関係なども欠かせないものであろう。これら、八つの審査基準には各項目ごとに配点され、一〇〇〇点満点で評価する仕組みである。

金沢工業大学は、二〇〇三(平成一五)年六月に約一〇〇ページに及ぶ、経営品質を評価してもらうためのプロポーザルを提出し、評価を受け、これに基づき大学全体の経営品質を外部の評価基準に照らして改革する試みを実現させようとしている。結果的に、顧客=学生=プライマリーカスタマーとの位置づけが明確になり、ステークホルダーおよびビジネスパートナー等の関係も拡大された視野の中に位置付き始めたのではないかと思われる。「大学といえども、

組織である以上は一般企業と同じ土俵で自らを表現できなければ社会の一員として存在できないのではないか、説明責任も果たせないのではないか、云々」等の表明に、並みの大学の発想を一つ突き抜けた、この大学経営の姿勢を学ぶことが出来る。もし、経営品質賞を受賞すると、ベンチマーキングの対象とされ、多くの大学や企業・自治体から詳細な活動内容にわたり情報開示を求められ、これに応じなければならない。

一般には負担であり、回避したい役割である。しかし、これまでの取材を通じて、金沢工業大学はむしろ、それを望んでいるのではないかと思えてきた。自らの意識改革とeユニバーシティ・eラーニングなどの努力成果と商品を携えて、全国へアジアへ、「教育付加価値を高めるためのコンサルテーション」に乗り出すのではないだろうか。

多様なありかたを模索するわが国の大学の中で、北陸文化圏の質実健全な風土に根ざした「面倒見の良さ」を訴求する大学が多くの若者を育て、日本を支えていく基点になることを信じて、さらなる健闘を祈りたい。

## 参考資料

1　金沢工業大学学長　石川憲一「金沢工業大学における教育改革への取り組み―知識から知恵に―」
2　「金沢工業大学　入学案内」(二〇〇五年)
3　金沢工業大学情報処理サービスセンター「マルチメディアキャンパス―キャンパスネットワークと教材のマルチメディア化」(二〇〇三年三月)
4　金沢工業大学情報処理サービスセンターシステム部長　得永義則「次世代の教育・修学支援システムへの取り組み―金沢工業大学―」『ＩＤＥ』(二〇〇〇年一〇月号)三二―三六頁

5　金沢工業大学調査資料「オーディオビジュアルインストラクションシステム（ＡＶＩＳ）」二〇〇一年三月二六日
6　黒田壽二「マルチメディア時代の視聴覚教育」『視聴覚教育』Vol.52 No.5 1998
7　特集記事「本当に強い大学」『週刊東洋経済』（二〇〇二年一〇月一九日特大号）
8　吉田文、三尾編「ＦＤが大学教育を変える」『大学教員と授業改善—その実践と課題』文葉社（二〇〇二年）
9　金沢工業大学ホームページ　http://www.kanazawa-it.ac.jp/aboutkit.html
10　Blackboard のホームページ　http://www.blackboard.com/
11　WebCT のホームページ　http://www.webct.com/
12　日本経営品質賞参考資料　http://www.jqac.com/
13　『金沢工業大学』二〇〇四—二〇〇五年版日経ＢＰムック「変革する大学」シリーズ
14　「選ばれる大学　〇三年度就職率ランキング」『エコノミスト』（二〇〇四年七月二〇日号）
15　「本当に強い大学　二〇〇三年秋季版」『週刊東洋経済』（二〇〇三年一〇／一一増大号）
16　情報処理サービスセンターシステム部長　得永義則「ｅユニバーシティに向けた総合的な取り組み」金沢工業大学内部資料（二〇〇三年一〇月）
17　情報処理サービスセンターシステム部　得永義則「金沢工業大学のｅラーニングに向けた取り組み」金沢工業大学内部資料（二〇〇四年八月）

【人が変わる】2

# 第九章　教員と事務職員の領域を越えた環境をめざして

——大阪学院大学——

開沼　太郎

## 1　はじめに

ＩＴが身近な関心事として注目されるようになったのは、周知のとおり世紀の境界にあったここ数年来のことである。パーソナル・コンピュータの普及とインターネットの拡大に伴う生活スタイルの変化や社会の要請に応える形で、多くの教育機関も程度や事情の違いこそあれ、押しなべて「教育の情報化」の名のもとに、さまざまな変革を求められてきた。その結果、教育現場におけるＩＴの利用は、その技術革新の速度に呼応する形で、各種の条件整備を中心に相当の進展をみるようになった。これは、本書をはじめ多くの調査や報告がすでに指摘するところである。しかし、整備段階から普及段階へと歩を進めるにあたって、大学は「利用者の偏向」という新たな問題に直面しつつある。すなわちこれは、元来一握りの利用者にとって「使える」ツールであった（またそれが許されてきた）教育におけるＩＴ利用が、万人に「使える」ツールへと移行しなければならなくなったことを意味する。とくに、全学をあげて「教育の情報化」に取り組む大学が増えつつある中で、こうした利用者の偏りへの対応が切実な解決課題となることは必至であろう。本章では、以上のような課題の検討に示唆を与えてくれる先進的事例として、大阪学院大学の取り組みを紹介したい。

## 2　大阪学院大学の沿革

大阪学院大学は、大阪市の北に隣接する吹田市に立地し、大阪市の中心部から程近い位置ながら閑静な住宅地に囲まれた環境にある。経理専門学校を母体とし、全八学部、および大学院と通信教育部を設置している。建学以来受け継がれる「実学の精神」に基づき、さまざまな形で実践型教育の充実を図っているが、その一環として、二〇〇〇年に情報学部(情報学科)、企業情報学部(企業情報学科)をそれぞれ増設し、ITキャンパスを背景とした未来型教育システムの導入、活用に力を入れている。次にその未来型教育システムの実像に迫ってみよう。

## 3　情報ネットワーク「OGUNET」と関連設備の概要

まず、大阪学院大学の情報ネットワークシステムの概要について説明しておきたい。

「OGUNET(Osaka Gakuin University NETwork オグネット)」は、一九九七年に整備された、学内全てのPCおよび情報コンセントをつなぐ教育研究系ネットワークの総称である。現在は一ギガビットクラスの高速ギガビットネットワークを整備し、テキストや画像といったファイルの授受にとどまらず、動画の配信にもストレスを感じさせないバックボーンを提供している。学内ＬＡＮには、新学舎二号館を中心に、視聴覚資料を中心としたメディアステーションを設置した図書館や、学生による身近で気軽な利用をめざし設置した学生ラウンジ、各教室や研究室、そしてＭＥＬＯＰ（MEdia Laboratory Of Phoenix メロップ、後述）などの施設が接続されている。各所ではＰＣによるｅメールの利用やインターネット接続といった基本的な機能の提供はもちろん、ＭＯ、ＣＤ、ＤＶＤといった大容量記憶媒体を利用できる環境を標準で装備しており、学生はメディアを用意すればシラバスや講義資料などのデータを自由に保存できる。また、これら大容量のデータ利用環境の実用化に伴い、ＶＯＤ（ビデオ・オン・デマンド）サーバの導入による動画配信に力を入れている点が特徴的である。以上が「ＯＧＵＮＥＴ」の概要であるが、中でも中核的施設に位置づけられる二号館とＭＥＬＯＰを中心に、引き続き詳述したい。

二号館は未来型教育研究拠点を志向した施設であり、三画面投射可能なビデオプロジェクターや二〇〇インチ高輝度大型スクリーンなどを装備した「多目的ホール型教室」、オープンスペース内で小グループ単位での学習活動を可能にした「グループ対応型教室」、Ｕ字型の座席配置からなる「ディベート対応型教室」、双方向性を備えた「オンラインビデオカンファレンス教室」など、多彩な形態の教室が整備されている。「オンライン・ビデオ・カンファレンス教室」にはカメラのリモート操作やビデオ映像編集室などの機能も搭載されており、遠隔授業やオンラインプレゼンテーションも十分に実用可能なレベルにある。全教室の全ての席に加え、教室外のフロアの一部にまで情報コンセントおよび電源コンセントを実装（二号館内で約二〇〇〇個、全学で約三五〇〇個）し、ノート型ＰＣなどの情報通信機器を持ち込めば、ＤＨＣＰ（Dynamic Host Configuration Protocol）方式によるネットワーク接続を利用した教員との双方向の通信も可能である。また、教員の在室状況をネットワーク上で確認できるシステムや、エレベータ内での情報提供など、ＩＴを活用した各種システムが各所で採用され、「インフォメーション・エブリウェアー（Information Everywhere）」のコンセプトのもとに、学内の利便性の向上に資している。

「ＭＥＬＯＰ」は、学生の自学自習への利用や、実務講座の実施などを実現するマルチメディア施設の中核である。ＭＥＬＯＰには、上述の各機能に加え、ホームページ作成、ＤＴＰ、ＭＩＤＩ音源編集、３ＤＣＧの制作編集、ビデオ会議システムなど、クリエイティブ機能や情報発信機能を実装した設備を充実させている。加えて、専任のインストラクターが常駐し、操作や活用についての支援を行っている点や、インターネットやｅメール、ワードやエクセルといった基本操作の講習から、初級シスアドやパソコン検定といった情報処理試験対策にいたるまで、各種の実務講座を主催している点など、人的サポートの充実ぶりは特筆すべきものがある。

以上を総括すれば、先述の二号館が「教育へのＩＴ利用」の中核施設であるならば、ＭＥＬＯＰは「ＩＴ化に対応するための教育支援」の中心であり、両者は「教育の情報化」推進における車の両輪にたとえられよう。

最後に、上記の施設設備を背景に現在運用されている主要なシステムについて言及しておきたい。これには、後述する教育支援システム「Ｃａｄｄｉｅ」や、インターネット上の語学教材を利用したＬＬ学習の新形態である「ＣＡＬＬ」システム、教員と学生の双方向コミュニケーションを志向した授業支援システム「ＰＣＬシステム」などがあげられる。また、これら各種教育支援システムに加えて、ネットワークを利用して学内情報を提供する「学内情報サービス」が運用されている。これは、学生用ウェブサイト「Ｗｅｂ Ｐｈｏｅｎｉｘ」を通じて、授業や試験、就職活動に関する情報を提供するだけでなく、二〇〇一年度からＯＧＵＮＥＴのメールを送受信可能なウェブメール「ＯＧＵメール」も整備し、利便性の向上をはかっている。また、学内情報サービスは、ＰＣを通じた情報の受信のみならず、携帯情報端末による学内情報の開示を実現した「Ｐｏｃｋｅｔ Ｐｈｏｅｎｉｘ」によるサービスに大きな特徴がある。

以上、システム上の特徴を概観してきたが、次に大阪学院大学の教育支援システムの中枢である「Ｃａｄｄｉｅ」について、詳述したい。

## 4　教育支援システム「Ｃａｄｄｉｅ」について

「Ｃａｄｄｉｅ」は、マサチューセッツ工科大学で開発された教育プラットフォームをベースに、同大学の開発者や日本語版販売担当の鹿島建設などとの協議を重ね、「クラス・オン・デマンド」のコンセプトのもとに大阪学院大学むけに新機能の追加やカスタマイズを行った非同期型の教育支援システムである。当初「ＣＯＭＭＡＮＤ」と名づけられたこのシステムは、およそ一年にわたる試験運用と多岐にわたる機能改変を経て、二〇〇一年五月より「Ｃａｄｄｉｅ」として本格的な運用を開始した（図1）。導入から運用に至るまでには、たんに米国から日本への「直輸入」という意味合いにとどまらせないようにするため、日本むけへのカスタマイズに相当の労苦を要したという。たとえば「水と安全はタダ」という語に代表される日本人の伝統的なセキュリティ観は、安全性よりも利便性を拙速に求める傾向がある。このため、一方では「痒いところに手が届く」多彩な機能の装備を望むような利便性の向上に対するニーズが強く、他方ではＩＤやパスワードの管理の甘さといった危機管理上の問題を生み出している。「Ｃａｄｄｉｅ」の実用化には、上記の諸点に対応するための「翻訳」作業が必要であり、同時にたゆまぬフィードバックとバージョンアップという形で、利便性の向上をめざしたカスタマイズが現在も進行中である。そこで、次に具体的な改変の内容に注目しながら、主要な機能や特徴を整理してみたい。

### (1) ユーザ登録・管理機能

利用者はまずユーザ登録を行う。ログインユーザ名の他に漢字名を入力、表示する機能や、初期パスワードを利用者が変更できる機能、パスワードの再発行を自動的にユーザのメールアドレス宛に行う機能などが追加搭載されている。講義の受講登録や受講者の管理も本システム上で行う。受講に際しては、一定のフリーアクセス期間を設けた後、登録者以外のアクセスをロックする機能なども搭載している。システムはユーザＩＤによって教員と学生を区別し、ログインによって各自のメニュー画面が表示される。これは「マイページ」と呼ばれ、学生ならば本人のスケジュールやブックマーク、受講登録した講義ページの資料閲覧などの機能を、教員であれば教材のアップロードやスケジュールなど、自身の講義担当ページの管理を学内ＰＣから利用できる。

### (2) スケジュール管理機能（カレンダー）

ログイン後表示されるスケジュール機能によって、学生、教員ともに自身の講義スケジュールや更新状況などを一覧で把握することが可能になっている。個人、講義、グループワーク毎のスケジュールに対応し、

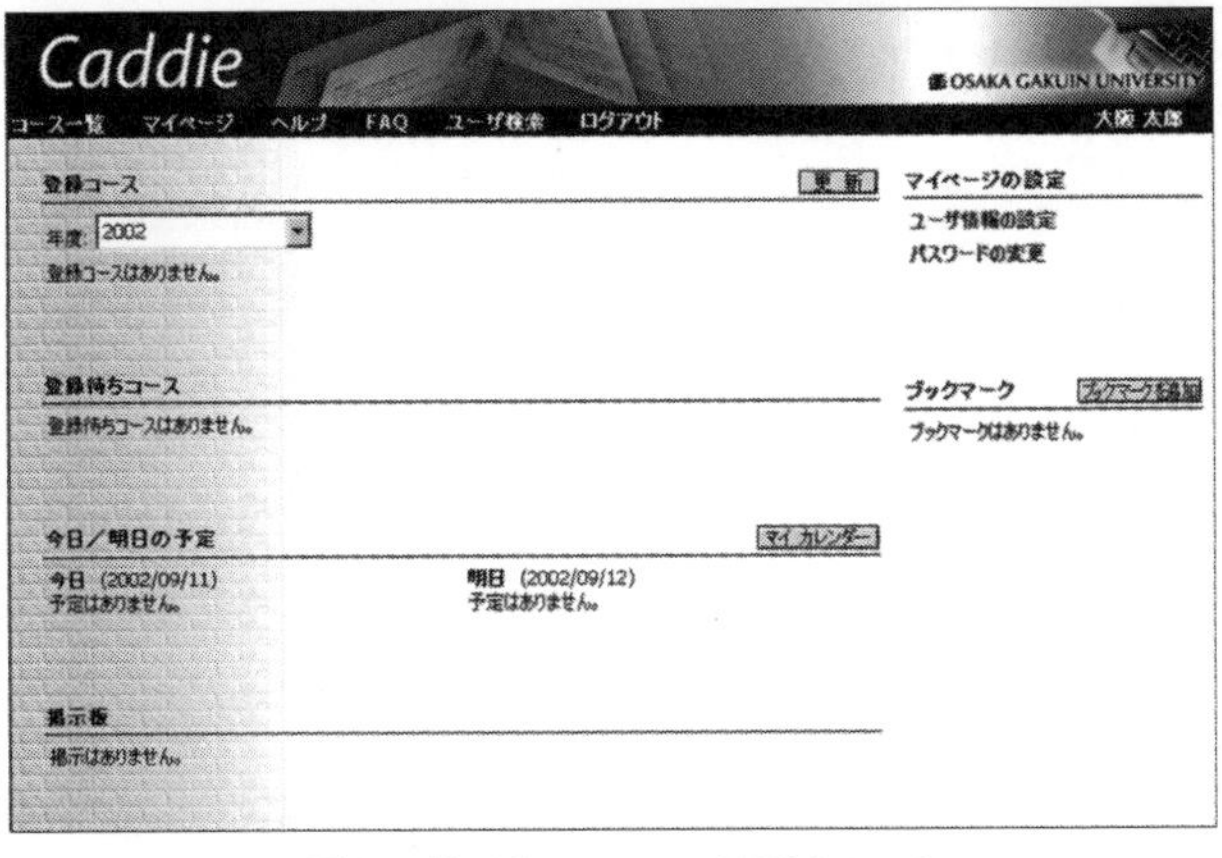


図1　「Caddie」システム画面イメージ

（注）大阪学院大学(2002)「教育支援システム『Caddie』教員向け説明会資料」より引用

またキーボード入力の他にプルダウンメニューなどのマウス入力や繰り返し入力機能などが追加搭載されている。

### (3)　掲示板機能

掲示板の閲覧によって、連絡事項の周知や講義資料の更新状況などを容易に把握できる。マイページから関連講義のページに直接ジャンプできる機能や、掲示開始日と終了日を設定できる機能が追加搭載され、更新状況を一覧で把握できるため、ユーザが全ページを巡回する必要がない。

### (4)　講義の履修者リスト(ユーザリスト)表示機能

ユーザリストの表示によって、受講者一覧やログインユーザの状況を閲覧でき、同時間にアクセスしているユーザを容易に把握できるため、学生と教員、学生同士のコミュニケーションに便利な機能となっている。ユーザ名と漢字名の両方が表示される機能や、学生用および教員用の他にコーススタッフ、ゲスト用のアクセス権限を設定する機能、また講義登録を終了させ、非受講者の訪問をロックする機能などが追加搭載されている(図2)。

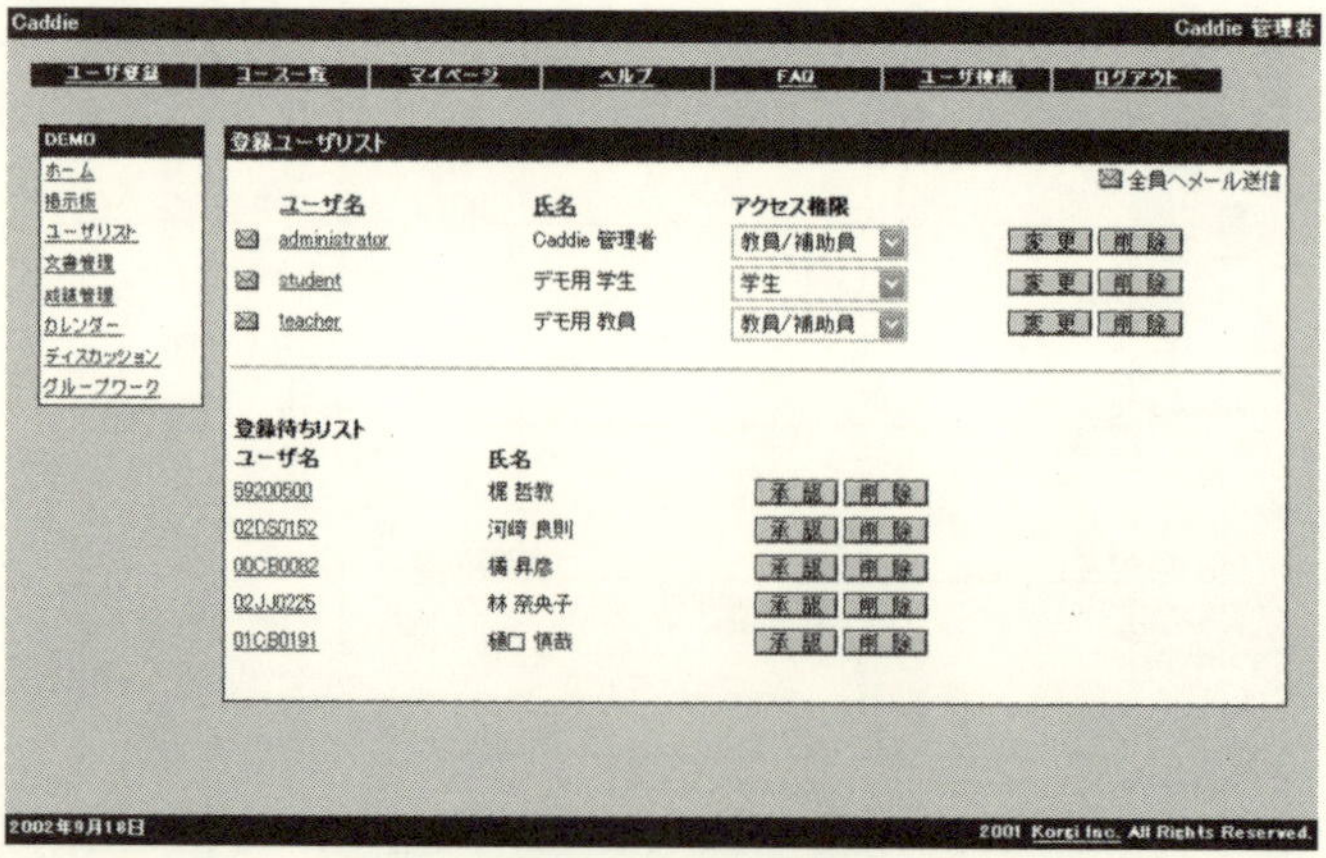


図2　ユーザ管理機能

(注)大阪学院大学(2002)「教育支援システム『Caddie』教員向け説明会資料」より引用

## (5)　文書管理機能

文書管理については、「講義概要(シラバス)」、「講義資料」、「配布資料」、「課題」、「課題の解答」、「ビデオクリップ」などの掲載が可能である。教員は、ワードやエクセル、パワーポイントといった汎用アプリケーションで作成した講義資料をボタンひとつでアップロード可能であり、ファイル形式をほぼ問わない。また、「グループ課題」機能の搭載や、学内ＶＯＤとのリンクによる映像環境の充実などを主な特徴として指摘できる(図3)。

## (6)　成績管理機能

学生はオンライン上から適宜課題の提出が可能であり、教員はそれら課題へのコメント、評価も含め、自身の担当講義について、成績管理を行うことができる。ＣＳＶ形式での取りだしが可能であり、利便性の向上が図られている。

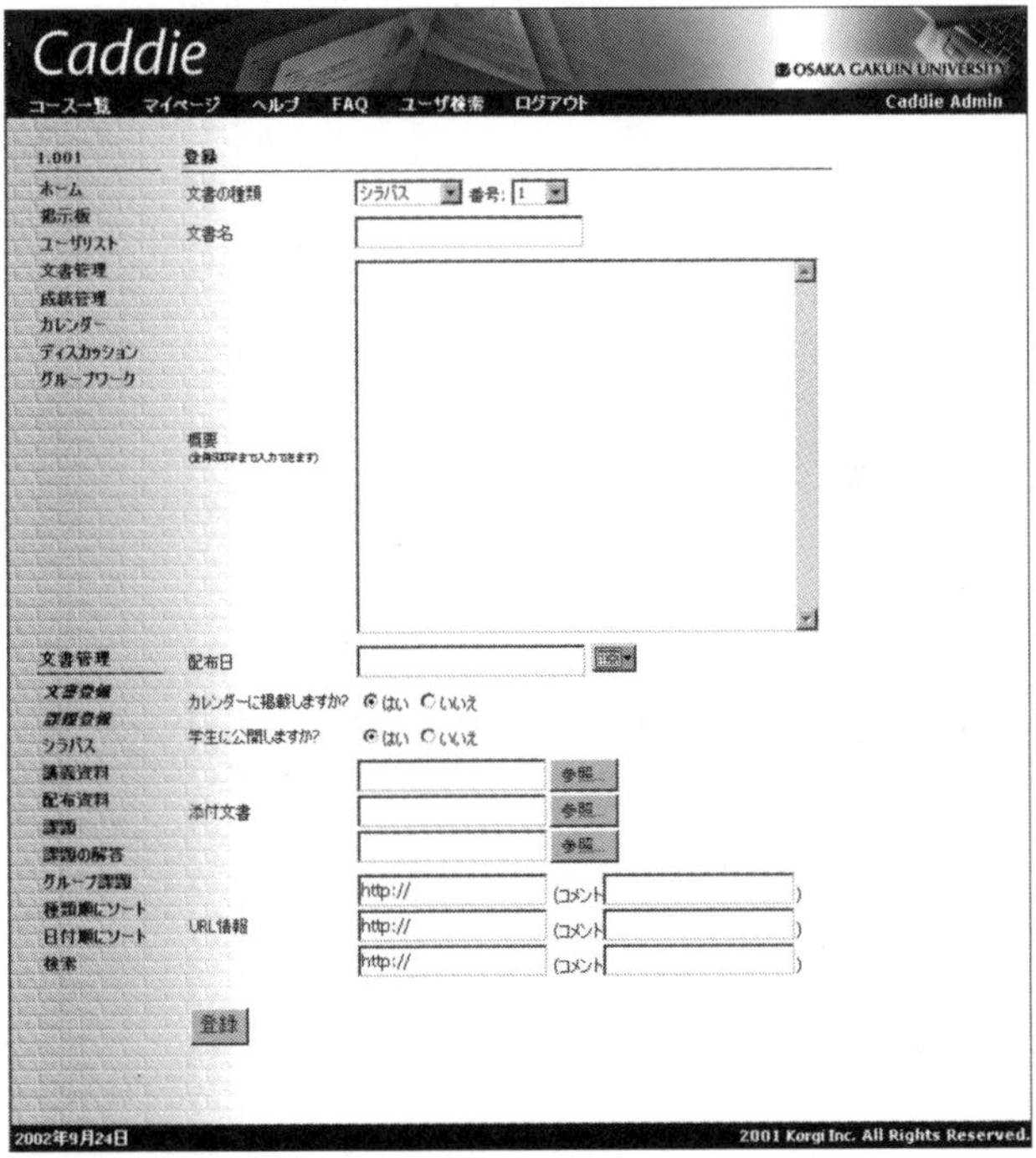


図3　文書入力画面

(注)大阪学院大学(2002)「教育支援システム『Caddie』教員向け説明会資料」より引用

### (7) グループワーク機能

受講者をいくつかのグループに分割し、グループ内でのディスカッションが可能な環境を提供している。これによって教員は、講義の感想や意見など、学生の反応を直接聞くことができる。また、学生同士で自発的なグループを構成することもできるため、自主グループによる活発な議論も期待できる。これらの機能に加え、グループ内での作成ファイルの管理共有、またグループのスケジュール機能(カレンダー)などが追加搭載されている。

以上が「Ｃａｄｄｉｅ」の概要である。他にも上述の「翻訳」作業の結果、多様な機能の標準装備に加え、ユーザの意見を反映すべく定期的なバージョンアップが行われている。二〇〇二年後期より更新された新バージョンでは、主に以下の機能が改変、追加されている。

・画面イメージの変更……グラフィカルデザインへの改変
・ユーザ権限の変更機能……登録者のコース管理者、ＴＡ、学生、ゲストへの権限変更
・登録待ち学生の承認機能……コース管理者(教員)による学生への登録承認処理
・ディスカッションの発言削除機能……不要な発言の削除
・講義ページへの文書一覧項目の追加……講義内の登録文書へのアクセス改善
・ＵＲＬ情報欄の追加……文書や課題の関連ウェブサイトへのリンク添付機能
・提出課題の一括ダウンロード機能……課題の一括処理による成績管理機能の向上

以上のようなバージョンアップをはじめ、レスポンスの向上など、試行とフィードバックの成果が随所に表れ、非常に完成度の高いシステムになっていることがわかる。学内利用者の「Caddie」に対する評価を見ると、学生の反応はおおむね好評であり、自分は最先端のことをやっているという自負が多分にあるという。対して教員の反応は専門領域によって異なる。たとえば、大教室担当教員の中には授業が楽になったという好意的な評価がある一方で、文科系の教員の中には、対面授業が基本であり、それ以外はあくまでも補助であるという消極的な反応もある。また、情報系教員の中にはバージョンアップの間隔改善に対する要望があがるなど、系別にさまざまな反応があるが、総じて「知の集積」を可能にする点において、その効用は大きいと考えられているようである。

## 5　システムの特徴および運用上の問題点

これまで、主要な施設設備やシステムの状況について、「Caddie」を中心に概観してきた。主な特徴を整理すれば、以下の三点に集約される。

第一に、ギガビットネットワークの整備による動画配信があげられる。まず、高速回線の整備と大容量記憶装置の標準装備という必要条件の充足を重視し、加えてこれらの資源を活用するためにVODサーバを導入することで、テキストベース中心のオンライン型教育からの脱却とさらなる教育効果の向上を図ったことに大きな意義があると考えられる。学内ネットワーク上でストレスなく動画を利用できるだけでなく、大容量メディアに保存することによって自宅など学外での利用も可能にしており、非同期型の教育利用にも十分耐えうる仕様をめざした姿勢は注目に値するだろう。

表1 「Caddie」利用者数の推移

| 年　月 | 教員数 | 講座数 | 教員利用率 | 教員あたり講座数 |
|---|---|---|---|---|
| 2001年前期 | 30名 | 104講座 | 約12.1% | 3.47 |
| 2001年後期 | 36名 | 152講座 | 約14.6% | 4.22 |
| 2002年前期 | 44名 | 220講座 | 約17.8% | 5.00 |

（注）調査資料をもとに筆者作成

第二に、「Ｃａｄｄｉｅ」の運用にむけた総合的な環境整備があげられる。既述のような「Ｃａｄｄｉｅ」自体のカスタマイズに加え、「ＯＧＵＮＥＴ」をはじめとしたバックボーンの整備も同時に展開されており、学内教育支援システムとしては比類のない安定度を誇っている。これは、全学をあげた教育環境整備への取り組みが功を奏したものといえよう。

第三に、ハードウェアやソフトウェアの整備と並行して、人的資源の拡充にも十分な配慮がなされている点があげられる。先に指摘したＭＥＬＯＰの専任インストラクターや「Ｃａｄｄｉｅ」の教材作成支援スタッフに加え、ヘルプデスクの設置や、安全性確保のための警備員の設置など、ネットワークの運用に際しては多くのスタッフが関係しており、人材に対する資源配分に際して十分な理解があることがわかる。ともすれば「情報化」を人的コストの削減に直結すべきものととらえがちであった従来の教育現場では、トラブル時の対応や管理の問題など、資源配分の効率化とネットワーク整備運用の安定化の問題は常に懸案事項であった。こうした従来の「情報化」観に拘泥せず、人的資源の拡充に当初から十分に配慮した大阪学院大学の姿勢は評価できよう。もちろん、これらの充実した資源投入の根底に、全学をあげた取り組みと経営上の理解が存在することはいうまでもない。

以上のように利点を列挙してみると、このシステムがあたかもＩＴという打ち出の小槌が生みだした薔薇色の教育ツールであるかのごとき錯覚を抱く危険性も否定できない。しかし、これだけ充実した環境を整えた大阪学院大学でも、運用にあたり一つの壁に直面している。それが冒頭で指摘した「利用者の偏向」、すなわち「Ｃａｄｄｉｅ」が一部の利用者のためのシステムの域から抜けだせない問題である。

上記の問題を考える前に、現状把握のため、利用状況を確認しておきたい。「Ｃａｄｄｉｅ」を実際に利用している教員数および開講講座数の推移は、表1のとおりである。

これまで紹介したように、充分すぎるほどのインフラを揃え、また全学的な取り組みによって教員間の認知度が高いにもかかわらず、利用者は教員全体の二割に満たない。運用開始時に比べれば、教員数で一・五倍ほどの伸びを示してはいるが、それでも利用率は決して高いとはいえない。では何故このような利用率の停滞が生じるのだろうか？

実は、システム運用を開始した当初より、大学側はこうした問題をすでに想定済みであった。そして、対応策として、「メディア・ラボ」の運用を中心としたサポートを実施した。実際に講じた手段は、教材編集用の資源の提供（機器の貸し出し、場所の提供）をはじめ、インストラクターの常駐（Office群一名、ウェブ動画群二名…専任職として外部から雇用）、教員への説明会や操作実習、個別相談、講義資料作成のためのワークショップなどに至るまで、実に多岐にわたる。また「Ｃａｄｄｉｅ」システム自体のインターフェース、ワードやエクセル、パワーポイントといった汎用アプリケーションによって作成されたファイルを無加工でそのまま利用できる形をとっており、利便性に十分に配慮したものになっている。これらの事実から、運用に際してはシステム自体のインターフェースの向上とそれを取り巻くサポート体制の充実という両面からのアプローチを試みていることがわかるであろう。しかし、ここまでの配慮があってなお、利用者の伸びが停滞する状態は容易には改善できず、結果が表1の利用率の推移にあらわれているのである。では何故このような現象が起きるのだろうか。ここでひとつ注目したいのは、「教員数」の伸びの鈍さに対して「講座数」が相対的に急速な伸び幅を示している点、すなわち「教員あたり講座数」の増加についてである。これは、新たに「Ｃａｄｄｉｅ」の利用に踏み切る教員はまだ少数であるものの、一旦使い始めればそれが利用機会の増加に直結しやすい傾向にあることを意味する。つまり、利用者のリピーター化という形で、システムが需要を喚起している状態にあることがわかるだろう。この結果は「Ｃａｄｄｉｅ」自体の利便性あるいは有用性を示唆するものと理解できる。とすれば、「利用者の偏向」という問題は、システム自体に内在する課題と考えるよりも利用者自身に起因する問題と解したほうが妥当ではなかろうか。大学側は、これを「教員の意識」という形で問題提起しているが、これらの指摘も勘案のうえ、要約すれば以下のように分析できよう。

まず、システムを現在実際に利用していない、あるいは十分に活用しきれていない教員層を想定した場合、主に以下のタイプに分類されるものと考えられる。

① ＰＣを使ったことがない、使おうとも思わない
② ＰＣは少し使える（使えなくても関心はある）が、自力で教材の電子化を行うほどのスキルはもち合わせていない
③ 自力で教材の電子化を行うだけのスキルを備えるが、時間や労力が確保できない
④ システムを活用するだけのスキルも時間も労力も確保できるが、自分のやりたい教材を作成するための施設や設備が不十分である

このうち、①以外は問題の解決がシステムの利用へとつながりうる「潜在的利用者群」と考えられる。したがって従来のサポート体制は、基本的には②〜④の利用者層に対して対症療法的に行われてきたものと解される。しかし現状に鑑みるに、実質的なサポート対象は、③を中心としたある程度のスキルを備えた比較的上位の利用者層のみであった点は否めない。そもそもこの問題を「利用者自身で咀嚼できないツールは教育方法として採用できない」という当然

の命題に照らして考えた場合、②の利用者層は自力で教材の電子化を行えるようスキルアップを図るか、あるいは電子化された教材の特性を理解し使いこなすことができない限り、実際に利用に踏み切る可能性は低い。しかし、スキルの向上には本人の恒常的な利用、すなわちPCを「使って覚える」環境が必要であるが、現在の支援体制下では利用者のモチベーションに依存せざるをえない。これではいくら窓口を設け門戸を開放しても、それだけで教材の電子化を行うだけのスキルアップをはかることは難しい。つまり、この体制では②の利用者層のうち、③に近いようなある程度のスキルを備えた一部の利用者層しかフォローしきれないのである。これは同時に従来の支援型サポートの限界をも暗示するものであり、同様の「教育の情報化」に取り組む多くの教育機関にとっても、早晩顕在化する問題と考えられる。それでは、新たな対応策として今後どのような形を志向すればよいのだろうか。大阪学院大学は事態の打開をめざし、すでに新たな挑戦を開始しつつある。そこで次に、実施を予定している具体的な施策の紹介を中心に、「教育の情報化」にむけた条件整備の今後を展望してみよう。

## 6　新たなる取り組み――「整備」から「支援」、そして「共同」へ

課題の克服にむけて大阪学院大学が予定している新たな取り組みと展望について、「DSS(Digital Support & Service)」、「DEC(Digital Education Center)」「VPNサービス(Virtual Private Network、呼称 Cyber Access)」を例に、検討してみたい。

まず、「DSS」であるが、これは従来の教材作成支援体制から一歩踏み込んだ、教材の作成代行窓口サービスである(図4)。つまり、主に前述の②のような技術上の問題を抱える利用者層をターゲットに、自力では教材の電子化が

不可能であってもシステムを利用できるよう、教材電子化の代行とシステム利用に関する技術的支援を行う組織の確立をめざしたものである。したがってこのサービスは、作成された教材の特性理解や活用方法の習得を最低限の目標にすることで、利用時におけるハードルをさらに取り除こうとする試みであり、さまざまな工夫も凝らされている。たとえばDSSは教務課付近のオープンスペースに新設され、技術者二名(専任職として外部から雇用)が常駐する形態をとる。入り口にはワークステーション六台を設置し、相談に来る教員の自由利用を促すことでスキルアップを図る。作成代行に際しては完全な丸投げ委託ではなく、教材の性格や活用方法などについてたえず意思疎通を図るため、できばえを確認しながら意見交換を行うためのプラズマディスプレイを備えたミーティングコーナーを設置している。以上のように、アクセスと意思疎通の向上を重視している点がDSSの一番の特徴であろう。

次に、「DEC」であるが、これはCALL教材やマルチメディア教材のような高いITスキルを要求する教材の開発や制作をつかさどるデジタルコンテンツ作成組織である(図5)。主に前述の④のようなニーズへの対応を出発点としている。具体的には、録音ブースや編集エリア、ミーティング・デモルーム、制作スタッフエリア、閲覧・作業エリアといったスペースから構成され、デザイナー、プログラマー、オペレータといった各種の専門家を常駐させることで、メディアミックスによるコンテンツ作成の実現をはかる。また、これらは教員個々の要望に対応するDSSとは違い、企画書

図4　教材作成を代行するDSS

(注)作成代行する教材の受付を行うカウンター(左)
デジタル化された教材を閲覧できるミーティングコーナー(中央)
入り口に設置した自由利用のワークステーション・エリア(右)
(注)高橋誠(2002)「教育の情報化支援について―これからの支援のかたち―」より引用

などに基づいたプロジェクト型の教材作成を基本とし、計画的な教材作成を旨としている。したがってＤＥＣ自体が独立した事務所や工房といった雰囲気を醸し出しており、学内では現代版「出版会」という位置づけがなされている。ＤＥＣがめざすのは、質の高さだけでなく、汎用性も視野に入れたデジタルコンテンツの作成を志向する点にあるといえるだろう。

「ＶＰＮサービス」は、学内ＬＡＮのコンテンツ（教育支援システム、図書検索、ウェブ履修など）を自宅から安全に利用するためのシステムである。インターネット上に仮想専用線を敷設する技術を活用し、専用ソフトからアクセスすることで「Ｃａｄｄｉｅ」をはじめとした学内のコンテンツを利用できる。二〇〇二年七月の教員むけサービスの実施を皮切りに、二〇〇二年度後期より学生むけのサービスも展開されている。最近はＡＤＳＬやＣＡＴＶなどの高速常時接続サービスの普及による社会の急速なブロードバンド化ともあいまって、大阪学院大学のコンテンツの特徴である動画の配信に関してもストレスのない環境が家庭でも実現されることとなった。そのため学内ＬＡＮを利用する教員および学生のさらなる利便性の向上と利用機会の増加を見込んで整備されたシステムといえよう。

図５　教材開発を推進するＤＥＣ

（注）ミーティングルーム（左）および専門スタッフの制作エリア（中央）
　　　メディアミックスの教材作成ができる録音ブース（右）
（注）高橋誠（2002）「教育の情報化支援について―これからの支援のかたち―」より引用

## 7　おわりに——IT化がもたらす教育環境の変化とは

以上、大阪学院大学の現状と新たな取り組みについて整理を行った。これらの取り組みを概観すれば、非同期型教育支援システム「Caddie」の運用を通じ、従来の一方向的な「教える」中心の授業から「学生自ら学ぶ」視点を導入することで授業の転換をめざす点や、DSSやDECのような「教員と事務職員が互いの領域を踏み越えて良い教材を一体となって作り出す」ことをコンセプトに授業コンサルタント機能をもつ体制を志向する点など、教材と教育方法をなかだちとして新たな教育のあり方を模索する途上にあるようにみえる。それに応じて、教員と事務職員、さらに外部から導入するIT技術者との関係性など、組織としての大学に何らかの変化が生じることも考えられよう。また、大学側は、今後の計画として、①学部通信教育への活用（ウェブによる学習を通じ課題達成に応じてスクーリングの代替とする、またチャットなどを通じた事後のディスカッションを計画）、②市民講座としての活用（大学公開の一環として市民講座に利用する）などを構想しているが、VPNサービスの導入をきっかけとして、これらの計画が実現を迎える日もそう遠くないかもしれない。

また、システム運用上の課題として、本章では主に「利用者の偏向」の問題に着目して検討を行った。とくに教員側の問題に焦点を絞り、教材作成インターフェースへの配慮や支援体制の拡充など、利用に資する環境の充実がみられるにもかかわらず、利用者が情報系教員を中心とする一部の層にとどまっている現状に対して分析を試みた。大阪学院大学が、既存のシステムでは最先端のインターフェースを備える点を勘案すれば、本事例が示唆する利用状況への障壁の問題は、いわゆる「デジタルデバイド」の問題にも関連して、今後の「教育の情報化」展開に際し参考となる知見を提供しうるものと思われる。もちろん、こうした「利用者の偏向」の問題は、教員に限らず学生側にも共通する課題である。利用講座数が全体の約二割程度という「Ｃａｄｄｉｅ」の現状を考えれば、教育支援システムの存在さえ知らない学生が散見されても不思議ではない。教員利用率や開講講座数の向上を実現した先には、次段階として学生に対するアクションについても注目される必要があるだろう。

最後に、遠隔教育システムの先駆的試みとして他機関への応用可能性を考えるならば、資源配分の問題、すなわちコスト面の問題を抜きにして検討することはできない。大阪学院大学の事例は、全学的な取り組みと経営側の理解に支えられたものであることは前に述べたとおりである。「Ｃａｄｄｉｅ」は一万人規模の利用者であれば一〇〇〇万円程度のコストで運用可能とのことであり、そのコストパフォーマンスの高さを看取できる。しかし、本事例における数々の特徴からも容易にうかがえるように、順当な運用のためには、ハードウェアや回線などの整備から人材の配置にいたるまで、別途相当のコストが必要である。とくに財政厳しき折、生き残り戦略をはかる高等教育機関への援用を考えるならば、資源配分の優先度やシステムの学習効果などについて、さらなる検証作業が求められよう。

「知の集積」をコンセプトにＩＴキャンパスを整備した大阪学院大学にとって、成功への要件はコンテンツの蓄積や集約である。そのコンテンツを生産する「教員の意識変革」を目標に、さまざまな支援体制を整えてきた大阪学院大学の取り組みは、現在も試行錯誤の途上にある。しかし、従来の「互いに距離を保って」支援する形から、「教員と事務職員が互いの領域を踏み越えて良い教材を一体となって作り出す」スタイルへの変容をめざすことは、教員と事務職員の関係性や組織体制を見直す機会を生みだす可能性を内包している。それによって学生の「学ぶスタイル」の変革を期待し、新たな「学び」の形を模索する大阪学院大学の挑戦は、大学のＩＴ化を考える格好のモデル・ケースとなるだろう。

（二〇〇二年一二月　執筆）

## 8　追記――その後の動向と新たな取り組みを中心に

教員と事務職員の新たな関係性構築をめざして試行錯誤を繰り返してきた大阪学院大学の取り組みに注目し、その可能性について検討を行ってから、およそ二年の時を経た。社会における情報通信環境のめまぐるしい変化の中で、最先端の「ITキャンパス」を志向した大阪学院大学の挑戦は、いかなる形で結実したのであろうか。本書の刊行にあたり、現在までの成果や新たな取り組みを中心に、その後の動向を整理しておきたい。

まず、情報ネットワーク「OGUNET」および関連施設設備のハードウェア面における特徴であるが、当時との比較でいえば、まず学外との接続回線の増強を主要な変化として指摘できる。これは、ADSLをはじめとした家庭のブロードバンド環境の急速な普及に対応し、VPNサービスを通して動画を中心とした学内マルチメディアコンテンツを自宅からでも快適に利用できるように回線の強化を図ったものである。同時に、ネットワークカメラを各所に配備することによって、遠隔地とのディスカッションへの活用などのほか、疾病等で長期の欠席を余儀なくされた学生に対する授業のリアルタイム配信といった新たな試みも行われている。また、MELOPは学生を中心とした登録会員制(現会員数は一〇〇〇名程度)となり、各種の講習会やインストラクターによるサポートの拡充を伴いながら、ITキャンパスにおける「車の両輪」として機能してきた情報教育施設の位置づけを明確化するような工夫も進められてきた。

以上のように、この二年間におけるハードウェア面での変化を概括してみると、随所に進化や工夫はみられるものの、2号館やMELOPを整備した当初のように、大きな改変が継続的に行われているわけでもない。しかし、冒頭で整理したシステムの特徴を改めて確認してみてもわかるように、OGUNETは大幅な施設設備の更新を伴わない現在においても、十分に実用的で魅力的な環境を維持し続けている。とりわけハードウェアの陳腐化が課題とされや

表2　その後の「Caddie」利用者数の推移

| 年　月 | 教員数 | 講座数 | 教員利用率 | 教員あたり講座数 |
|---|---|---|---|---|
| 2001年 | 36名 | 152講座 | 約14％ | 4.22 |
| 2002年 | 53名 | 263講座 | 約22％ | 4.96 |
| 2003年 | 78名 | 346講座 | 約32％ | 4.44 |
| 2004年(前期) | 83名 | 364講座 | 約34％ | 4.39 |

(注) 調査資料をもとに筆者作成

すいＩＴ環境において、いまもなおその新鮮さを失っていない現状は、大阪学院大学の整備体制における先見性を物語る証左と考えられよう。

次に、非同期型教育支援システム「Ｃａｄｄｉｅ」の活用状況について確認しておきたい。Ｃａｄｄｉｅは二〇〇二年以後、三度にわたる継続的なバージョンアップを経ながら、利便性の向上がはかられてきた。現在までの利用状況は表２に示したとおりであるが、その傾向は当時と比較すると随分と様変わりしている。二〇〇三年度まで大きく上昇し続けた教員利用率は、三〇％強の水準で頭打ちとなり、教員あたり講座数も二〇〇二年度を頂点として一旦減少に転じ、以降横ばいで推移している。では、こうした趨勢の変化の意味をどのように理解すればよいのだろうか。その要因を、運用当初との違いに着目して抽出すれば、問題を読み解く鍵として、「システムの成熟」、および「サポートの敷衍」の二点を指摘できる。以下、それぞれについて詳述してみたい。

まず、前者の「システムの成熟」についてであるが、これはＣａｄｄｉｅを軸とした教育支援システムが、利用者の拡大・普及の段階から、定着・活用の段階へ進展したことを意味する。すなわち、全教員の三分の一程度がシステムを利用している現状は、Ｃａｄｄｉｅがもはや一部の情報系教員のためのツールにとどまらず、学内における一定の市民権を獲得した状態と解されよう。加えて、この値はいわゆる予定調和的な到達点ではなく、さまざまな利活用促進への試みを反映した結果として認識する必要がある。とくに「教員と事務職員の領域を越えた環境」づくりの成果として利用率の推移をひとつの目安と考えるならば、ＤＳＳやＤＥＣのような新たな挑戦が貢献した側面を看過することはできない。

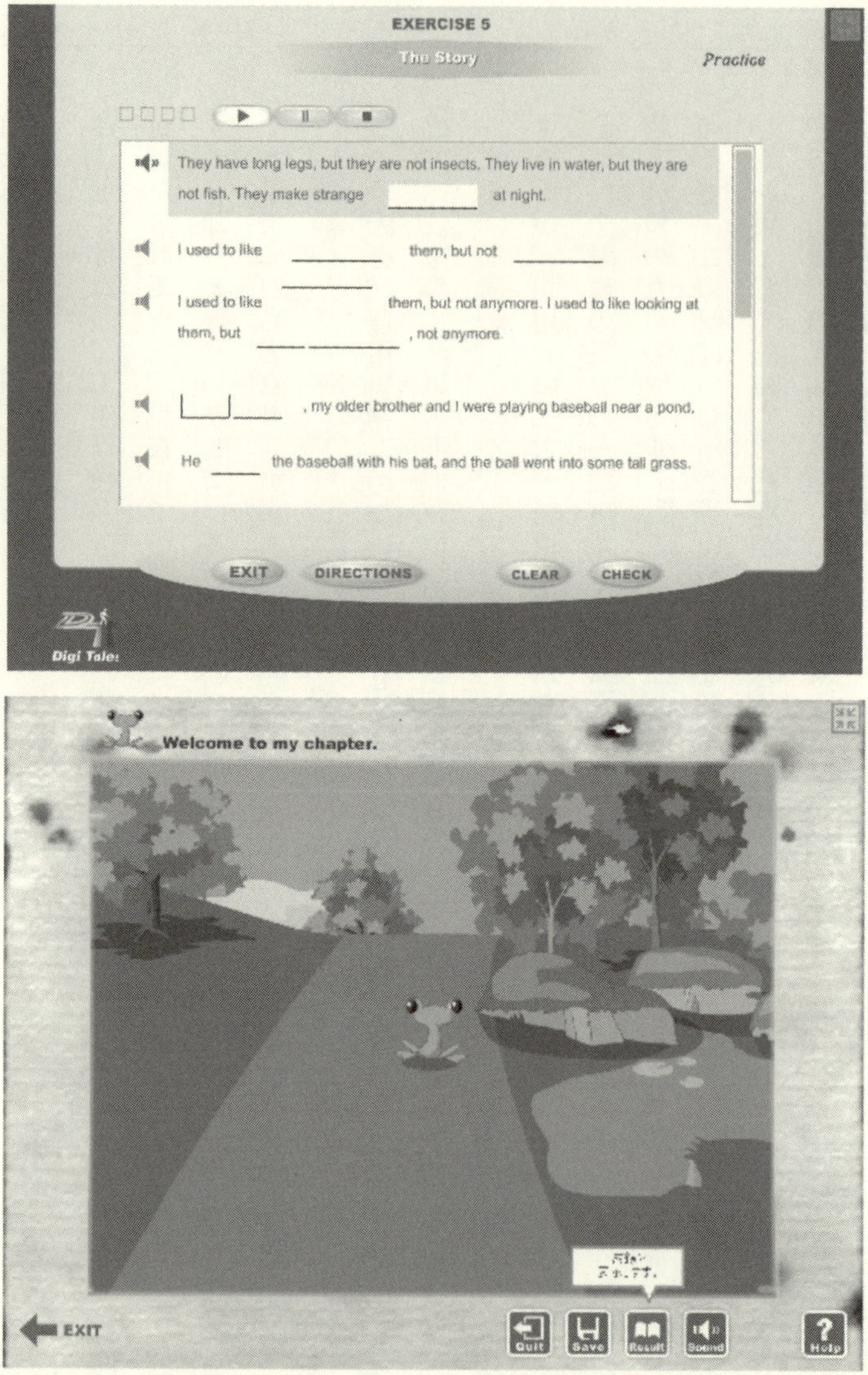


図6　「Digi Tales I」のスクリーンショット

(注)大阪学院大学「Digi Tales I Ver.1.0」CD-ROMより

ＤＳＳは、現在週あたり七〇～一四〇件もの教材作成依頼を受ける状況にあり、その動機が技術的な制約によるものか時間的な制約によるものかを問わず、総じて教材電子化へのニーズの高さを裏づける結果となっている。ＤＳＳでは、教育用教材については無償で作成代行を受けつけているため、本人の事情に左右されず依頼しやすい環境となっている。したがって作成元データについても依頼者本人の手書きによるものが少なくないという。さらに、研究用資料のデジタル化に対する需要も相当程度存在するが、ＤＳＳの活動が飽和状態に近い事情もあることから、対応についてはＤＳＳの本旨に照らし慎重に検討を行っている段階にあるとのことである。

またＤＥＣは、Ｆｌａｓｈ(Macromedia Flash)を活用した英語学習教材「Ｄｉｇｉ Ｔａｌｅｓ Ｉ」をリリースするなど(図6)、高度な専門性と豊富なリソースを背景に、プロジェクト単位での教材作成を順調に展開している。加えて、「大阪府食育推進プログラム」へのコンテンツ制作協力をはじめ(http://www.kenkoukagaku.jp/shokuiku/index.html)、近隣地区の学校や教育委員会など、外部機関との連携による各種のプロジェクトへの参画が進められている。

このように、ＤＳＳ、ＤＥＣいずれにおいても、当初の見通しを大幅に上回る勢いで稼働する現状にあると同時に、多様なニーズへの対応や技術的専門性の必要から、スタッフの拡充や専門分化がさらに進行しつつある。表2に示した教員利用率の推移は、こうした体制のうえに展開された値であることを十分に認識する必要があるだろう。一方、四・四前後で安定している教員あたり講座数の推移からも、同様の傾向を読み取ることが可能である。すなわち、この値は、システムの利便性や利用者のレディネスなどを把握するため試行錯誤を始めた段階(＝「とりあえず使ってみる」段階)から、一定期間の稼働実績をもとに教育実践との適合性に基づく取捨選択を始めた段階(＝「適切な場面で活用する」段階)への進展の裏づけと解されよう。実際に「システムの成熟」がこれらの指標に対してどれだけの説明力を有するかについては、さらなる詳細な分析と評価をまたねばならない。しかしながら、以上のような傾向は、本書が対象とするｅラーニングを通じた学習支援の展望をはかるうえで少なからぬ示唆をもたらすものであろう。

続いて、後者の「サポートの敷衍」であるが、ここで注目すべき観点は、「教員の意識改革」の手段を「教材電子化支援」のみならず「教育プログラム改革」へと敷衍した点、またサポートおよびサービス提供の対象を、教員のみならず学生へと敷衍した点にある。

まず、一点目の「教育プログラム改革」についてみておきたい。「教育プログラム改革」の内実は教務の改革にある。教務の改革には、シラバスの電子化をはじめ、Ｗｅｂを通じた時間割作成システムや受講登録システムの構築など、関連事務自体の情報化も当然含まれる。しかし、大阪学院大学がめざす教務改革の要諦は、こうした事務手続の効率化よりもむしろ、ＩＴの特性を活用した教育サービス全体の「質の向上」にある。その好例として、「＠Ｍａｒｋシステム」を紹介しておきたい。

「＠Ｍａｒｋシステム」は、いわゆる授業評価集計システムである。自己評価やＦＤ(Faculty Development)への取り組みが

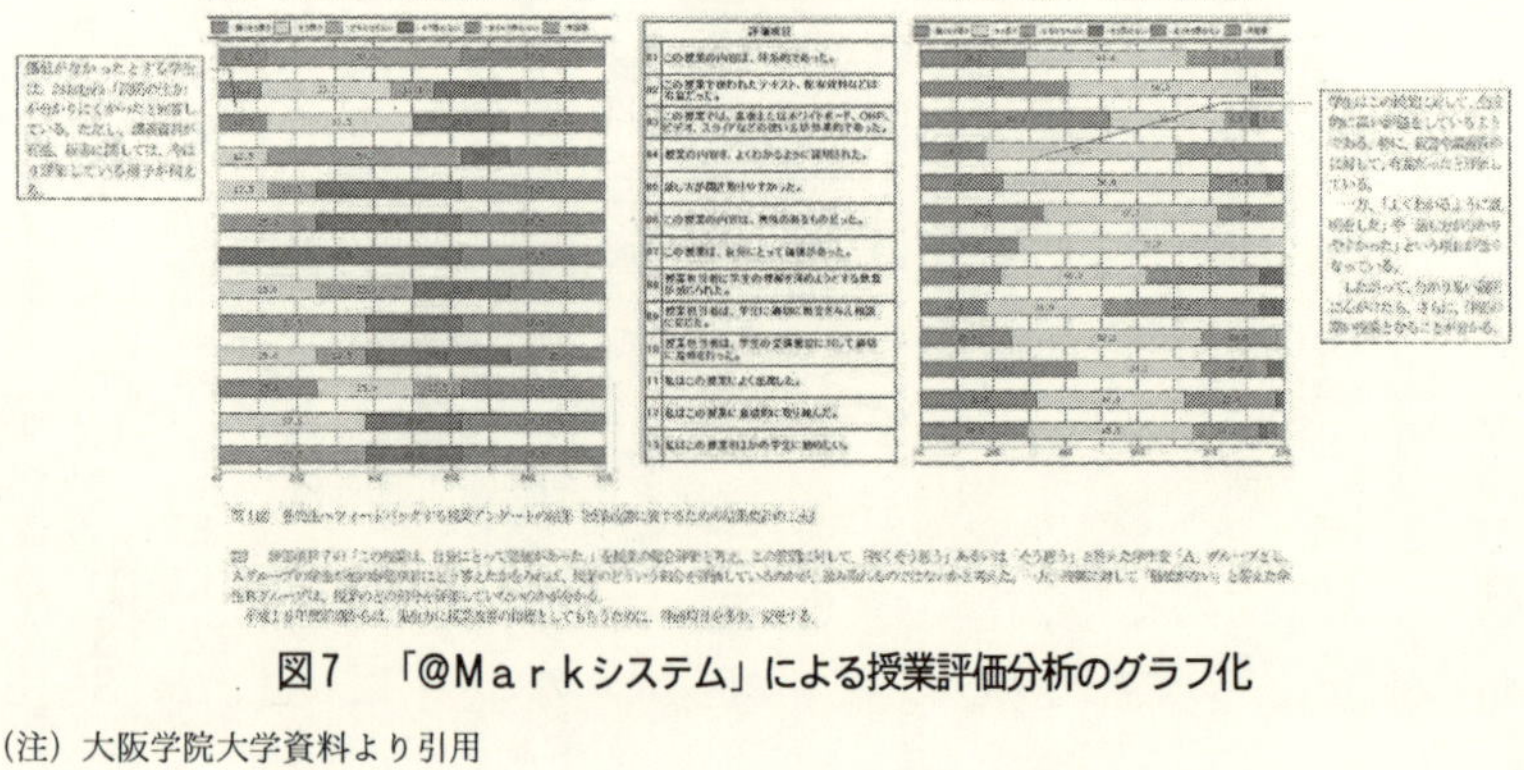


図７　「＠Ｍａｒｋシステム」による授業評価分析のグラフ化

（注）大阪学院大学資料より引用

大学における主要な関心事となりつつある今日において、授業評価や結果の分析はすでに多くの機関で実施されている。本システムの特徴は、こうした結果の集計や分析を自動で確認できる点にある。図7の例では、授業の満足度について(「この授業は、自分にとって価値があった」かどうかという質問に対して)肯定的な評価を行った学生と否定的な評価を行った学生とが、それぞれ他の質問項目でどのような回答傾向にあり、両者にいかなる異同がみられるかといった結果の分析が可能となっている。通常このような授業評価の分析は、単純集計の結果も含め当該機関の発行する報告書を拠りどころとするより他に手段がなく、授業担当者自身が独自に特徴や傾向を把握するためにデータを再利用することも困難な場合が多い。「@Ｍａｒｋシステム」は、ＧＵＩによるメニュー選択の操作だけで自動的にクロス集計の処理を行い、結果をグラフ化することで構造的に確認できる機能を備えている。したがって、教員は統計的な分析技術を必要とせず、自身の問題関心に基づいて授業改善のポイントを把握することができる。また、他の評価項目とのクロス集計のようなヨコの比較にとどまらず、各年度間の評価結果の時系列比較といったタテの比較も容易可能な点においても、本システムの利点を看取できる。こうした試みは、従来のような「分析結果の受け取り」という形での受動的な要素のみならず、「評価結果の傾向や要因の探求」という能動的な要素を織り込むことによって、教員の主体的な関与を導く可能性を秘めたシステムとして十分な示唆を内包している。「教育プログラム改革」は、他にも休講・補講情報のオンライン登録システム構築に伴う休講時の補講措置義務化や、二〇〇五年度の実施が予定されているカリキュラム改訂など、総合的な展開がはかられている。いずれの取り組みも、教務サービス全体の「質の向上」を目的とした創意工夫を実現するため、その手段として入出力や処理に関する手続きの省力化が進められていることがわかるだろう。

また、二点目の学生へのサポートおよびサービスの拡充についてであるが、これは学生自体のレディネス向上に伴うネットワーク活用機会の増大が背景にある。「Ｗｅｂ Ｐｈｏｅｎｉｘ」や「Ｐｏｃｋｅｔ Ｐｈｏｅｎｉｘ」といった学内情報サービスの利用はもとより、ＭＥＬＯＰ会員数やＣａｄｄｉｅの利用者も一〇〇人を超える規模となり、サービス開始当初に比べその認知度は大きく向上した。そのため、従来のサービス提供側（＝教員）への支援に加え、サービス受給側（＝学生）に対しても、ＩＴキャンパスの利便性を享受できる体制の整備が必要となってきた。こうした需要を踏まえ、先述の接続回線高速化やネットワークカメラによるリアルタイム授業配信にみられるようなＶＰＮサービスの強化や、登録会員制に伴うＭＥＬＯＰのサポート拡充、さらには講義要項（シラバス）の電子化や図８のようなオンラインによる受講登録・時間割作成システムの運用といった形で、学生に対するアクションもさまざまに展開されている。利用率においては、今後のサポート体制の整備次第で拡大の余地を大きく残しているが、学生の「学ぶスタイル」の変革へと結びつける新たな段階への進化の端緒として、これらの試みについては引き続き注視していく必要があるだろう。

　以上、大阪学院大学のめざす未来型教育システムの現状および到達点について、最近の動向と新たな取り組みの検討を中心に整理を行っ

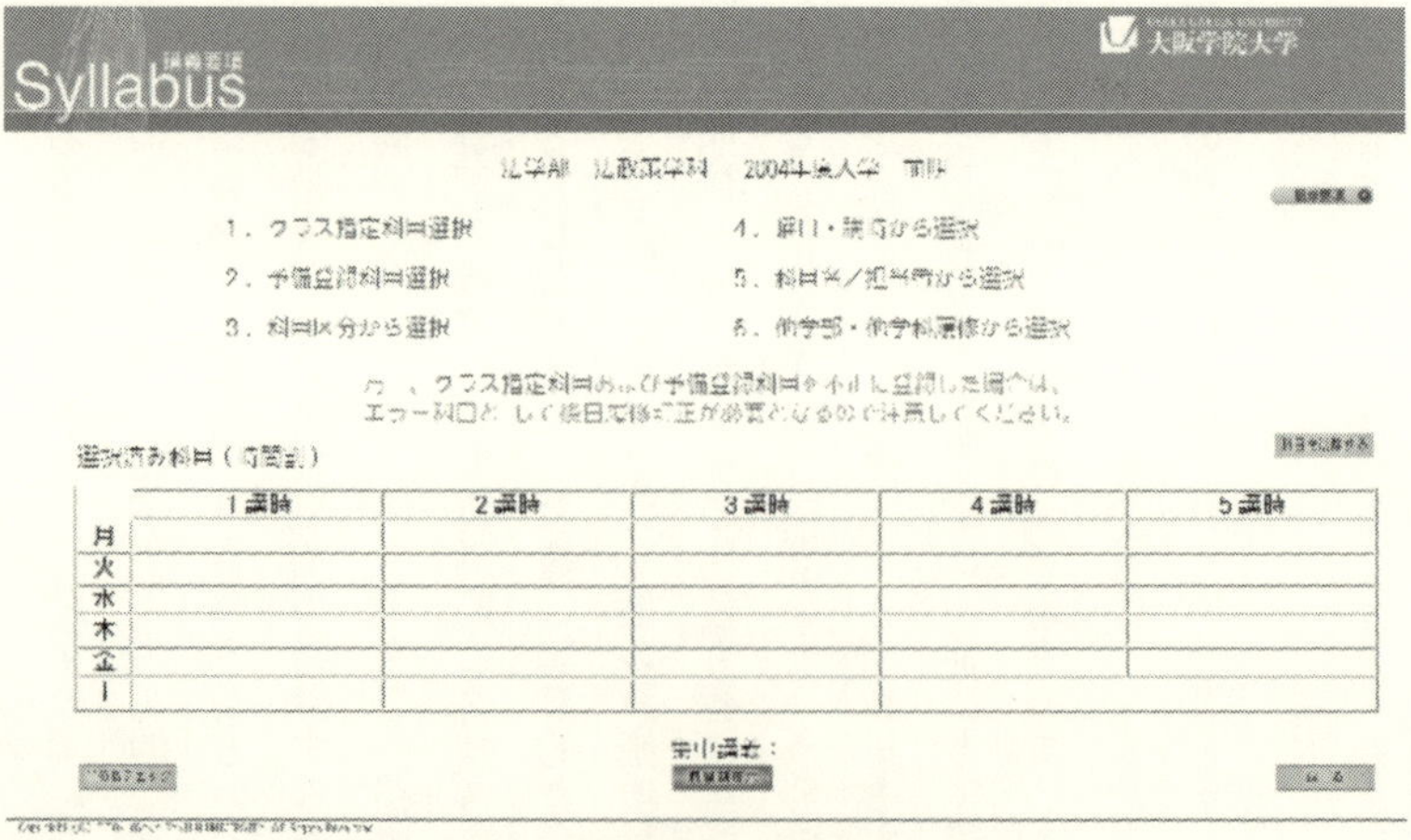


**図8　オンライン受講登録・時間割作成システム**

（注）大阪学院大学「2004 履修と Campus Life」CD-ROM より

た。その結果、整備段階から拡大・普及段階へ、そして定着・活用段階へと「システムの成熟」が進むにつれて、「未来型教育システム」の意図するところが大学のIT化そのものではなく、教育サービス全体の「質の向上」にあることがより明確にみえてきた。こうした流れは、「教員と事務職員の領域を越えた環境」づくりという点においては、教材作成の「共同」から教務改革の「共同」への発展といった形でひとつの結実をもたらした。またその成果は、コンテンツの蓄積や集約に伴う「知の集積」を徐々に生み出しつつある。同時に、集積された知の活用をはかるための「サポートの敷衍」についても、その兆候を確認できた。今後は、新たな「学び」の形を追求するためのステップとして、学生の「学ぶスタイル」の変革に対して大学がどれだけ直接的に作用することが可能であるのか、まさに次段階における新たな課題への挑戦が注目されることとなるだろう。本事例から確認できるように、大学の構成員や組織全体が真の意味で「変わる」ためには多くの契機が必要であり、こうした変革の契機を生みだす「触媒」として、eラーニングの活用をはじめとした情報化が貢献しうる側面は決して軽視できない。大阪学院大学の辿ってきた軌跡や今後の道程には多くの知見が含まれており、本稿ではその一端を言及したに過ぎない。しかし、大学におけるeラーニングの利用がもはや珍しくなくなった現在においても、この大阪学院大学の先駆的な挑戦は、「教育の情報化」がもたらす本来的な意義を考えるうえで多くのメッセージを残してくれるのではなかろうか。

（二〇〇四年一一月　追記）

【人が変わる】3

# 第一〇章　社会人を対象にしたインターネット大学院
## ――信州大学大学院――

成田　滋

## 1　はじめに

信州大学大学院工学系研究科の情報工学専攻ではその修士課程において、インターネットを利用した授業を受けることで単位取得が可能な「インターネット大学院」[1]を、二〇〇二年度より実施している。通学制でありながら大学に行かなくても修士資格が取得できる大学院は、全国で初めての設立であった。文部科学省が二〇〇一年三月三〇日に大学・大学院の設置基準を改訂したことにより、修士課程修了に必要な三〇単位は、「遠隔講義」だけで取得できることになった。信州大学工学部では、早くよりインターネットを利用した教育・研究に着目しており、すでに五年前からインターネット上の遠隔授業の実験を展開していた。これらの実験を通して、従来の一斉授業の形に比べて、オンラインでの講義が高い効果を上げられるという実証が得られたため、設置基準の改訂を契機とし修士号を付与する教育プログラム全体をバーチャル大学院としての組織として、開校に踏み切ったのである。

社会人を対象に、当初は一〇名程度を目安として学生を募集し、面接を主体とした選考で、入学者を決定した。情報工学分野はコンピュータ上だけで学習できる要素が多いことと、時間的空間的制約の多い社会人にIT技術を学びたいというニーズが高いことが、その理由であった。ただ、それを通信制の課程ではなく、通学制の課程として開設したのには、「通信制で広く学生を集めるのではなく、インターネットでマンツーマン教育を実施するという姿勢で行っていくため、通学制とした」と、同大学の師玉教授は語っている。

## 2　信州大学の沿革

信州大学は、一九四九年の国立学校設置法の施行により、松本医科大学、松本高等学校、長野師範学校、長野青年師範学校、松本医学専門学校、長野工業専門学校及び上田繊維専門学校を包括し、長野県立農林専門学校を併合して設置された。

その前身は、一八七五年の長野県師範学校や一九〇二年の松本女子師範学校に遡ることができる。さらに、一九一九年には松本高等学校ができ、一九四三年の長野師範学校、翌四四年の長野青年師範学校、同四四年の松本医学専門学校、そして一九四八年の松本医科大学などとなって現在に至っている。

現在の大学キャンパスは、以下の四つの市と村に存在しており、典型的なマルチキャンパスである。すなわち、松本市には、人文学部、経済学部、理学部、医学部、医療技術短期大学部が、長野市には教育学部、工学部が、上田市には農学部が、そして南箕輪村には繊維学部がある。

学部・研究科の構成は以下のとおりである。

〈学部〉

①　人文学部（三学科九講座）
②　教育学部（四課程七講座）
③　経済学部（二学科七講座）
④　理学部（六学科十四講座）
⑤　医学部（一学科三二講座）
⑥　工学部（六学科二八講座）
⑦　農学部（三学科十二講座）
⑧　繊維学部（七学科三四講座）

〈大学院〉

①　人文科学研究科（修士課程二専攻）
②　教育学研究科（修士課程二専攻）
③　経済・社会政策科学研究科（修士課程一専攻）
④　医学研究科（博士課程六専攻）
⑤　工学系研究科（博士前期課程一五専攻・博士後期課程四専攻）
⑥　農学研究科（修士課程四専攻）

⑦　岐阜大学大学院連合農学研究科（博士課程三専攻）
（岐阜大学、静岡大学、信州大学で構成）

二〇〇一年五月現在の学生数は次の通りである。短大を含めた学生数は、合計で一一、三五六人となっている。

学　部　九一九一人
大学院　一七一三人
短　大　四五二人

## 3　社会人を対象にしたインターネット大学院

### (1)　設立の趣旨

今日、高度専門職業人の養成など大学院に対する要請が一層高まっている。たとえば、現職教員の専修免許状取得のための通信制大学院の要望や、学部レベルの通信教育を受講している学生の進学希望、企業の社員の再教育などのニーズがある。こうした現象は、社会における生涯学習志向の進展、技術革新の加速化等を背景として生まれている。しかし、多くの社会人にとっては自宅や職場から通える範囲に必ずしも希望する大学院がない現状がある。職場環境等によって通学可能な時間は限られている。その意味で、職業を持つ社会人の学びの機会の提供は社会のニーズに応えると考えられるのだが、教育方法、形態等について従来の方式にとらわれない弾力的な手法が必要となる。信州大学のインターネット大学院は、まさにこうしたニーズに応えるためマルチメディア技術や情報通信技術を駆使しているということができる。とくに、情報工学分野の革新的な技術の進展に伴い、これを積極的に利用しようとする企業内にあって、技術に習熟していない職員のスキルの向上、より高度な能力を有する技術者の養成は切実である。

マルチメディア技術の進展や情報通信技術による世界的なネットワークの普及などが急速に進んでいるものの、残念ながら、わが国では高等教育機関におけるその運用と実践は、諸外国に比べて遅れをとっている。だが、近年、遠隔地にあるキャンパスを衛星通信や光ファイバーなどで結び、テレビ会議システムを活用して合同授業を行うなど、最先端の情報通信技術を活用した教育研究の取り組みが徐々にみられるようになってきた。

従来の高等教育の教育形態は、こうした情報通信技術の発展によって大きな影響を受けている。これまで、「遠隔教育」というのは、わが国の放送大学、英国のオープン・ユニバーシティによる放送授業、あるいは印刷教材を用いた通信添削型の授業などのように限定された範囲で行われていた。しかし、情報通信技術の発達は、遠隔地間を結ぶテレビ会議式の授業などの同期でしかもインターアクティブな方法を実現している。こうした例としては、大学院では全米工科大学（NTU、ナショナル・テクノロジカル・ユニバーシティ）[2]などがある。また、技術の進展により、北米やオセアニアの国々では、通学制の大学で行われている教員養成などにおいて、授業や研究指導を学生が自宅で受ける例は決して珍しくない。アメリカの大学では、日本における学生募集を始めているところもでてきている。

このような情勢を鑑みると、すべての学生が、距離的、時間的制約を超えて、大学で行われる教育研究に参加できるようになってきていることは、ある意味、分野を問わず可能になっているが、とりわけ情報工学分野ではそれが容易である。こうしたことは、通学制と通信制の境界がなくなるということを意味する。また、情報通信技術を活用して、大学院が国内外の他の大学院との間で、合同授業やカリキュラムの相互利用を行うといった試みも始まっており、少なくとも多様な教育研究活動を大学間で実施するうえでの技術的課題は解決しているといえる。

信州大学は、従前から準備研究や実験講義、その他を全国の大学に先駆け、いち早く行ってきた経緯がある。たとえば、工学部情報工学科の中村・不破・山崎らは、ＣＡＩ（コンピュータ・アシスティッド・インストラクション）システムやウェブによる教材作成とそれに関わる研究に取り組んできた。それらはすでに同学科の学部教育に利用されており、とくに、インターネットを利用したＣＡＩは日本国内では隋一である。これによる教育効果のアンケートによる定量的評価も実施しており、その結果は開発されたＣＡＩにより効果的な教育を行えることを実証している。同情報工学科の海尻・師玉・海谷・和崎・関本らもこれに参画し、とくにウェブによる教材やＶＯＤ（ビデオ・オン・デマンド）システムによる教材開発とその運用研究に従事してきた。

　さらに海尻・関本らはそれと並行してソフトウェア作成実習に関わる課題出題・答案回収、評価等の自動化システムを開発した。これもすでに同学科の実験科目で運用されている。また、一九九九年度教育改善推進費「インターネットＶＯＤを利用した授業の配信・記録に関する研究」は海尻がその責任者となっている。

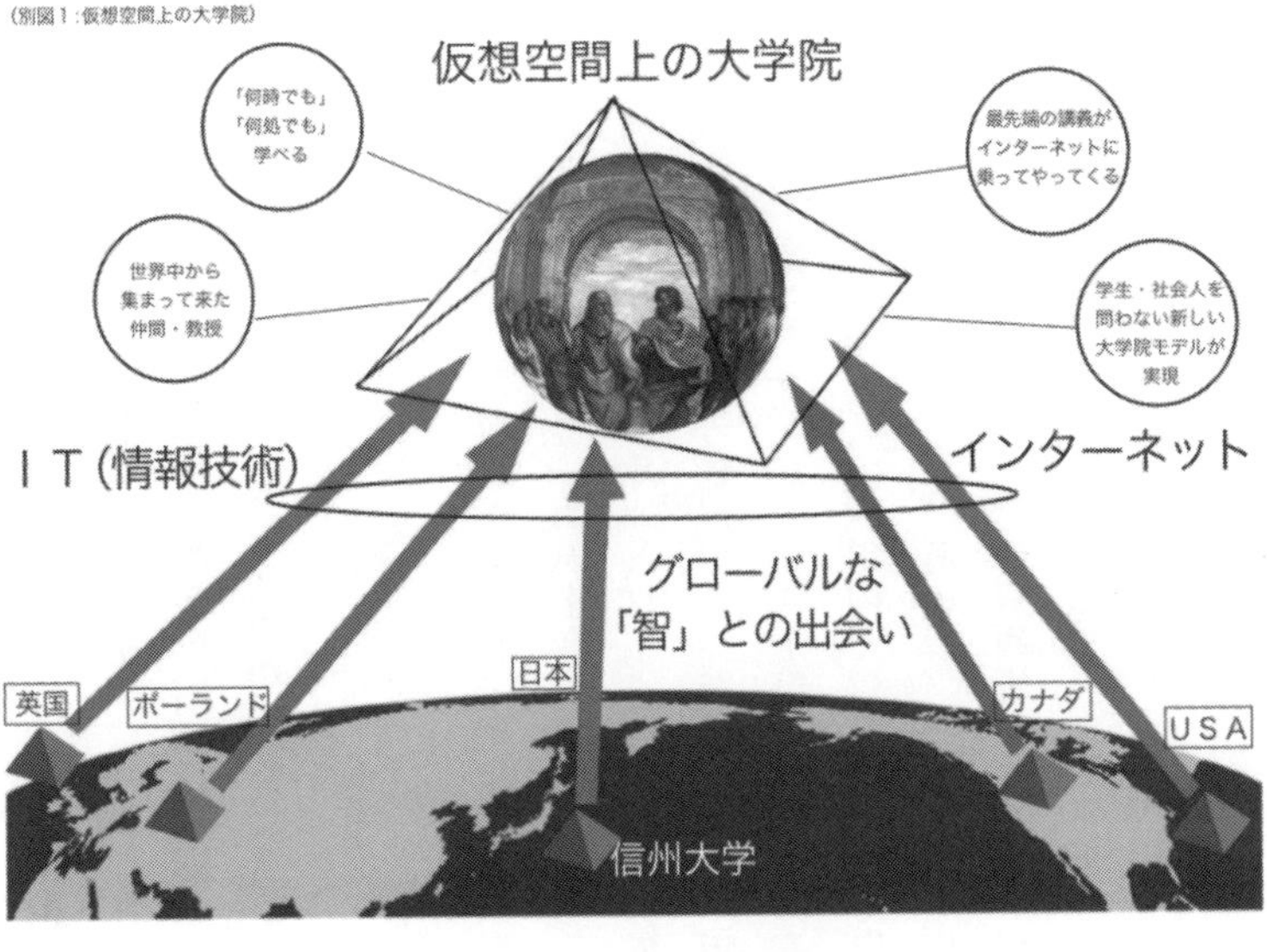


（資料１）　仮想空間上の大学院

また、同情報工学科の中村・不破は上記のインターネット導入に並行して、信州大学地域共同センターの平宮らとで通常電話回線の高周波帯域を利用するＸＤＳＬ、ＡＤＳＬ情報通信技術の実用化に取り組み、地元の有線電話会社との共同研究で全国に先駆けその実用化を行った。さらには地元ケーブルテレビ会社と共同で光ファイバー利用によるインターネット技術の実用化も手がけ、これも全国に先駆け実用化させた。この結果、長野市内では米国その他のＩＴ技術先進国と比較しても遜色がないほど、それと同等な廉価かつ高速なインターネット利用が可能になっている。

### (2)　JUNETからJAINへ

わが国のインターネットの始まりは、一九八四年に東京大学、東京工業大学、慶應大学の三校で始まった公衆電話網によるＪＵＮＥＴである。信州大学では、工学部情報工学科の岡本・山本らにより一九八七年に工学部情報工学科が初めてＪＵＮＥＴに参加し、インターネットの利用を開始した。当時は、大学内のネットワークも整備されておらず、情報工学科が中心となって、大学内にインターネットのサービスを提供している状況であった。一九八八年に学術情報センター（現・国立情報学研究所）のネットワークを利用したインターネットサービスＪＡＩＮが提供されるとすぐに、情報工学科が中心となってＪＵＮＥＴからＪＡＩＮへ移行した。それと並行して大学内だけでなく長野県内の学術機関に対してもインターネットへの接続の手助けを行い、その普及に尽力してきた。その後、一九九二年に学術情報センターがＳＩＮＥＴのサービスを開始し、さらに学内ネットワークが整備され、総合情報処理センターが設置されると、インターネットへの接続はＪＡＩＮからＳＩＮＥＴへと移行し、インターネットに関する管理運営も総合情報処理センターが行うようになり、今日に至っている。このように、情報工学科は大学だけでなく長野県内のインターネットの発展に対しても大きな役割を果たしてきたといえる。

### (3) 情報工学と遠隔教育

大学院設置基準上、修士課程の修了要件については、三〇単位以上の修得、学位論文の審査及び試験の合格とされている。学位論文の審査については、特定の課題についての研究成果の審査をもって代えることができることとされている。このような取扱いが認められている理由の一つは、研究科の目的や性格によっては、学位論文を重視するよりも単位制度による授業を更に充実させることが、より大学院の設置の目的に沿う場合もあると考えられることによる。情報工学分野は、とくに社会人にあってはこのような授業による教育の比重が高いことに加え、インターネットによる遠隔教育によっても、従来と同様の修士研究指導を含む十分な教育効果を得ることが可能であると考えられる。そもそも情報工学分野における「実験装置」はコンピュータであり、他の理工系の中でも、高額かつな大掛かりな装置を用いた実験を必要とする分野などとは事情が大きく異なっている。

### (4) AO方式による入学者選抜

高度専門職業人養成を目的として、現在の同本学大学院博士前期課程情報工学専攻社会人特別選抜枠の定員を一〇名として募集した。入学選抜試験はAO方式により、口頭試問及び面接によって実施する。[3] 入学者数は、教育の質を維持するため、現行の教官数で対応できる人数の学生を対象とする。

### (5) 教育方法

大学院の教育は、授業科目の授業及び学位論文の作成等に対する指導(以下「研究指導」という)によって行うという規定にのっとり、授業は、ＶＯＤシステムによる放送講義、テレビ会議システムによるマンツーマンの面接授業、ウェブによる教材提供、電子メール、掲示板、電子会議チャットによる討論、レポート添削、ＣＡＩによる徹底した反復演習等々、マルチメディアとインターネットを駆使した複合的な手段で、「時間」、「空間」の制限を可能な限り排除した柔軟な学習形態の実現を目指すこととした。

とくに、研究指導に当たっては、テレビ会議システムによるマンツーマン面接指導、チャットによる意見交換他、スクーリングなどにより、学生に対する丁寧な個別指導を行い、従来と同様の十分な研究指導を行うことに力を注ぐことにした。

これまでの学習歴をとわずに社会人一般に広く門戸を開くことを目的とするが、それは、情報工学関係学科の学習を経験していない入学者を迎えることにもなる。そこで、情報工学関係学科の卒業生でない入学者については「大学の理工系学部情報系学科のためのコンピュータサイエンス教育カリキュラムＪ九七」に準拠した補習講義を実施することにした。[4] また、インターネットやマルチメディアに習熟していない入学者がいることも予想され、それに対しては、入学者が参加可能な場所に講習会場を設け、教官がそこに赴き、集合教育によって、受講のためのコンピュータ操作などの予備教育を実施した。

履修科目の選択については幾つかの標準的なコースを例示するが、入学者が教官の助言を受けながら自ら個別のカリキュラムを組み立てる方法を採ることができることを特徴とする。多様な学生に対して学習の個別化を促進するという目的は、教室の授業では実現困難であるが、インターネットを利用することで可能になるのである。情報技術課程の教職課程を希望する学生についてのカリキュラムも準備した。

学位論文の審査については、個々の指導教官の判断で、特定の課題についての研究成果の審査をもって替えることもできることとし、単位評価については、スクーリングと単位認定試験による厳正な評価を行う。さらに課程修了認定として総合試験を実施した上で、修士学位論文などの審査にあっては、教員と学生との対面による口頭試問も併せて実施することにした。

### (6)　修了要件

社会人の生涯教育に積極的かつ柔軟に対応するため、パートタイム制など導入を念頭におきながら、修業年限を撤廃する他は、課程の修了要件は、現行の大学院設置基準第一六条の定めるところによることとし、さらに、科目等履修生の制度も導入し、他大学院等で取得した単位についても、卒業単位に算入するというように、現行制度下での最大限の柔軟性を取り入れようとした。

### (7)　教員数と収容定員

収容定員は、高度専門職業人養成を目的として現在の本学大学院博士前期課程情報工学専攻社会人特別選抜枠の定員を一〇名とするが、それに対する教員の配置に関しては、大学院設置基準第九条に従って、教育に支障のないよう教授二名、助教授二名、およびこれ

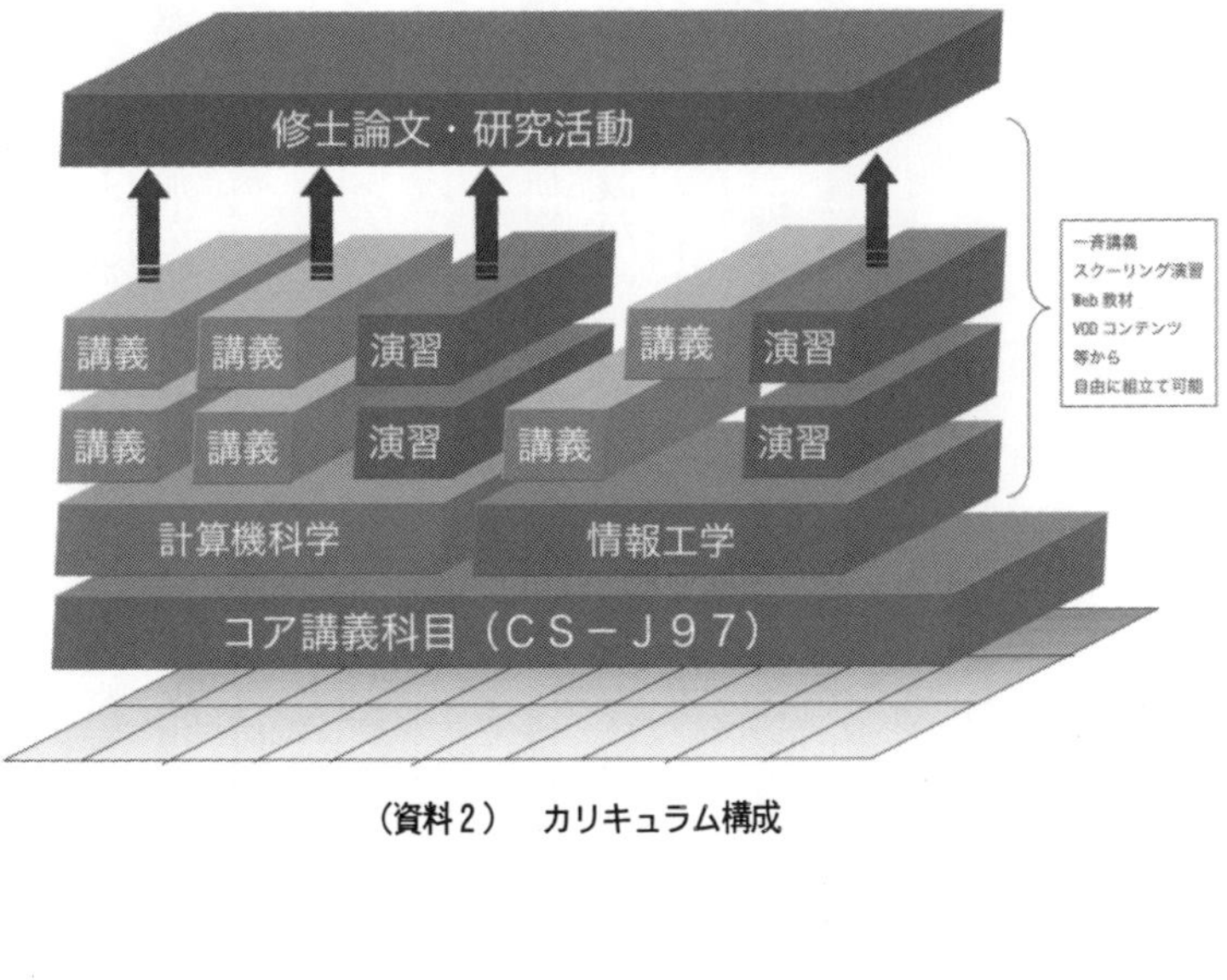


（資料2）　カリキュラム構成

ら教官を補佐しインターネット、システムの管理などに従事する助手二名の計六名を準備する。これらの教官については、情報工学専攻の教官が兼任することとした。また、常勤教官と併せ、仮想空間上に構築されることの利点、すなわちカリキュラム、教員組織の編成の柔軟性等を最大限に活用することを目指し、海外を含む部外者の非常勤講師就任など積極的な参加を募る。すでに、国内では一〇数ヶ所の教育機関教官の参加が予定され、教材作成など準備が進行している。国外では、カナダやポーランドの大学教官がすでに参加準備を進め、他に、英国、米国の教育研究機関の教官と交渉している。

### (8)　校舎の施設・設備

大学院はインターネットによる仮想空間上に実現されるため、特別な講義室、研究室等の新設は要しない。現行の情報工学科の計算機システムの機能強化と専用の遠隔授業用計算機システムの増設が必要である。これは学内処置によって対応可能である。

また、学務関係業務に関しても、近年の行政改革の要請に応え、独自に工学部が開発を推進してきた電算化システムの利用が可能である。したがって、これの機能強化のための機材・操作員の人員増のみが必要であり、これも学内処置で対応可能である。

### (9)　通信指導のための組織等

大学院は、通信指導及び教育相談を円滑に処理するため、教授二名、助教授二名からなる専任教官を置いて増員し、また同様に助手二名をシステムの維持管理に充当する。

## 4　インターネット大学院の経過

### (1)　大学院生の内訳

一〇名程度の募集に対し、入学希望者は多く、同専攻では第一期生八一名、第二期生七四名の大学院生がこの制度の運用下で学んでいる。その第一期生の大学院生の内訳のうち、年齢、職業および現住所についての分布を図1〜3に示す。年齢は三〇、四〇歳代が全体の七割を占め、職業人が全体の八割以上となっている。さらに、現住所の分布からわかるように、長野県周辺には限定されず、全国に分布していることが特徴である。また、表は省略するが、主たる学習時間は夜九時以降であるが、ここから、企業の第一線で働く者が、大学院生の大部分であることがわかる。すでに、米国等、国外に出張中する者が、入学について希望を出している。このようなことから、当初の見込みのように有職成人がインターネットの特性を利用して入学してきていることは明らかであり、今後も、入学希望者の増大は続くものと考えられる。

産業構造改革に伴う社会人再教育や生涯学習社会への対応は、大学の重要な使命である。とくに再教育を助長する財政的支援も重要である。このため、同専攻では、教育訓練給付制度である厚生労働大臣指定教育訓練の指定を申請し認定された。こうした制度の利用は、大学院生の生涯教育を一層振興するものと期待される。[5]

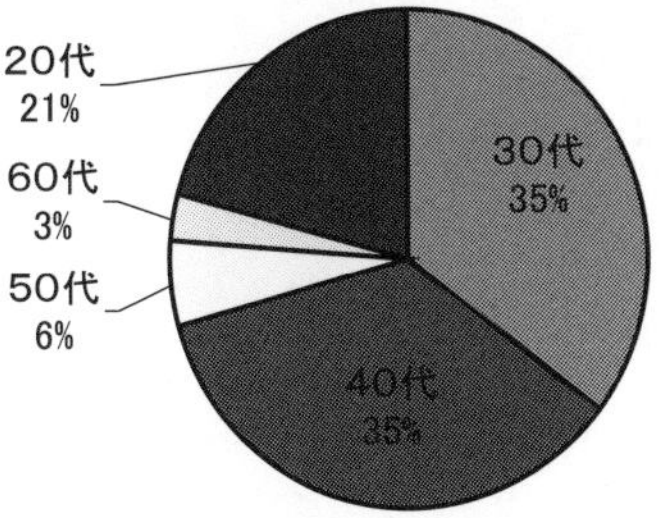


図1　年齢構成

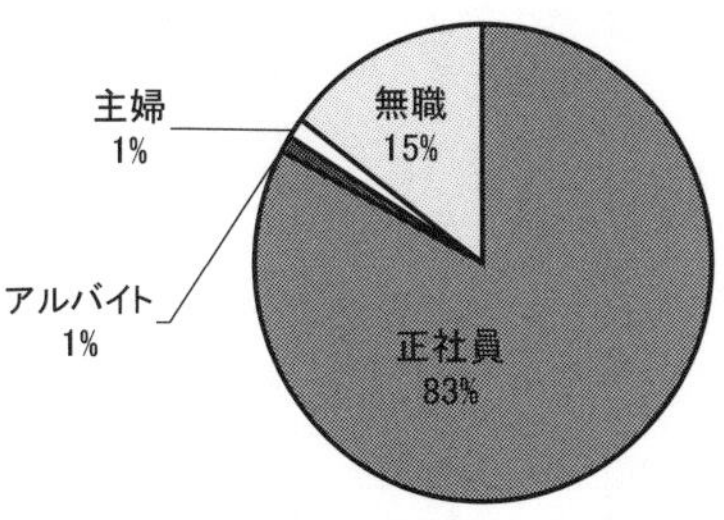


図2　職業構成

図2　職業構成

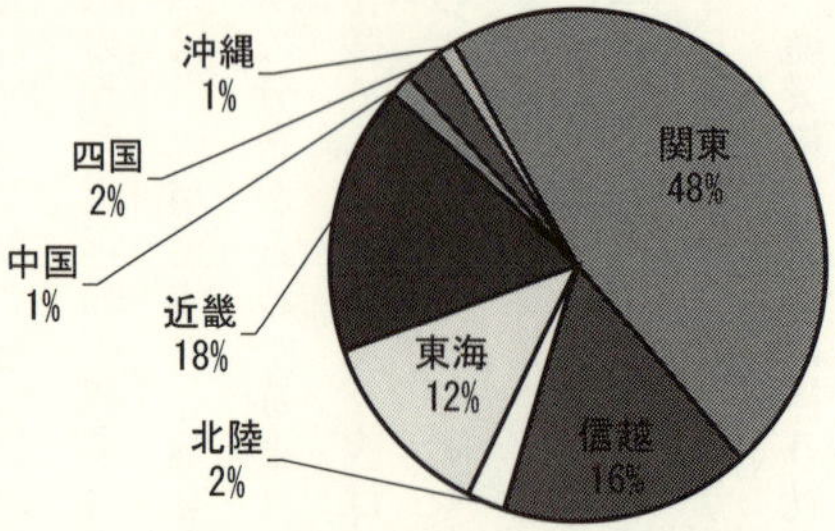


図3　地域構成

## (2)　大学院生の学習状況

大学設置基準が定めるインターネット遠隔授業の要件は、第一に、通信衛星、光ファイバー等を用いることにより、多様なメディアを高度に利用して、文字、音声、静止画、動画等の多様な情報を一体的に扱う、第二は、毎回の授業の実施に当たって、設問解答、添削指導、質疑応答による指導を併せ行い、かつ、当該授業に関する学生の意見交換の機会が確保されているというものである。

こうした要件に対し、当専攻ではどのように対応しているのだろう。いわゆる教室の講義に相当するものとしては、ウェブ教材を使いながら行う講義を録画編集し、それをインターネットで随時視聴できるようにしたＶＯＤの教材が中心にある。大学のサーバーに保存された講義を、学生が場所や時間の制約にとらわれず、視聴することができる点が大きなメリットである。ポーランドおよびカナダ等の海外大学からの講義のオンデマンド配信も行っている。また通学制のため、都合がつけば授業に出席もできる。

第二の要件に相当するものに対しては、受講生の学習進度に応じて、ネットワークに接続されたサーバーが自動的に出題し、受講者の答案を即座に添削するＣＡＩシステムを使用し、質疑応答、学生の意見交換についてはインターネットで公開・閲覧できる掲示板などを使用している。とくに、「ＣＡＩテスト」と呼ばれるオンラインでの小テストは、授業内容が理解できているかを確認するためのテストだが、学生一人ひとりに違った問題を出題し、それをオンラインで回答、採点する形となる。たとえばプログラミングの授業などでこのテストを活用することで、高い学習効果が得られるような仕組みを提供する。ランダムな出題から採点までをコンピュータで処理できる点は、バーチャル大学院ならではの利点といえる。

ネット・ミーティングなどのテレビ会議システムを利用したマンツーマン指導が行われ、このテレビ会議システムは、今後修士論文の口述試問にも用いる予定である。レポートの提出・添削などもインターネットを介して行われている。

このように、基本的にはバーチャルな環境ですべての教育が可能な形態をとっている。ただ、一部実習が必要な授業、たとえば基盤とハンダを使う実習などは、学生に基盤を郵送するなどの方法で対処している。

また他大学の教官の参加も予定している。学生・教官ともに遠隔からの参加となるため、オンラインでの履修登録や成績評価などのシステムも確立している。

こうした教育の仕組みに加えて、特徴的なのはカリキュラムである。同専攻のパンフレットにあるように、実践的ＩＴ技術者の養成などを柱にし

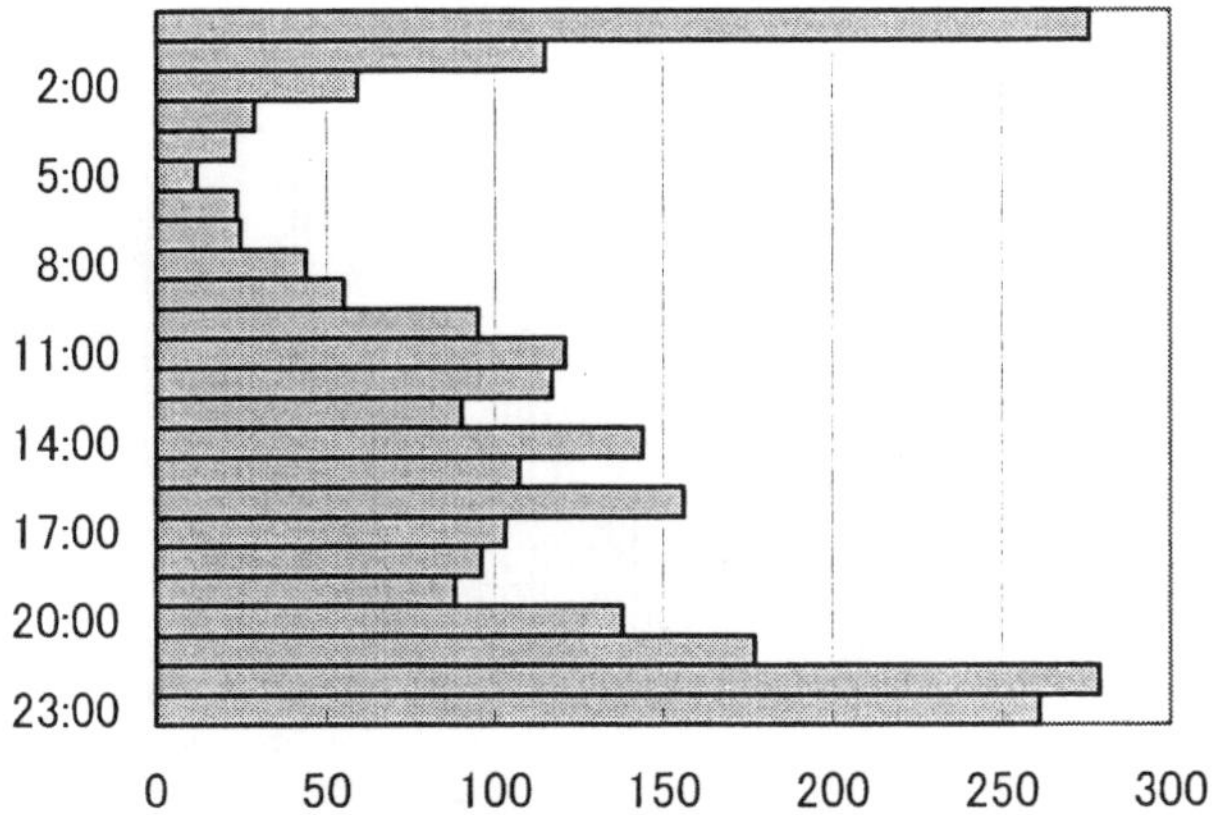


図4　ＣＡＩテストの修了数（時間帯別）

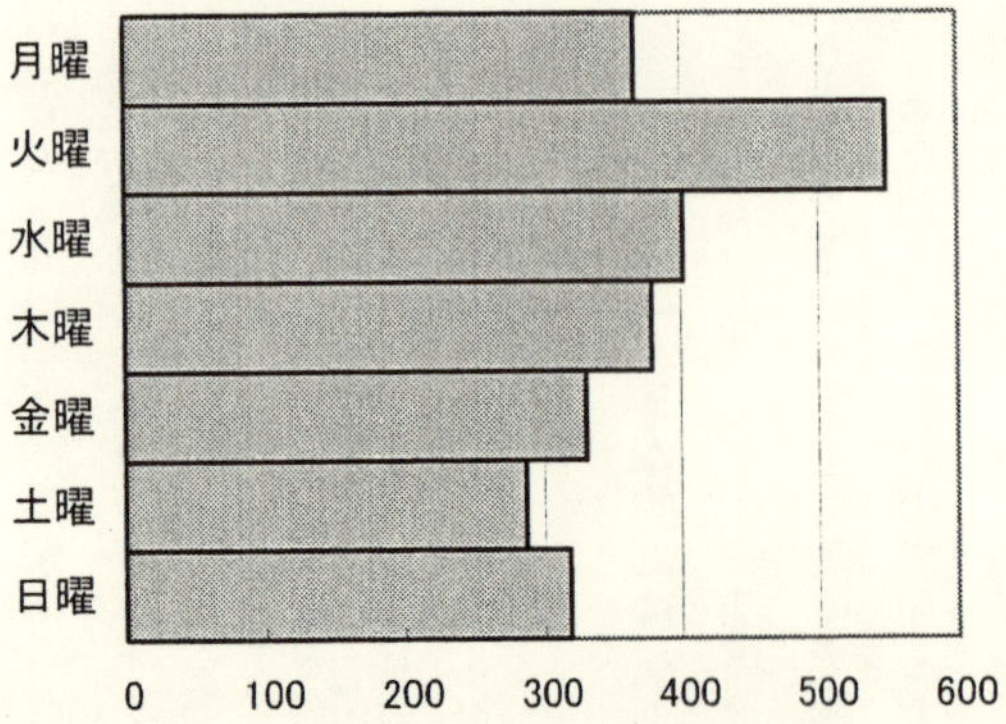


図5　CAIテストの修了者数（曜日別）

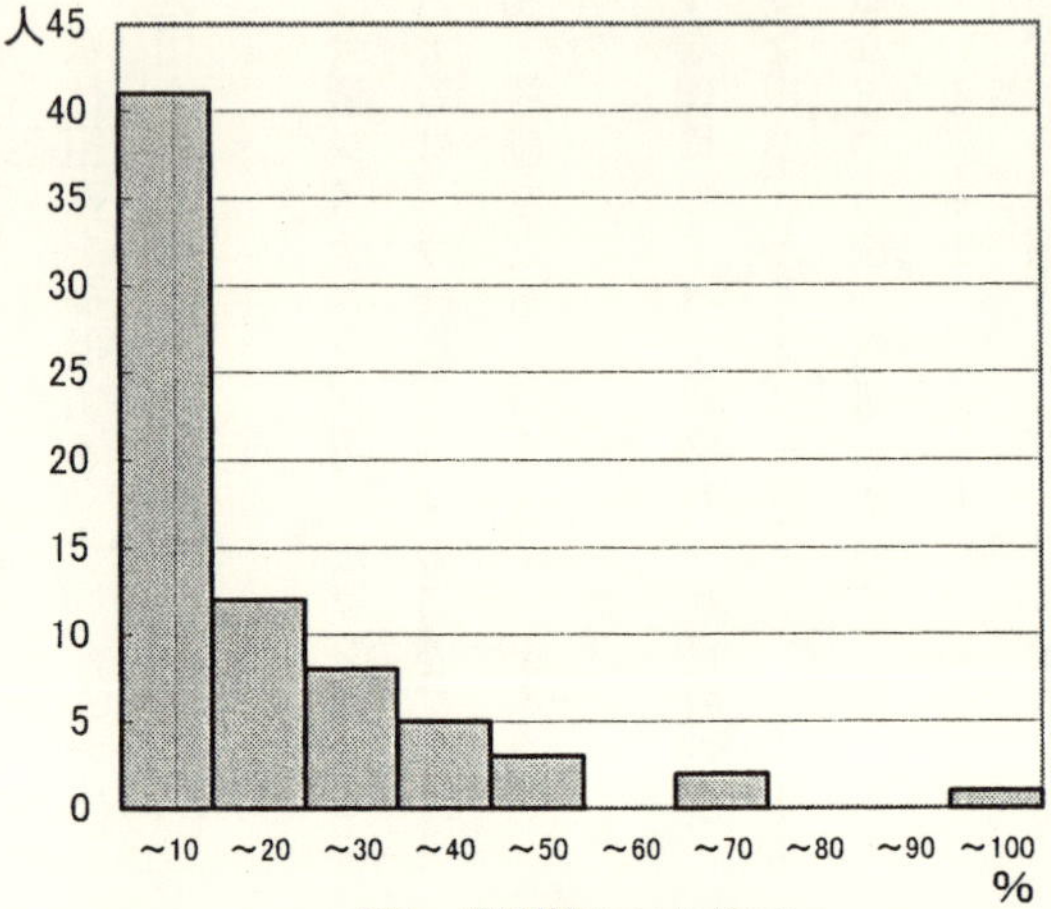


図6　進捗状況ヒストグラム

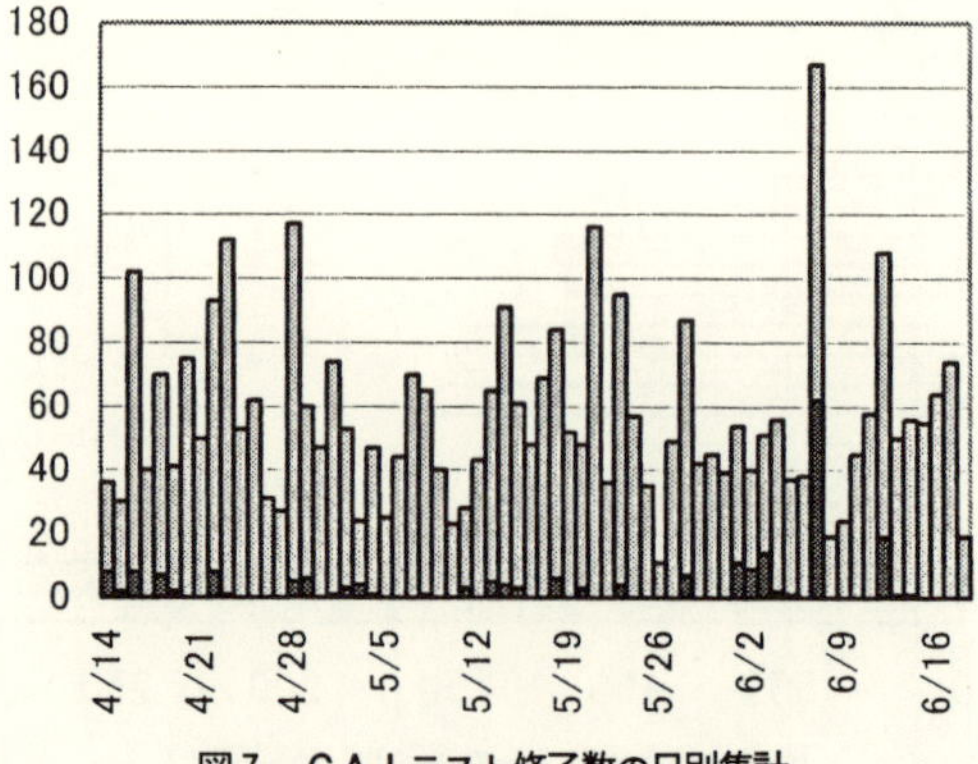


図7　CAIテスト修了数の日別集計

ているため、従来の学部新卒者へのカリキュラムの枠にとらわれず、多様な学力の学生に柔軟対応でき、かつ体系的に学習できるように再構成している。

こうした条件のなかで、大学院生はどのように学習しているのだろう。とくに、大学院生個人の学習状況と習熟度の把握は、個別指導を旨とするインターネット大学院の柱の一つである。ＣＡＩは、インターネットを通じて参画する多様な知識、経験、学力をもった受講生が、情報工学分野に必須な基礎学力を習得するのに、極めて重要な手段になっている。また、受講者が、自分自身でＣＡＩによる学習進捗状況を把握できるようになっており、遠隔教育で課題となる学習意欲の維持向上が図られている。[6]

その効用の一例として、図４、５でＣＡＩテスト各課題の修了を時間帯別、曜日別に集計した結果を示し、全学生の進捗状況のヒストグラムを図６に示す。さらに、図７において、日別の修了者数、図８で週ごとの全学生の修了数合計を示す。

ＣＡＩテスト進捗状況であるが、[7]二年間の教育課程が修了してはいないが、図６に示すように、約半数の学生が極めて意欲的に学習に取り組み、半年を経過した段階で内容の一〇％程度をすでに消化している状況が見てとれる。これは今後とも学習の経過を観察は当然として、残りの半数の学

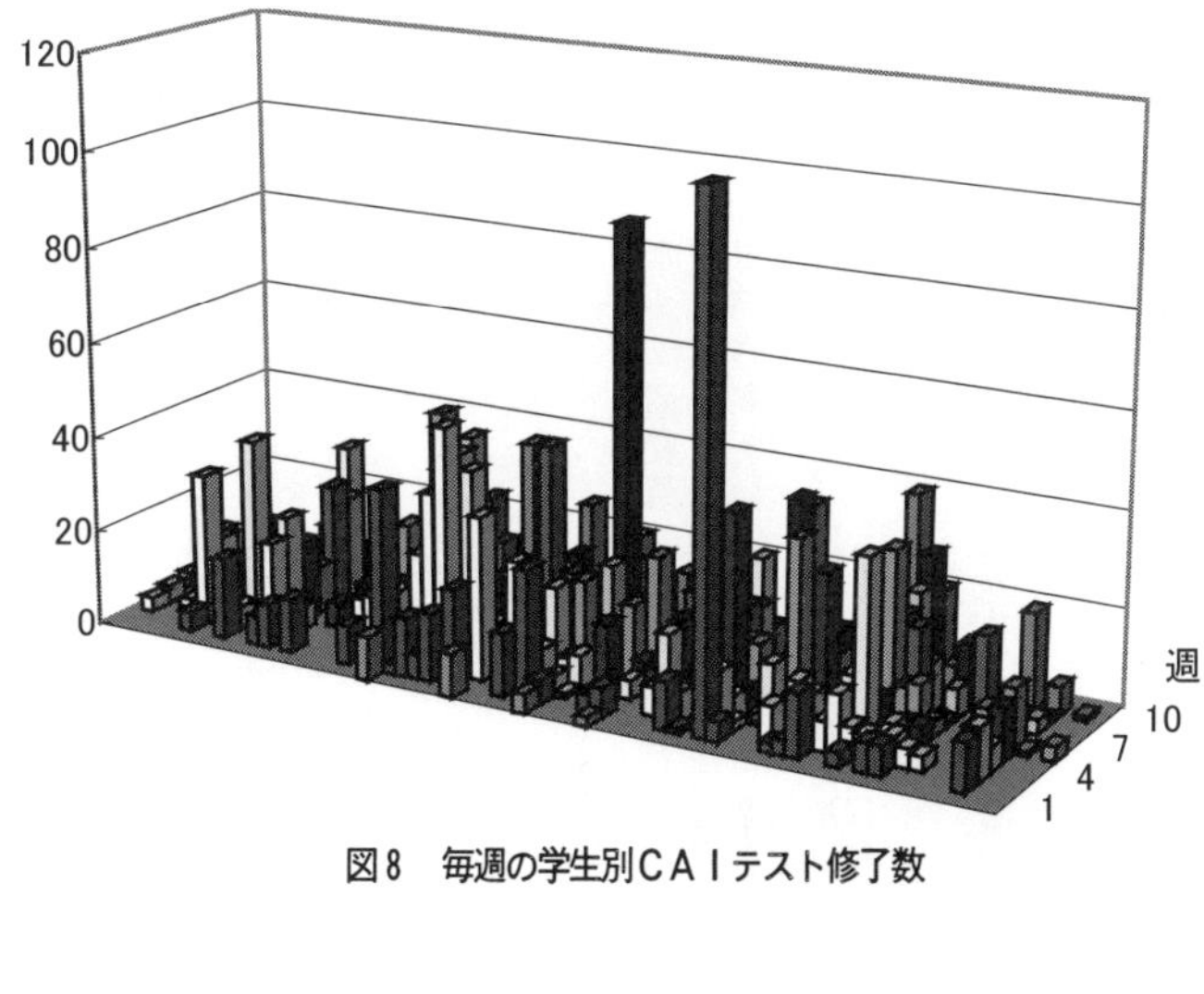


図８　毎週の学生別ＣＡＩテスト修了数

生も学習が順調に進展するであろうことを十分予測しうる結果となっている。また、第一期生のうち、二名が一年で、一名が一年半で二年の課程を修了し、修士論文の公聴会も修了している。[8]

図7、8のアクセス数を見ると、開講直後にアクセス数が多くその後減少するといった傾向はみられず、土曜日曜など週末に集中して学習を行う傾向があるものの、持続的に学習が続いている様子が見られる。なお、各学生は各々の指導教官が決められており、学習計画、研究計画について個別の指導を受けている。進度が遅い学生には、指導教官が相談に乗り、改めて学習計画を立てるなどの処置が講じられている。

## 5　大学院から学士課程へ

情報通信技術は、他の科学技術同様、絶えず進歩しており、とくに同技術は今後の産業構造変革の基盤技術となっている。大学院での社会人再教育についても、こうした技術のさらなる高度の利用が期待されている。とくに、企業などでの従業員の高度な研修や、一般社会人の生涯教育に積極的かつ柔軟に対応するためは、実践に徹した教育が必要である。これを、可能にしたのが、インターネットなのであるが、それは情報技術というよりも、コンテンツをどれだけ充実させて、学生とのコミュニケーションをどれだけ深化させるかということにかかっているのだと、開発者の一人である不破助教授は語っている。[9]

大学院での成功にもとづき、信州大学では、インターネット大学を学士課程においても実施することを発表した。ただし、学士課程では卒業要件である一二四単位のうち六〇単位しか遠隔授業による単位取得が認められていないため、社会人を対象に行っている三年次特別編入生について、所定の教育機関(高専、短大、専修学校等)を修了したのち一年以上の実務経験をもち、しかも、通学困難な者を対象として学士課程におけるインターネット大学を平成一六年から開校した。社会人を対象というコンセプトは、学士課程でも忠実に守られている。それがインターネットの最大のメリットを生かす道だというわけだが、メリットを実現するためのさまざまな工夫があってこそであることは、ここで繰り返す必要はないだろう。

**注**

1　信州大学・インターネット大学院ホームページ。　http://cai.cs.shinshu-u.ac.jp/sugsi/

2　全米工科大学（ＮＴＵ）のホームページ。　http://www.ntu.edu/

3　信州大学大学院工学系研究科博士課程情報工学専攻前期学生募集要項に関しては以下のホームページを参照のこと。
http://www.cs.shinshu-u.ac.jp/Nyushi/sugsi/Bosyuu/

4　社団法人情報処理学会「大学の大学の理工系学部情報系学科のためのコンピュータサイエンス教育カリキュラムＪ97」。
http://www.ipsj.or.jp/katsudou/chosa/J97dist.html

5　厚生労働省「教育訓練給付制度・講座検索」のホームページ。　http://www.mhlw.go.jp/kyujin/kyoiku/index.html

6　信州大学「ＣＡＩ進捗状況表示」のホームページ。　http://server1.int-univ.com/CaiSupport/

7　前掲「ＣＡＩ進捗状況表示」のホームページ。

8　信州大学・インターネット大学院のポータル・サイト。
http://www.int-univ.com/SUSI/contents/index.php?PHPSESSＩＤ=14b5be085ccd1c1a646a024893a35806

9　不破泰（二〇〇三）「信州大学インターネット大学院について」『専修教育』No.24、五七〜六八ページ。

# 第一一章　教員の支援と教授役割の変化
## ――東京工科大学――

森　園子

## 1　ＩＴ化の障壁

大学サバイバルが大きな課題となっている現在、ＩＴにその存続を託す大学は多く、ＩＴは大学存続の大きな鍵を握っていると考えられる。しかし、大学教育におけるＩＴ化、及びＩＴの利用は社会一般で騒がれるほど進んではいないというのもまた、現実であると思われる。本章では、このような実状を見つめ、大学教育におけるＩＴ化を阻むものが一体何なのか、ＩＴやＷＢＴ（ウェブ・ベースド・トレーニング）は本当に教育に有効なのか、ハードルを乗り越えるために何を必要とするか、それによって大学の何が変わりつつあるのかを、大学一教員の視点から、きわめて具体的に探るものである。

調査対象とした東京工科大学においては、下記に述べるようにＩＴ化及びＷＢＴが盛んに取り入れられ、大学教育における改革が押し進められている。しかし、その一方で、教員がさまざまな難題に直面し、一人奮闘しなければならないといった現実もまたみられるのである。このような実状や二面性は、おそらく現在の多くの大学が共通に抱えている問題であり、大学教育のＩＴ化に関する本質的な問題を凝縮させた形で、垣間見ることができる。

## 2　東京工科大学におけるＩＴ環境

### (1)　充実しているインフラ

東京工科大学は、日本電子工学院（現在の日本工学院専門学校、一九四七年設立）をその前身とし、一九八六年に開学された工科大学である。発足時の工学部に加え、一九九九年にメディア学部を開設したが、二〇〇三年には、工学部をバイオニクス学部、コンピュータサイエンス学部として改組し、三学部として新たにスタートした。[1] 八王子にあるキャンパスには現在、工学部生およそ一五〇〇名、メディア学部生一九〇〇名、バイオニクス学部八五〇名、コンピュータサイエンス学部八五〇名、それに専門学校生六〇〇〇名ほどを加えた計一一〇〇〇名ほどが学んでいる。

東京工科大学はＩＴ教育及びＩＴ教育環境の充実を、教育の前面に打ち出している。キャンパス内のコンピュータ数三〇〇〇台以上、教室内外の机に設置された情報コンセント一万カ所以上、全学生がノートＰＣ必携と聞けば、その様子が想像できるであろう。学内のネットワークシステムは、サーバー管理室で全学一斉に集中管理され、建物全一二棟を連結するスター型のトポロジーを形成し、各建物間及び建物内各フロアーまでは一ギガビットの光ケーブルが敷設されている。基本ＯＳはウィンドウズＸＰとリナックス及び、ユニックスであり、サーバー上では、学生のレポート提出及びメール保存用として、学生一人に対して一〇〇メガバイト、教員については特に制限無しの容量が割り当てられている。ノートPC及び、実習室のデスクトップ型PCは授業の形態に合わせ、ウィンドウズXP及び、ユニックスがデュアルブートで起動する東京工科大学独自の仕様となっている。図書館での情報検索やレポート提出のためのネットワークプリンタの使用は、このネットワークIDで行なわれ、プリントは学生一人当たり五〇〇枚まで利用可能だという。学生必携のノートPCに対応すべく情報コンセントは、キャンパスにおよそ一万カ所設置され、IPアドレス自動取得サーバーでIPアドレスを得ている。Foods Fuuと呼ばれている新厚生棟に一一〇席用意されたネットカフェでは、学外のインターネットにも接続可能で、ノートPCの修理その他のサポートを受けるコーナーも設けられている。その他、無線LANもあるが、有線に比べて不安定だったり遅かったりするので、今のところ有線が主流という。

このような充実した多くのIT設備のなかで、印象に残ったのがメディアロビーである。メディアロビー[2]は、図書館棟二階にオープンスペースとして設けられているもので、ここでは、午前八時四五分から夜の八時まで、学生が自由にサウンドやビデオ等のマルチメディアに関するファイルを作成したり、編集することができる。ブロードバンドに対応する高性能のメディア編集用コンピュータ(ウィンドウズ二五台、マッキントッシュ一九台)が用意され、ソフトもフォトショップ、イラストレーター、3Dスタジオマックス、ケークウオーク等の画像・動画及びサウンド編集用のソフトが整っている。CS放送を受信している多チャンネルのテレビが常時放映され、デジカメやデジタルビデオカメラの貸し出しも行われる。

二〇〇三年に完成した東京工科大学片柳研究所[3]では、クリエイティブ・ラボ、エンコードセンター、先端ITセンター、産官学共同研究センター等が置かれ、映像制作関連プロジェクト、統合的eラーニングプロジェクト等、各種の先端的な研究が進められている。

メディアに関する施設がここまで充実し、かつそれをオープンスペースとして、全学生が自由に利用できるような大学は数少ない。情報教育が、情報リテラシーの向上から、プレゼンテーション、ネットワーク、そしてマルチメディアに移りつつある現在、このような流れをいち早く掴み、情報教育の中に取り入れていくという、常に時代を読み、掴んでいくという意気込みがここには感じられる。

### (2) 教材の電子化と授業の実際

そんな東京工科大学で、教材の電子化及び実際の授業は、どの程度まで進み、またどのように行われているのであろうか。

メディア学部においては、現在、全講座の授業内容がパワーポイント及びPDFで作成されウェブ上にアップロードされている。他学部においては、授業内容の電子化及びレポート提出等は、各教員と研究室に委ねられているが、全学生にノートPCを必携としていることもあり、電子化は着々と進展している。電子教材は、教員毎にアプローチが異なることもあって、現在のところ四学部ともに、それら教材の電子化に対する支援は特に無く、各教員及びその関係者の尽力に依っている。

メディアホールで行われていた、メディア学部の授業を見学することができた。四七〇名を収容するこの大教室では、二三五インチの大画面液晶プロジェクタ等、AV機器が設置され、全席に情報コンセントが備え付けられている。授業が始まると、教員パソコンの画面が大型スクリーン二台に大きく映し出される。約四五〇人ほどの学生のノート型パソコンが一斉に開き、出席管理その他がネットワークを通じて行われる。ちょうど、授業評価が行われているところで、学生が各ノートパソコンに一斉に評価項目に評価やコメントを入力し、ネットワークを通してデータが集計されていた。このシステムはAssitと呼ばれ、教員によって開発された東京工科大学独自のシステムである。ネットワークを通じて授業時の学生の出欠確認、レポート提出、授業評価アンケート、プリンタの課金、教員プロフィール等が掲載または処理できるように組まれている。当初、メディア学部で導入されたが二〇〇三年度より全学部に拡大された。

授業においてはSA（ステューデント・アシスタント）三〜四人がそのフォローにあたるが、五〇〇人近くいる学生を管理することは不可能に近く、学生が実際何をしているのかを把握できない。たとえば、インターネットで遊んでいても分からないわけで、どのようにそれを管理・指導するかというようないくつかの問題点も抱えている。情報リテラシーが無いと何もできない、授業すら受けられないという印象を受けた。このため、一年次に相当の時間をかけて、情報リテラシーの獲得に努めているとの事である。

ブロードバンドの普及に伴い、ネットワーク上のビデオ配信が急速に進められ、その主流ともなりつつある現在、東京工科大学は二〇〇三年にエンコードセンターを設立し、将来は全科目を対象とすることを目標に、主要な授業をビデオに記録、保存し、講座ごとに編集してウェブ上に掲載することとした。教材の電子化に対する支援体制としても、教材作成支援センターを設立し、教員の支援を行うことを検討しているという。しかし、教育のIT化と言っても、教材や授業ビデオの配信だけでは、とてもうまくいかず、教育効果を上げるためには、インストラクターやその他の人的支援が不可欠である。このため、このシステムは当分の間、再履修者向けに適したものとなるのではないかと、工学部長松永教授はみている。

## 3　大山研究室——ＩＴ授業改善奮闘記

このようなＩＴ化が前面に打ち出される一方で、東京工科大学にはＩＴ化が一教員または研究室に委ねられている現状もある。バイオニクス学部大山研究室のようすを見てみよう。

### (1)　ＩＴに期待した大山教授の思い

大山教授が担当するいくつかの講座のなかで、制御工学という講座がある。他の講座の受講者数はおよそ五〇〜一〇〇人程であるが、制御工学は二〇〇人余りである。近時、学生の学力の低下は甚だしく、これらの講座で抽象的な理論を展開することは困難になってきている。何とか、これらの学生の興味を引きつけ、分かり易く説明し、理解させる方法は無いものか。大山教授は黒板に講義内容を板書し、機械等の実際の図はＯＨＰ等で提示しているが、それらの教育方法にも限界を感じ始めた。さらに、制御工学では、機械そのものの動きを見せることが必要であるが、それができないもどかしさも常に感じるところである。また、二〇〇人ほどの学生とコミュニケーションをとることはきわめて困難であるし、学生同士のコミュニケーションや共同学習のようなこともさせたい。米国イリノイ大学でＷＢＴを見た大山教授は、これらの従前の授業方法によるいくつもの問題点を解決するために、ＷＢＴ利用を決意した。

まず、授業内容をテキストでアップロードした。さらに、図や写真を多く取り入れ、機械の実際の動きはビデオファイルを用意し、機械の動き等の原理の説明にはシミュレーションモデルを工夫した。

実際に、大山研究室の講義ノートページを見ると（図１）のようである。

平成一四年度前期の講義コースとしては、制御工学Ⅰ、制御工学演習Ⅰ、先端制御工学（機械制御工学科）等の五つの講座が掲載されている。さらに、インドネシア向けのオンラインコースとして、JICA（国際協力事業団）HEDSプロジェクトコースが設けられている。これは、JICAの仕事でインドネシアのスリビシャカ大学とタンジェブーラ大学に制御工学の集中講義に行かれた際の講義内容をウェブ上に載せ、遠隔教育を行っているものである。訪問履歴を見ると時折学生が閲覧していることが分かる（図1）。

### ① 図や写真が豊富に取り入れられた講義内容

講義コースの一つ、制御工学を見てみよう。このページには、ニュース、シラバス、講義一〇回分の内容、シミュレーション等の項目が用意されている。その中の講義内容の一つをクリックしてみる。大山教授によれば、講義内容のページはパワーポイントではあまりたくさんの内容が記載できないので、すべてワードで書き、HTMLファイルとして保存してウェブ上に記載するとのことだ。図はイラストレーターで描き、png.ファイルにして貼り付ける。機械部品等の必要な箇所には、図や写真が貼り付けられている（図2）。

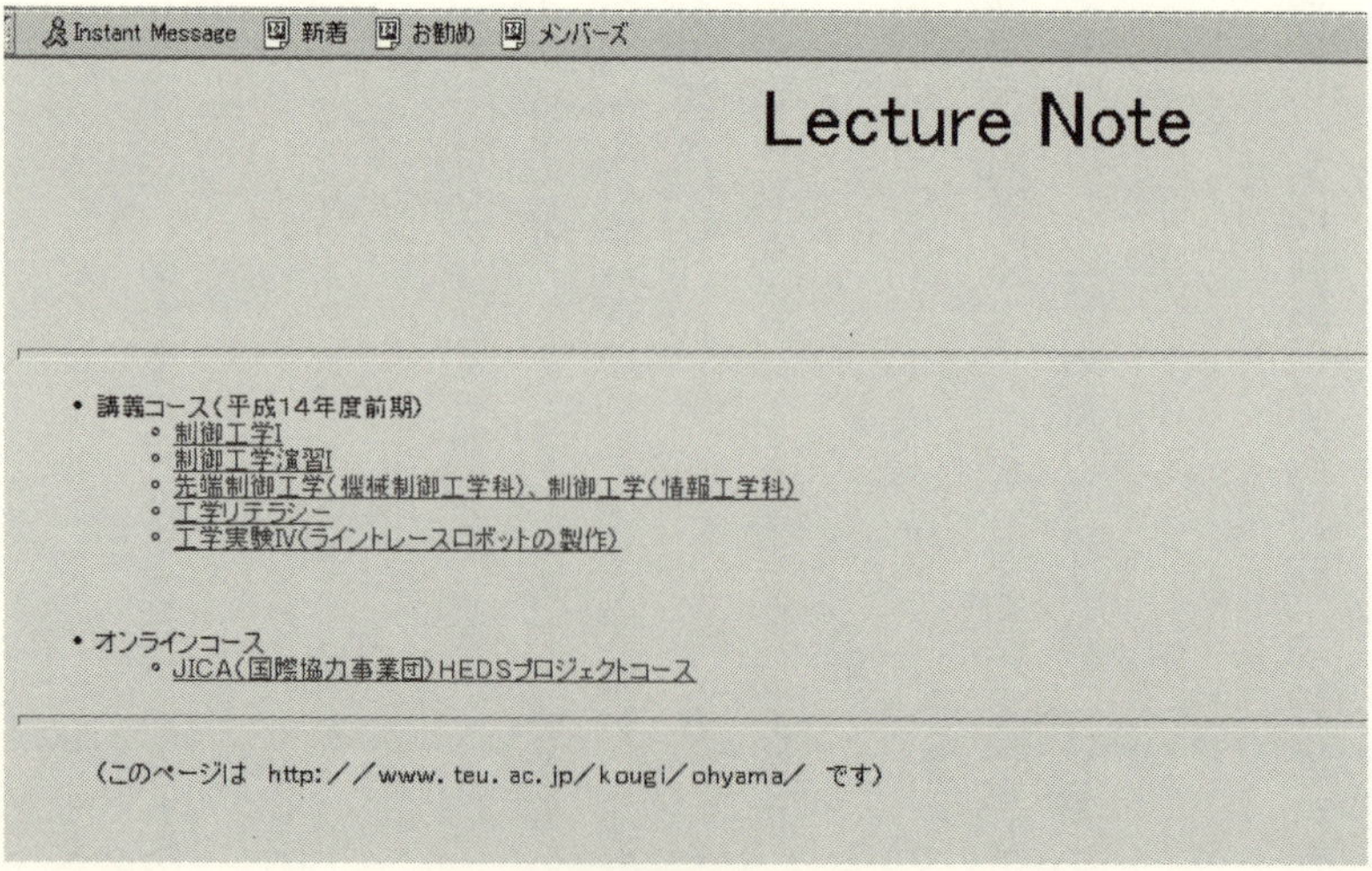


図1　大山研究室の講義ノートページ

## ②　シミュレーションによる内容の理解

さらに、このページの特長はシミュレーションが豊富に用意されていることである。シミュレーションはすべてジャバ・スクリプト(Java Script)及び、ジャバ(Java)で作られる。入力欄のテキストボックスに数値を入力すると、入力した条件のもとでのモデルが動き出し、図が描かれたり、用意されたビデオファイル(mpg.ファイル)が起動すると言った具合である。学習者が、データを入力し、その結果をシミュレーションで確認できる。さらにこの実験を繰り返すなかで、その構造や概念を理解していくのである。このような概念形成型の学習効果は、やはりコンピュータならではの特性と効果をよく生かしたものである(図3)(図4)。

ウェブ上に掲載した講座の訪問者の履歴をみると、制御工学の場合、試験の前またはレポート提出の前に、二〇〇人中八〇〜九〇人くらいの割合で集中してアクセスされている。

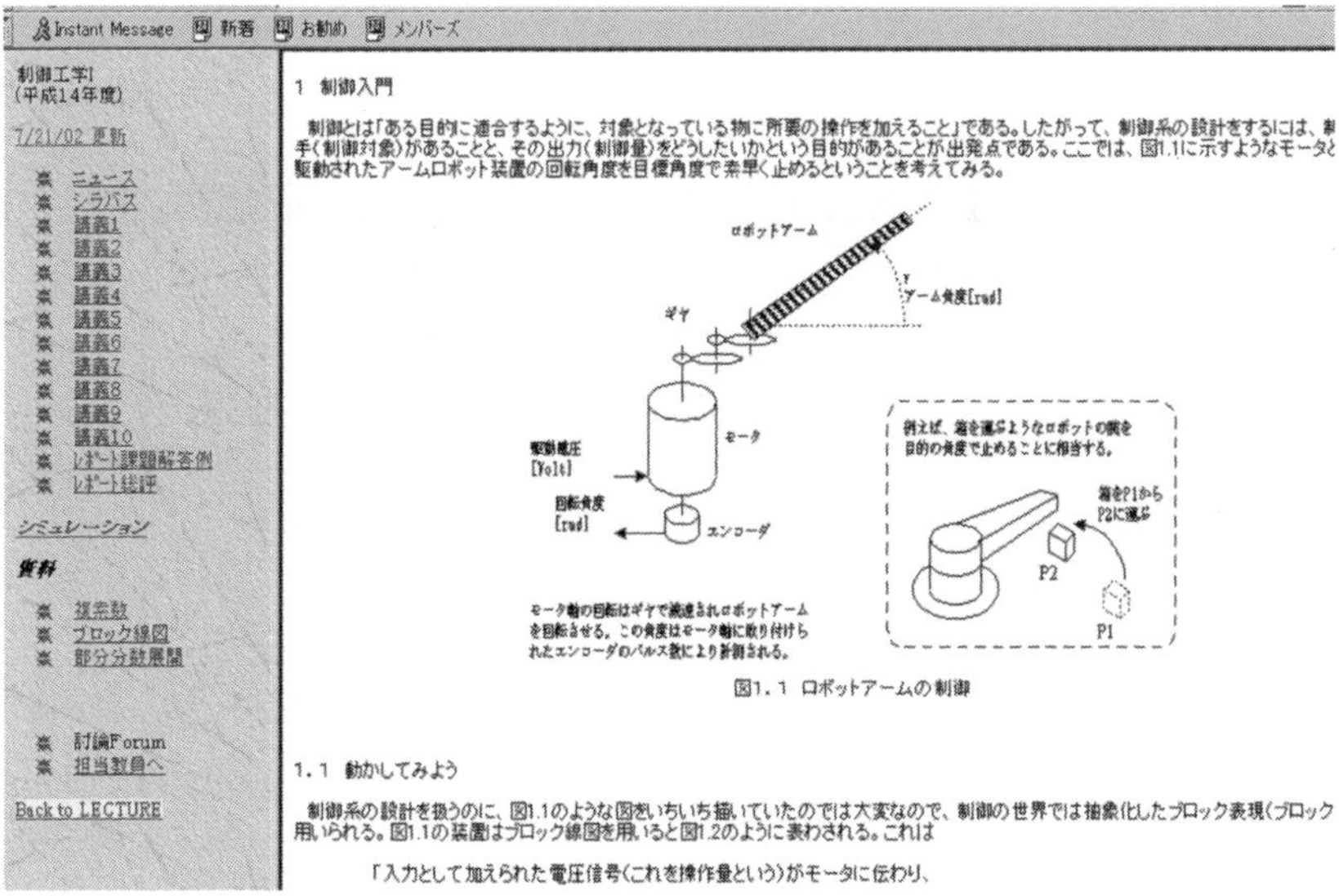


図2　制御工学のページ

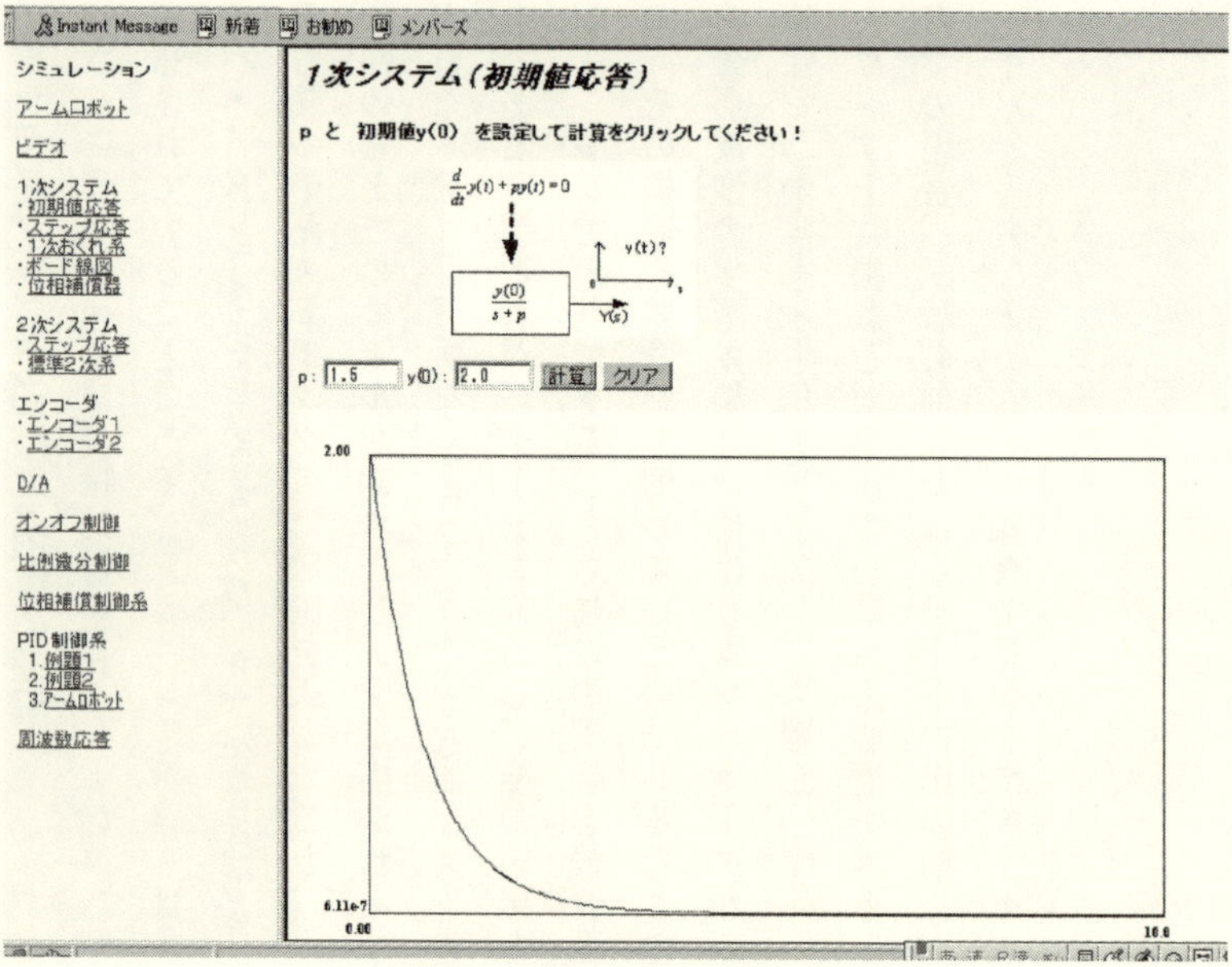


図3　シミュレーションのページ

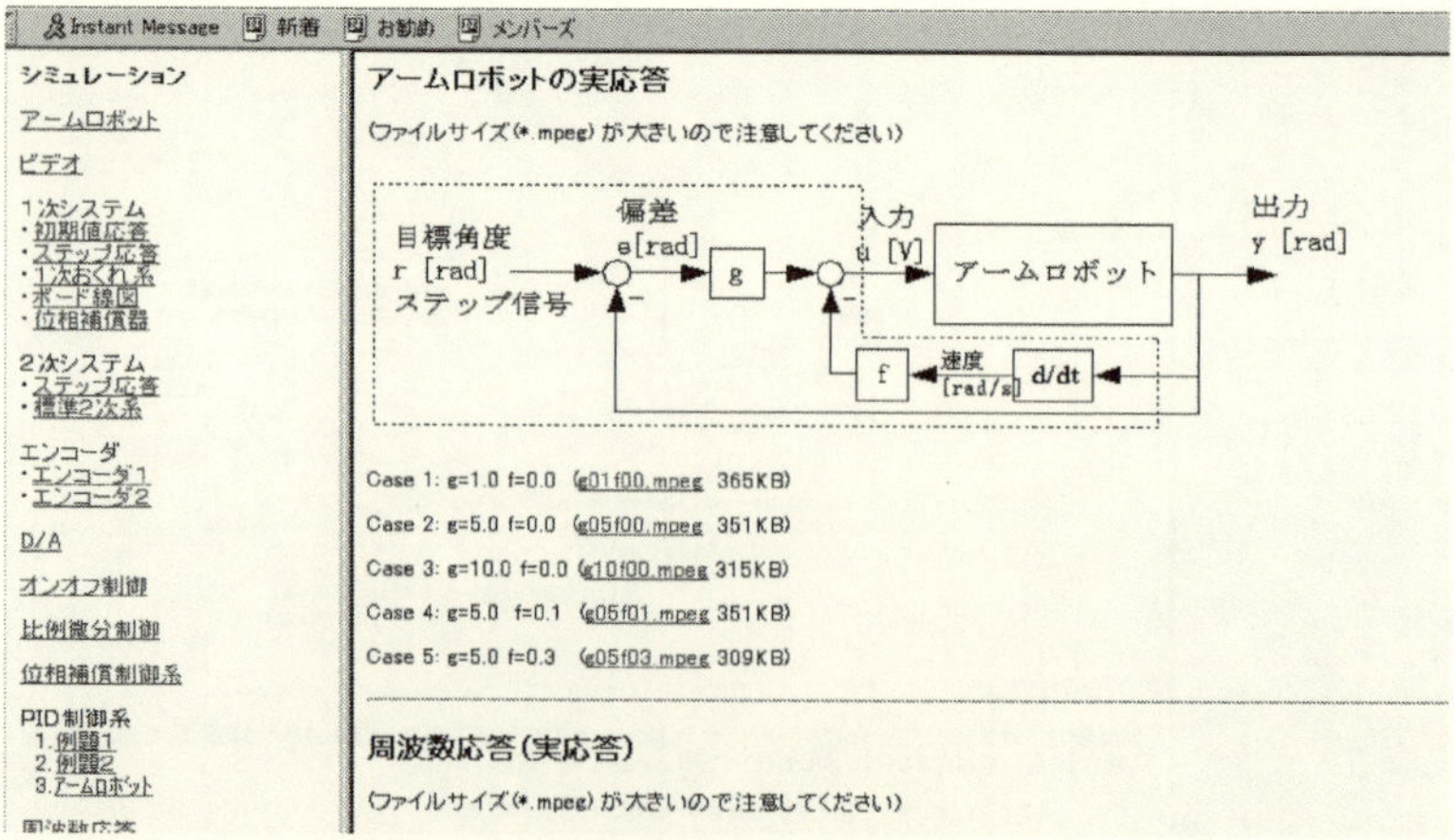


図4　ビデオファイルのページ

### ③ 学生とのコミュニケーションと個別指導
### —課題の提出とBBSでのコミュニケーション

学生とのコミュニケーションと個別指導を、大山教授は課題提出とBBSによるコメントの送付という形で行っている。課題を用意し、それを学生に提出させるのであるが、ファイル転送をFTPで行わせるのではなく、ウェブに載せるためのフリーソフト（BBS用ソフト）を大山教授流に直して、メールと同様にチャットのような感じで掲載している。

実際、課題が出されるとウェブ上でのアクセスが活発になるという（図5）。

ウェブ上での課題提出のセキュリティの組み方で、大山教授は二通りの方法を試みた。一つは、工学リテラシー（一年生一五名）のクラスで、大山教授が海外出張した折りに、レポート（パワーポイントの発表ファイル）を毎週提出するように指示したが、この提出に関しては、学生の提出したレポー

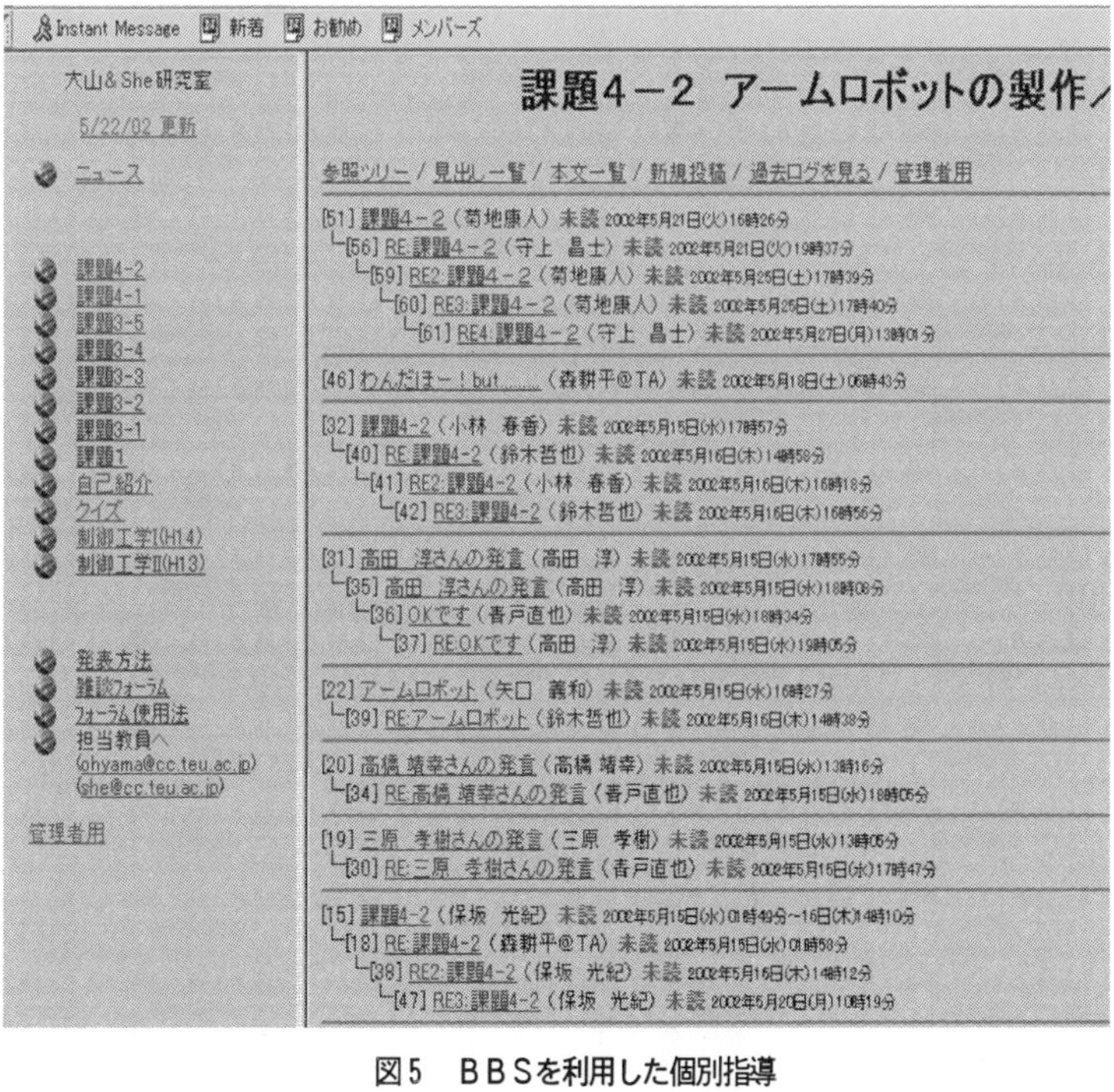


図5　BBSを利用した個別指導

トを学生同士で見られるようにセキュリティを組んだ。大山教授は、海外から学生の様子をチェックし、コメントを返すことができた。落伍したのは一人のみであった。もう一つの組み方は、卒業研究生（四年）一六名に対して、実際の卒業研究の始まる前の二〜三月に、基礎演習課題のプログラムをウェブ上に提出することを指示した。これに関しては、学生の提出したレポートやプログラムは学生同士では見ることができず、教員のみがパスワードを入れて見られるという風にセキュリティを組んだ。このシステムでは三〇％が落伍した。この例で見る限り、レポートを学生同士が相互に見られるようなシステムの方が、学生の協同的な意識や学習意欲を高め、落伍を減少させるのではないかと思われる。ただし、実際には必修教科か選択教科か、及び、問題の難易度等の条件が異なっているので、結論づけることは難しい。

### ④　大学院における切磋琢磨のすすめ

大山教授の大学院の講義には二〇人近くの大学院生がいるが、それらのレポートをウェブ上で公開すると受講生の間に緊張感が走るという。そして、その緊張感が切磋琢磨に繋がっていく。実際、この課題及びレポートの公開が非常に参考になること、また、友達の目を意識するとレポート作成が丁寧になることを、学生は授業評価のコメントで挙げている。

別のある研究室では、夜遅くレポートを出してきたＷＢＴの受講生に対して、教員が一二時頃に読んでコメントを書いておく。次の日の朝一番に受講生が、そのコメントを読む。それを繰り返す。個別指導をウェブを通して行っている訳であるが、時間のずれをＷＢＴが補ってくれている。朝一番にウェブを開くとき、その受講生はとてもワクワクするという。そして、それが学習への大きな意欲を引き出し、充実感へと結びつくのである。

## (2) 大学教育のIT化―その気になる教育効果は

WBTが、広範囲に組織だって実施されているような場合(WIDEプロジェクトSOI等[4])においては、その目標である「いつでも、どこでも、誰でも」のうち、「誰でも」が、特に重点的に生かされると思われる。一方、多くの研究室でもそうであると思われるような、上記の大山研究室の例では、「いつでも、どこでも、誰でも」のうち、「誰でも」は目前の対象学生に限られている。従って、WBTの目的は、授業を行っている目前の学生を対象として、「いつでも、どこでも」を目指し、主にその学習効果の向上に重点を置いたものと言える。

そして気になる「その効果は」というと、そこが非常に難しい。教育の効果を数値化して明示すること、測定することが困難なのである。そこで、WBTにおける学生の変化と教員の変化を、担当の大山教授の弁からみることにしよう。

### ① 学生の変化

大山教授によれば、ここ一～二年の変化を見る限り、学生の学力の低下はくい止められていない。過去と全く同じ問題を出すわけではないので、何とも言えないが、数年前までは七〇%の学生が正解を出した問題とだいたい同程度の問題に対して、今の学生の正解率は半分以下であるという。ただし、WBTを実施し、それによる効果を得てもこうなっているのか、それともWBTによる効果は見られないのか、何とも言えないというところが、甚だ残念な所以である。

唯一つ、最近の学生をみて感じることは、学生間の学力や学習意欲における格差が大きくなってきたことだという。上位一〇人くらいが、授業中も前列で熱心に講義を聴き、質問するようになった。授業評価においても、ウェブを見た結果、「復習ができるので大変有効である」「家でも見られるので助かる」というコメントが、数は少ないが寄せられた。実際のアクセス記録を見ると、月曜の授業に対して、土曜、日曜にアクセスが多い。テスト、レポート提出の前になるとアクセスが集中し、ピーク時には五〇～六〇人に達する。そしてこれらの学生は、だいたい同じメンバーではないかと思われるという。

ＩＴの導入によって学習意欲のある学生に対しては、学ぶチャンスが多く提供された。しかし、これは、教員においても言えることであるが、それを利用する学生と利用しない学生がいる。ＩＴ活用度の開きが大きく、ここにＩＴ格差とも言うべき、新たな格差が生まれつつあることが推測される。

### ②　教員の変化

教員の変化としては、たとえば、前述のＡｓｓｉｔのようなシステムを導入した場合、大人数の授業における学生の出欠確認、レポート提出、授業評価による理解度の把握等、教員の負担は大幅に軽減される。しかしながら、授業の内容そのものにおける教材の作成、準備その他においては、ＩＴ化のための負担は大きい。まず、ＩＴスキル習得のために、多大な時間とエネルギーを割かなければならない。習得後も、授業準備、教材のウェブ化、ＢＢＳや課題提出にコメントを書くために費やす時間は、ＩＴ導入前の倍どころか三～四倍である。圧倒的に時間が足りない。大山教授の別のＷＢＴの課題提出状況に触れると、まず教員が提示した課題に対して、三時頃に受講生が作成、提出する。この課題を六時くらいに教員が目を通しコメントを書き、九時くらいに返却する。実際にはもっと後にずれ込む。実のところ、殆ど徹夜仕事になってとても追いつかない。しかも、一両日くらいに返事を出さないと、受講生はもうついてこなくなる。メンテナンス、即ち受講生との個々のつながりをどのように持っていくか。教員の負担をどのように解決するかが課題である。現状では不可能に近い状態だと、大山教授は指摘する。

# 4　IT化を阻むもの——それを乗り越えるための具体的な支援とギャップ

## (1)　そのハードルの前に

大学教育のIT化及びWBTによる効果は、教育活動の或る部分では、それなりに確かに期待できると思われる。「いつでも、どこでも」といった利点に加え、ITならではの効果もある。上記の例で考えれば、制御機械即ちロボットに関する、図や写真を掲載し学生に提示することによって、より具体的に情報を伝えることができる。「百聞は一見に如かず」と言うが、ビデオファイルで示すことにより、機械の実際の動きも正確に伝えることができる。従前の教育ではできなかった内容を、提示したり提供することが可能になったのである。さらに、シミュレーションにより、制御機械の原理や法則を自ら実験的に体験させ、思考し理解させる効果も、ITの導入ならではものであり、その効果は大きい。

しかし、実際のところ、その効果が学生や教員に顕著に意識されないのは何故であろうか。種々な問題が起因していると考えられるが、主な要因を挙げると以下のようである。

### ①　ITに関わるインフラ整備上の問題

「いつでも、どこでも」といってもインフラが十分でなく、実際にはかなり制限がかかっているといった場合である。例えば、ウェブ上のPDFファイルを読めない、ソフト環境の不備、自宅のパソコンでの転送速度が遅く、図やビデオファイルを読み込むことが困難、学内のネットワーク環境が整っていないため、実際にウェブを閲覧できるのは電算実習室のみといった場合が往々にして見られる。このような場合ITの導入はその恩恵よりも、技術面での諸問題の解決に追われるだけの結果となり、ITによる有効性は得られない。

## ②　IT化に関わる教員に対する支援の不足

現在、多くの大学において、教材の電子化に対する支援は殆ど無いと言える。ネットワークセンターはウェブ上へのアップロードに関してアドレスを付与し、サーバーの管理もしてくれるが、電子化に対する援助は提供していない。また、教材作成ルームやインフラが用意され、ビデオ編集等の設備も整えられている大学においても、実際にはあまり使用されていないというのが現状である。

私立大学情報教育協会の調査結果（二〇〇二）[5]によれば、教材の電子化は、「すべて教員自身で自作」（八五％）、「個人的に学生等の支援を受けて作成」（三％）、「大学の教育センター等の支援を受けて作成」（三％）、「他大学の教員の支援を受けて作成」（三％）となっている。

この結果からも、教材の電子化は、教員に委ねられているのが現状であり、特に教員が一人で教材を作成している場合が多いことが分かる。教員にITスキルがあれば、それは可能であるが、コンピュータに慣れ親しんできた若手の教員は別として、多くの場合不可能に近い。

## ③　学生が求める教育とWBTが与える教育とのギャップ―その人間としての側面

さらに、学生が望み必要としている教育とITが与えてくれるものとの間にギャップがあるのではないかとも懸念される。教育の本質は人間の教育である。人間の教育は人間にしかできないという一面が、教育には確実に存在する。ITはどうしてもその性質上、知識伝達型の講義になりやすい。ITの導入には、簡単な操作上のトラブル、内容に関する質問を受けたりといった、学習上の支援が必要であることは言うまでもない。が、そればかりではなく学習意欲の低下、基礎学力の不足が問題となっている現在においては、学生の学習意欲の喚起及び内容理解のために、学生と迅速かつ、きめの細かいコミュニケーションを取ることが不可欠になってくるのである。

以上、上記で述べたような事柄の克服、実際の大学の教育の場にＩＴを導入するためには、「もの」（インフラの充実）の大きな支援と共に、否、それ以上に「ひと」の支援体制が必要不可欠であることが、共通に浮かび上がってくる。教育が人間を対象としている以上、教育におけるＩＴ導入・ＷＢＴの問題は「ひと」に関する支援の問題であり、ＩＴ化の成功の鍵はまさに、この「ひと」の支援の充実度に掛かっていると言えよう。

## (2)　ＩＴの導入―求められる「ひと」の支援

### ①　その支援のギャップと本質的な盲点

ＩＴの導入で求められる「ひと」の支援には、教員に対する教材電子化の支援、学生に対する授業時のＴＡ（ティーチング・アシスタント）及びインストラクターによる支援、学生とのコミュニケーション（メールの返答、課題の受付等）の支援、ネットワークシステム等、インフラの整備上のサービス支援等が挙げられる。このうち、インフラ上のサービス支援においては技術的な問題であり、ネットワークを管理するＳＥ（システム・エンジニア）を導入すれば解決される。

しかし、その他の支援においては、単にＳＥ等、コンピュータ技術者の人数を増やせば解決できるといった問題にはならない。ここに、ＩＴの導入及び、ＷＢＴの本質的な問題、盲点がある。即ち、大学教育のＩＴ化においては、その分野の内容と密接に関わるため、教材の電子化にしても、ウェブ上での受講生とのコミュニケーションにしても、その分野に通じた人でなければできない、役に立たないからである。さらに、同じ分野であっても、その教育となると、各教員のポリシーがあるので、教材や教育方法は微妙に異なってくる。それらをすべて理解し、実働できる人数は限られ、決して多くは無い。

学生とのメールでの質問受付等、コミュニケーションにおける支援、学習支援のためのＴＡやスタッフの導入においても同様である。ITスキルとその分野の内容の両方を踏まえた専門スタッフでないとできないし、その人数は限られる。WBTが現在抱える壁は、いかにも教育の本質的な問題に直面しているともとれる。

## ②　ITの導入で大学教育が変わる―大学教育のプロジェクト化

そのハードルを乗り越えるための解決策として考えられるのは、第一に、教員のITスキルを上げること、また逆に、教材作成を支えることのできる、分野の内容とITスキルを共に備えたスタッフを増強して、大学に送り込むということが考えられる。米国においては、インストラクショナル・デザイナーと呼ばれるスタッフが組織的にこの教材作成支援を行う場合が多い。一方、教育における各教員のポリシーということを考えると、後者より前者の方が理想的であるという意見もある。後者の場合、その内容や教員の意向を本当に理解していないとなかなか作業がはかどらない。支援者に頼んで作成してもらうより、教員の数を増やして、一人当たりの授業時数を減らし、教材作成、IT活用のための時間を確保した方が効率的だという意見である。実際には、二者択一というのでは無く両方必要、両者が揃って初めて可能になるであろうと思われる。学生とのコミュニケーション支援においては、院生がこれに当たることも可能だと思われる。ちなみに筆者が二〇〇〇年に滞在した、米国イリノイ大学では、全講座の授業内容、記録、宿題及びその提出期限、テストの範囲と期日等がウェブで掲載されていたが、それらの情報をウェブ上にアップロードする作業及び、メールでの質問受付、オフィス・アワーは、すべてTA及びRA（リサーチ・アシスタント）が行っていた。

上記の支援の内容を振り返ると、大学の教育体制はITの導入により、今、微妙に変化しつつあることが感じ取れる。従前の大学教育は、一人の教員のもとに学生が集まった。〇〇教授の〇〇講義というように、そこには自ずと看板教授などというものが存在した。教材の作成から、実際の授業、学生の評価等全部を一人の教員に任され、他の人間がその講座に入り込むことは無かった。

大学教育におけるＩＴ化、ＷＢＴには人的支援が不可欠であり、人的支援の充実度がＩＴ化の鍵を握っていることは既に述べた。そして、このことは、大学教育において一つの講座の分業、プロジェクト化が成り立っていくことを意味している。即ち、一つの講座に対して、実際に講義を担当する教員、ウェブ教材の作成支援者、メールでの質問に答えるスタッフという風に、何人かのスタッフによって講座が構成されプロジェクト化していくのである。ここでは、〇〇教授の〇〇講義では無く、はじめに授業内容及び分野の内容があり、それを担当する教員やスタッフが各分野から集まり、教材その他の支援がその中でコーディネイトされる。学生は、そのコーディネイトされた講義のプロジェクトを選択し履修する。教員の役割はかつての独り舞台から、プロジェクトを全体的に統括しマネジメントする責任者へと変容する。大学教育のＩＴ化によって変わるもの、それは大学教育におけるプロジェクト化である。プロジェクトを組んで仕事を進めていく形態は、企業や会社ではよく行われているところであるが、現在の大学組織及び、大学教員はあまり経験が無い。ＩＴ化は、単なる情報技術導入のみの問題ではなく、大学教育の形態における大きな変革を迫っていると言える。大学教員が共同で講座の内容を構成し、大学が組織的に共同体を組むことを知ったとき、大学教育は大きく変化すると思われる。

今、東京工科大学メディア学部においては、このような教育におけるプロジェクトが組まれ、これらのプロジェクトに対して学生を募集する試みが行われているという。

## 参考文献

1　2005 ALL ABOUT TOKYO UNIVERSITY OF TECHNOLOGY（二〇〇四）東京工科大学
2　片柳研究所（二〇〇四）東京工科大学
3　東京工科大学ホームページ　http://www.teu.ac.jp/
4　Wide School Of Contents ホームページ　http://www.soi.wide.ad.jp/contents.html
5　「私立大学教員による情報機器を利用した授業改善に関する調査の報告」（二〇〇二年五月）私立大学情報教育協会

# 第一二章　コラボレーションで建築を学ぶ
## ——京都工芸繊維大学デザイン経営工学科山口研究室——

田口　真奈

### 1　国内初の国際間協調設計プロジェクト

インターネットがまだそれほど一般的ではなかった一九九六年、京都工芸繊維大学と熊本大学、マサチューセッツ工科大学とがインターネットで結ばれ、熊本城近くの空き地に空間演出装置を制作するというテーマで、国際間協調設計プロジェクトが実施されていた。三つの大学から、互いに面識のない大学院生同士がチームを組み、インターネット上でのコミュニケーションを媒介としながら、プロジェクトは四カ月に渡って行われた。ＩＴ環境が十分ではなく、現在のようにインターネット上で画像と音声とがスムーズにやりとりされる環境ではなかったため、ＣＵ・ＣＭｅというソフトを用いてのテレビ会議は何度も中断を余儀なくされ、音声が届いているのかどうかわからない。「何度も何度も、Can you hear me?(聞こえますか?)って言ってね。僕らの間ではね、あのソフトはCan you hear meって呼んでたくらいなんですよ」と、プロジェクトの実施者、山口教授は笑う。

京都工芸繊維大学で設計を教える山口教授が、そこまでしてインターネットを用いようと思ったきっかけはなんだったのだろうか。それは、設計という世界がコラボレーションを基本とする世界だからだという。建築のプロセスにおいてはそれがどんなに小さな企画であっても、必ず人とのコラボレーションが必要となってくる。ところが実社会では多様な人どうしのチームによる設計が基本であっても、これまでの大学教育においては同じ研究室内の者どうしでしかチームを組むことができなかった。他の大学でどのようなことがなされているのか、自分の実力はどの程度であるのかは、いわゆる「コンペティション」に自分の作品を出展してその評価を得ることによってしか知り得なかった。また、設計は製図室という「場所」を共にする必要があったため、これまでの設計演習では製図室に集まって作業するしかなく、どうしても蛸壺状態に陥りやすかったという。ところがインターネットを用いることによって、遠く離れた場所にいる見ず知らずの人とチームを組む可能性が拓けてきた。また、設計という世界は言葉ではなく、図面のやりとりによるということもマルチメディアを扱えるインターネットが適していた理由だろう。また、設計の多くがCADという共通のベースをもっていることも共同を可能にした。見ず知らずの人とチームを組んで設計をしていくという実社会にも生きる能力を大学教育の中で身につけたい、ということがインターネット利用の教育上の目的であったのである。そしてまた、こうしたシステムは、実社会での設計活動への適用も視野にいれて開発されている。インターネットという技術を用いれば、費用と時間の問題を越えて、いろいろなプロフェッショナルを集め、デザインをすることが可能となる。世界中から一流だけを集めたコラボレーションも夢ではない。インターネットによって今まで不可能であったことが可能になる。「なぜインターネットなのか」には山口教授の明確な目的意識と期待がある。

## 2　新設学科からのスタート

京都市北部比叡山の麓に位置する京都工芸繊維大学は、約一〇〇年の歴史をもつ国立大学である。学部は工芸学部と繊維学部の二学部からなり、山口研究室は繊維学部の中のデザイン経営工学科に所属している。デザイン経営工学科は、一九九八年四月に、国立大学としては初めて設立された新しい学科である。今後の社会における人工物（モノや施設と社会システム）がいかにあるべきか、という課題を中心に置いて教育・研究が行われており、工学（科学技術）、経営（社会）、デザイン（文化）という三つの領域が有機的に融合されているという。[1] 新設学科であるため、教官たちの研究室が同一の建物内には存在せず、よって、教員同士のコミュニケーションは必然的にネットワーク上でなされるようになった。また事務員がいないため、事務運営もネットワークを活用して教官によって行われているということであった。ネットワーク活用技術は、学生たちにも入学当初から求められる。まず、入学時には全員にパソコン購入が義務づけられている。一年次には「パソコンとは」から始まり、アプリケーションの利用、電子メールといった基本的なことを学ぶ「マルチメディア」という科目を、また一年次にはＨＴＭＬからホームページ作成までを行う「マルチメディア演習」という科目を取得する必要がある。学生は、三年次より希望する三つのコース（デザインコース・マネジメントコース・エンジニアリングコース）に分かれるが、そのときにはこうした情報処理に関する基礎知識は一通りマスターされていることになる。デザイン経営工学科のカリキュラムは、新設学科であることもあり、独自に設定されているということであるが、こうしたカリキュラムがこれから述べるようなインターネット等を駆使した教育を支えているということができる。

## 3　デザインコラボレーション・オン・ザ・ウェブ

インターネットを用いて複数の大学を結び、協調的に建築を学ぶという山口研究室独自のプロジェクト、デザインコラボレーション・オン・ザ・ウェブは、さまざまな改良がなされながら、対象や参加大学を変え、今日まで毎年続けられている（図1参照）。ここでは二〇〇〇年から実施されている、京都工芸繊維大学、東京電機大学、博多の東和大学の三校をつないだプロジェクトを例にみてみよう。

これは、四年生対象の「設計演習」の授業である。学生は学校を越えて任意に決められた者同士でチームを組み、課題の制作にあたる（図2参照）。講義は隔週で東京電機大学から行い、それをリアルタイムに京都工芸繊維大学、東和大学へ中継する形をとっている。学生は、DPB（Design Pinup Board）と呼ばれるウェブ上のサイトで共同学習を進めていく。これは、メンバーが意見・アイデア・情報を交換するための掲示板であり、製図室ともいえる場である。コラボレーションに関連するコミュニケーション（ネットミーティング、チャットルームなど）は、授業評価のためもあって、

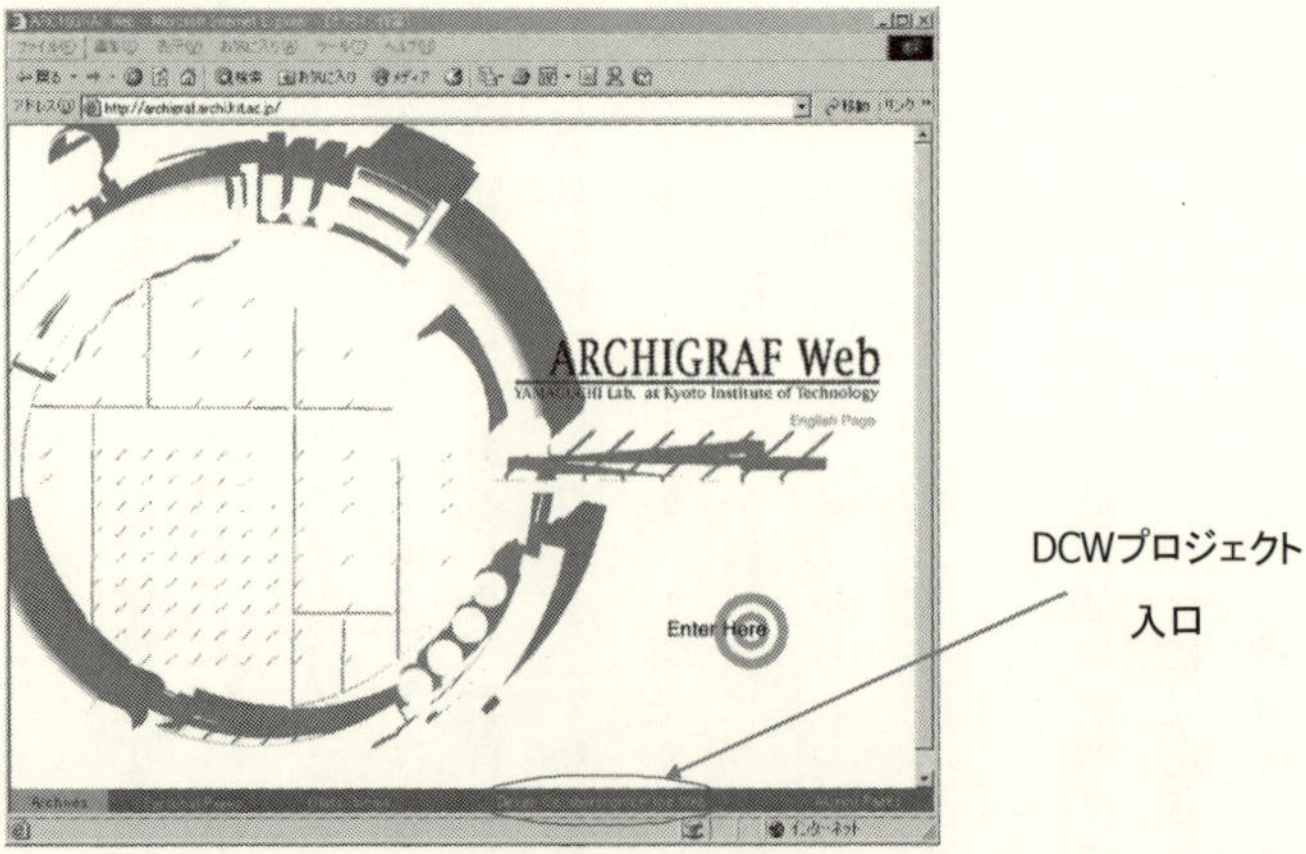


図1　Design Collaboration on the Web トップページ
（http://archigraf.archi.lcit.ac.jp/）

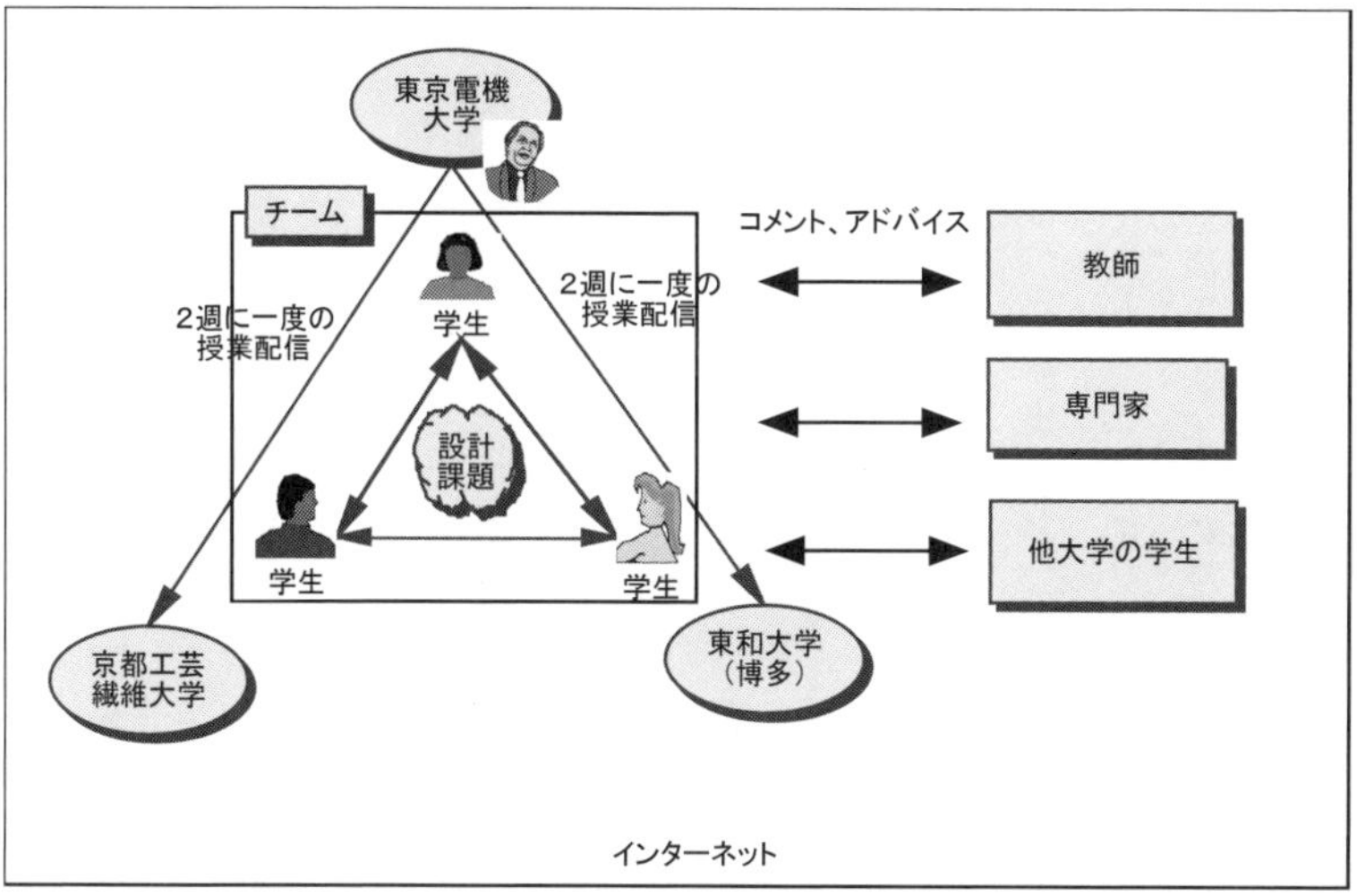


図2　大学間協調学習

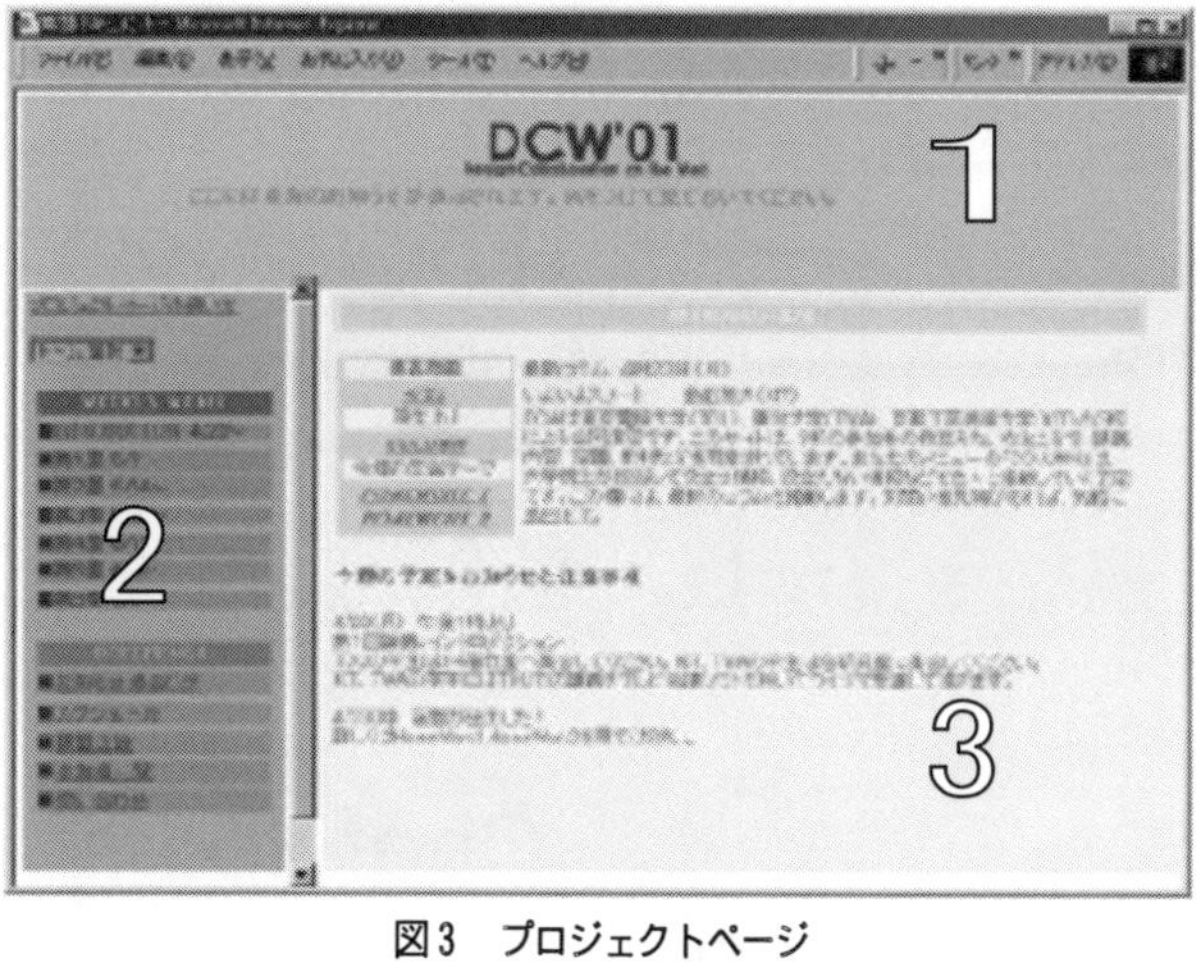


図3　プロジェクトページ

該当ウェブのみで行うようにしているという。また、最後の発表会にはできるだけOBに声をかけ、建築の専門家からの意見ももらえるようにしているという。プロセスを含め、課題はすべて外部に公表されているのでこうしたことも可能だということであった。

プロジェクトページ（図3参照）[2]は、赤、青、黄色の三つの色でパートを分けて、機能が説明されている。

①は赤く色分けされており、最新の「お知らせ」が流れる。

②の青く色分けされたパートでは、一週間単位で講義概要、宿題、教材などの情報が提供される。みたい週をクリックすると、黄色いパートにその情報が表示されるようになっている。また、リファレンスにおいて、学習とは関係ないが必要な情報（「お知らせ過去ログ」「スケジュール」「課題主旨」「参加者一覧」「問い合わせ」）が集められている。

③は黄色いパートであり、週ごとのメニューが表示される。ここは各課題を進めていく上での手がかりになる部分である。講義概要、院生からのコラム、今週の学習テーマ（宿題内容、提出期限など）宿題やその進め方について詳細な

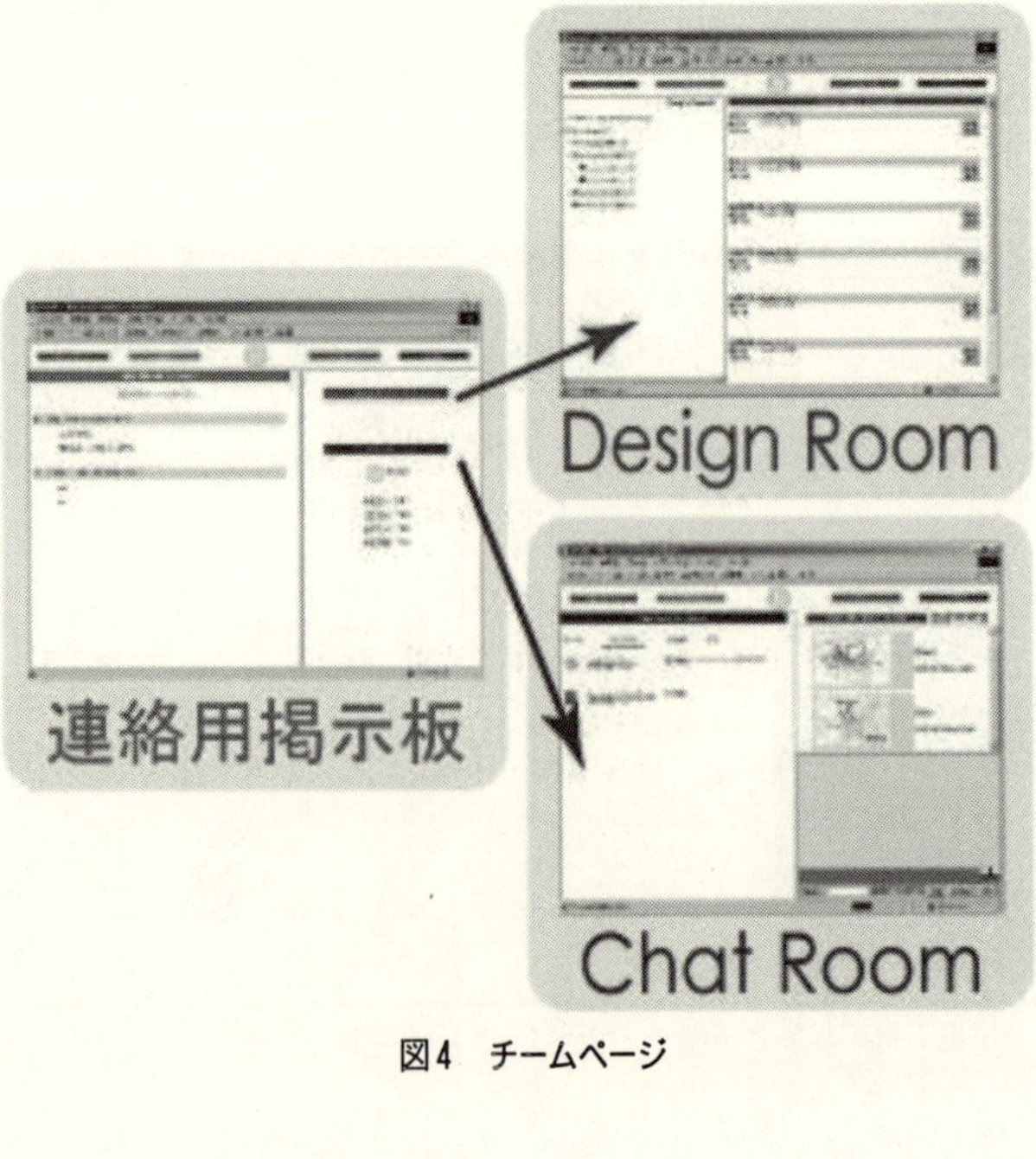


図4　チームページ

情報が掲載されている。宿題をする上で助けとなるような様々な教材は「ステップアップ」コーナーに準備され、さらにそこでは掲載しなかった裏技や各種の便利なソフトウェアなどが「Ref & Tips」のコーナーで紹介されているといった充実ぶりである。

次に、チームページであるが（図4参照）、チームページは以下のように、連絡用掲示板、デザインルーム、チャットルームの三つから構成されている。連絡用掲示板は、主に、スケジュールの調整など、チームメンバー同士が連絡を取り合うための掲示板であり、デザインの提案に関する書き込みは禁止されている。それらの議論に関しては、デザインルーム、チャットルームで行うように指示がある。デザインルームは、課題のコンセプトやデザイン案に関する登録、閲覧を行うページであり、過去の登録がツリー表示されている。メンバーはここで相互に作業を進めるわけである。人に見せてもよい設計図などは、自分のホームページからリンクをはったり、ファイルアップローダー機能を使用して、画像ファイルやＣＡＤファイル、ＰＤＦファイルなどをアップし、相互閲覧が可能な状態にし、議論を進める。チャットルームとは、チーム内でリアルタイムにコミュニケーションをとることができるツールである。完全予約制となっているが、これはひとえに費用の問題であるということであった。ホワイトボード機能を利用して、チャットと同時にスケッチや画像などのイメージのやり取りも可能であり、実際にメモなどが多く利用されているようであった。

## 4　新しい展開

また二〇〇二年度からはこうした環境の中に携帯電話を組み込んでいるという。その利用方法のひとつは、携帯電話によるアウェアネス支援と呼ばれるもので、これは仲間の掲示板への書き込みを、自動的にタイトルだけメール転送する仕組みである。こうした機能によって、たとえば、夜中に一人でコンピュータに向かって製図に取り組み、「自分ひとりだけが苦労しているのではないか」と孤独感を感じるような場合でも、バーチャル空間の製図室に仲間がやってきたことが知らされることで、共同作業の意識が高まるといった効果が期待されている（着信拒否も当然可能だそうだ）。もうひとつは、ウェブページをiモード対応型にしたことである。これは、設計という営みを考えたときに、例えば、銀座の設計をするときに、銀座を歩いているときに感じるアイデアをすぐに製図室にもちこめることが重要だと考えたからだという。

また複数の学生が一つの画面を共有して、リアルタイムで図面を作ることが可能な、同期するコラボレーションが可能なシステムの構築を模索中であるという。すなわち、フェイス・トゥ・フェイスで実際に研究室で行っているようなコラボレーションをインターネット上で再現したいということである。しかしながら、それにはいくつかの問題がある。ひとつには、インフラの問題であり、ビジュアルデータをたくさん動かすための設備がなかなか整わないという。またもうひとつの問題として、そうした完全なコラボレーションがインターネット上で可能となったとしても、学生たちが本当に見ず知らずの他国の学生と画面を通したコラボレーションをしたがるかどうかという問題である。現在は、チャットや掲示板といった文字情報によるやりとりとネットミーティングによるコミュニケーションの両方が可能であるが、利用頻度が多いのは圧倒的に前者であるという。これは、まだ現在では文字情報のほうがあきらかに扱いやすいからかもしれないが、面と向かって議論するよりも、文字の方がいいたいことがはっきりいえるという、学生の気質があるのかもしれない。文字には議論の経過がすべて記録され、結論からその経緯をたどることが容易であるといった独特のメリットもあるため、こうした新しい機能が付加され、対面でのコミュニケーションが完全にバーチャルで実現可能となったときに、学生たちがどういった機能の使い分けをするのか、興味深いところである。

山口教授によると、チーム構成員の人数の理想は、三人以上、五～六人であるという。これくらいの規模が、誰も手を抜くことなく、またチーム内の助け合いでプロジェクトが完遂される可能性が高いということである。また、インタラクションがうまくいっているチームのアウトプットが必ずしも優れているとは限らないため、現在どういった役割分担がのぞましいのかといったチームのあり方について、学生のログを中心に研究、分析を行っているという。これまでのチームワークを対象とした研究ではログをとるのが大変困難であったが、こうしたインターネットを用いたコラボレーションは、ログがすべて見えるので、いろいろな側面から評価ができるということであった。

## 5　なぜインターネットなのか

ＩＴを導入すれば学生がよりよく学ぶに違いない、ＩＴの助けを借りれば学生の学びは変わるに違いない。誰しもがそう思ってＩＴ導入に踏み切る。多大な労力と時間と資金とを費やしてでも、ＩＴを教育に活用しようという根拠はそこにある。しかしながら、実際にこうした新しい道具を得たことによって学生の学びが変わった！という「幸せな」事例はそれほど頻繁に見つかるわけではない。理由はいくつか考えられるが、最も大きな原因は、コンピュータ、あるいはインターネットという「道具」がこれまでの道具とどこが違うのか、すなわち「どこに」惚れ込んでそれを使いたいのか、学生の学びをどう「変えたい」のかといった、コンピュータに対する「期待」が明確ではないままに、ただなんとなく世の趨勢に「逆らわずに」導入してしまった事例が案外多いからではないだろうか。その点、ここで紹介した事例はクリアである。「空間を越え、立場や環境の異なる学生同士でコラボレーションさせたい」という教官の思いが、

IT導入の直接的なきっかけになっているからである。

しかし、当然ながら「教官の思い」だけではこうした新しい学びを実現することは容易ではない。本事例では「教官の思い」を実現するための環境がいくつか整備されている。

### (1) 図を媒介としたコミュニケーション

この事例におけるウェブは、掲示板やチャットといった機能によって、学生がコラボレーションをしながら製図をする「場」として機能している。このページに外部閲覧モードでアクセスするだけでも、手書きのメモ(といってももちろん手で描いたのではなく、コンピュータ上で描いているわけだが)をはりつけてのチャットでのやりとりなど「締め切り間際の製図室のコラボレーション」が行われているのが見て取れる。こうしたウェブページ上でのコラボレーションを可能たらしめている大きな要因が、これが図を介したコミュニケーションであるということであろう。最終的な目標が「設計図」を作成することにあり、個々の学生の思いは図に集約される。図という共通の参照素材をもって議論が進むためにウェブでのやりとりがスムーズかつ建設的に行われる。海外の学生とのやりとりにおいても、言語的な障害を図が埋めている可能性はきわめて高いと山口教授は言う。

### (2) 教材として作りこまれたウェブ

設計の授業においては、授業の主体は講義にではなく、学生の「作業」にある。よって、学生にとって必要なのはまとまった内容の講義ではない。むしろ、さまざまなアプリケーションやデザインをする際に有用となる地域情報などの各種関連資料であり、的確なアドバイスであり、作業のペースを管理してくれるようなシステムである。よって、このウェブページは、教師の授業も配信されてはいるが、ストリーミングビデオによって授業の録画ビデオを流すといった、授業の「再生」をめざして構築されたものではない。コンピュータに関わる技術的な情報あるいは便利なソフトウェアといったものと、課題をデザインをする際に資料となり得る情報とがすべてウェブ上に埋め込まれており、完全な「教材」として作りこまれている。こうしたウェブページの教材性は、実践が蓄積されることにより、さらに充実度を増している。

### (3)　大学院生のサポート

こうしたウェブページは、大学院生によって運用されている。また運用だけではなく、ホームページ上には、大学院生が学部生の宿題や各チームの課題進行度合いなどを見て、アドバイスをしたり、裏技を教えたりといったコラムのページもある。当然、こうした大学院生のサポートはウェブ上だけではなく、対面の場面でも行われている。「実際にそのプロジェクトを体験した先輩が教えているからね」と山口教授は言うが、こうしたプロジェクトが継続されることで大学院生から学部生への知の伝承がうまくいっていることが、実践を成功させるためのもっともおおきな財産となっていっているのではないだろうか。

### (4)　新しい学習を支えるカリキュラム

先に述べたが、このデザイン経営工学科は一九九八年四月に設立された新しい学科である。よって、さまざまな学部からの多様な背景をもつ教官が集まっており、こうしたことが学科としての活気も支えているという。とはいえ、校舎から新設されたわけではないため、新設校によくみられるような、ネットワークを整備し、最新式のコンピュータを一度にそろえる、ということが可能となっているわけではない。インフラの整備は常に問題になっているという。しかしながら、カリキュラムについては新しく独自に設定することが可能であった。新設学科ゆえに、入学時にパソコンの購入を義務づけ、専門課程にすすむまでに、体系的にコンピュータの活用技術を身につけるようなカリキュラムを整備するといったことが比較的容易にできたという。このように、カリキュラムを体系的に整備しておくといったことは非常に重要である。専門課程に学生が入ってきてから設計に必要なアプリケーションの指導などもしなければならないとすれば、こうしたプロジェクトの遂行はほぼ不可能であろう。

なぜインターネットなのか。当然ながらインターネットがない時代にも学生は建築を学んでいたわけであるが、山口教授は「建築の能力や設計の技術がとても高いのに、卒業して送り出した学生が、必ずしも社会でそうした能力を発揮できていない」ことをなんとかしたいと思っていた。そして学生が自分の持てる能力をうまく発揮できないのは、共同作業の中で自分の考えを相手にきちんと伝え、議論をしていくためのコミュニケーション能力を教育の中で十分培ってこなかったためではないかと考えたという。見ず知らずの人、文化的背景の異なる人とコラボレーションをしながらプロジェクトを進める中で身に付くコミュニケーション能力もまた、大学教育の中で身につけるべき非常に重要な能力であると考え、インターネットの導入をこころみているということであった。

インターネットの教育的活用はもはや珍しくもないが、果たして、インターネットでなければできないこと、インターネットだからこそできたこと、を実践しているところがどれほどあるだろうか。まずは学生の学びを変えたい、あるいは変えるべきだという教育上の「文脈」があり、それを遂行するために、コンピュータという道具の「機能」が必要となり、そしてその機能をうまく発揮させられるような「環境」をデザインする、という必然の連続によって実践された本事例は、ITがたしかに従来の学びを変えうる可能性があることを示してくれる好事例だといえよう。

## 注

1　京都工芸繊維大学入学広報誌編集委員会編集・発行『京都工芸繊維大学』、京都工芸繊維大学庶務課編集・発行『京都工芸繊維大学平成一二年度概要』

2　二〇〇三年度より、プロジェクトページのデザインは変わっている。二〇〇四年度版は、http://archigraf.archi.kit.ac.jp/DCW2004/tukaikata.htm　。最新版はウェブページ図1を参照されたい。

# 第一三章　学習支援システムで個別学習と共同学習をコーディネートする
## ――園田学園女子大学――

寺嶋　浩介

## 1　「情報」をキーワードに大学改革

どの大学も、ユニークな話題をきっかけとして、その名をアピールしていく。その柱となる話題は多様である。本事例で取り上げる園田学園女子大学の名を聞いて、多くの読者は、テニスやソフトボール等のスポーツの常勝校としてイメージするのではないだろうか。元プロテニスプレーヤーである伊達公子さんが、大学併設の高等学校出身であることもあってか、大学の方もこの分野で全国に名を轟かせている。

しかし、これはあくまでも一側面に過ぎない。本大学の特徴を示すキーワードはもうひとつある。現代社会では欠かすことのできないテーマである「情報」である。まずはその中心となる施設として、新しく情報教育センターが造られた。ここでは、学習を進めていく上での情報環境が非常に充実している。パソコンを中心としたハードウェアはできるだけ新しい物となるように、頻繁に更新が繰り返されている。また、人的なサポートも整っており、数名のTA、SA(情報コミュニケーションを専攻する学生で構成)が常にスタッフルームに在室し、学生からの時間外の質問に受け答えしたり、分担して情報教育の実習講義の指導補助にあたったりする。これにあわせて、学内の組織改革にも着手してきた。これまで学科の中の一専攻であった「情報コミュニケーション」の分野を、二〇〇二年度から学科に格上げし、二〇〇三年度からは短期大学部にも、情報メディアについて専門的に学習することのできるコースを設けるなど、着実に改革を進めつつある。

そして、実際の学習場面においても効果的なシステム作りを進め、新しい教育方法を実施している。ひとつは本大学で開発された「自己学習支援システム」を利用し、各学生がネットワーク上の教材を読みながら課題に取り組み、ネットワークを通じて評価の依頼を行うという形で個別学習を進める「基礎情報教育」である。そしてもうひとつは、全国から学生を募り、インターネット上で学生が相互に交流しながら学習を進めていく「そのだインターネット大学」である。ITを用いた教育の中でも、「個別学習」と「共同学習」という質の異なる学習が、どのように実施されているのか、本章ではこのことに注目していきたい。

## 2　自己学習支援システムを利用しての基礎情報教育

本大学が力を注いできたオンライン教育の試みとして、「自己学習支援システム」を利用した「基礎情報教育」があげられる。「基礎情報教育」とは、コンピュータを中心に活用をしながら、情報の収集・加工・整理・伝達等の情報活用に必要な基礎的能力や、情報社会における諸問題や情報倫理を身につける学習のことである。[1]そのための教材が、「自

表1　基礎情報処理教育のユニット[2]

| ユニット名 | 種別 | 得点 | ユニット名 | 種別 | 得点 |
|---|---|---|---|---|---|
| 1 オリエンテーション | (1)で必修 | 2 | 26 Logo言語によるリスト処理 | 選択 | 8 |
| 2 コンピュータの基本操作 | (1)で必修 | 2 | 27 コンピュータ制御(レゴ) | 選択 | 8 |
| 3 電子掲示板でコミュニケーション | 選択 | 4 | 28 電子紙芝居を作ろう | 選択 | 15 |
| 4 図形や文書の複写と貼付 | (1)で必修 | 4 | 29 ホームページの作成 | 選択 | 15 |
| 5 プレゼンテーション(1) | (1)で必修 | 4 | 30 取材とミニ新聞の作成 | 選択 | 15 |
| 6 文書の編集とレイアウト | (1)で必修 | 4 | 31 ビジュアルデータベース | 選択 | 30 |
| 7 情報検索の基礎 | 選択 | 4 | 32 データ分析入門 | 選択 | 15 |
| 8 マルチメディア作成技法 | 選択 | 4 | 33 システム思考入門 | 選択 | 4 |
| 9 自分のデスクを整理しよう | 選択 | 4 | 34 基礎情報教育に関する調査 | 選択 | 10 |
| 10 情報社会の仕組み | (1)で必修 | 2 | 35 プレゼンテーション(3) | 選択 | 6 |
| 11 情報倫理・コンピュータと健康 | (1)で必修 | 2 | 36 コンピュータの購入方法 | 選択 | 4 |
| 12 コンピュータネットワーク | (2)で必修 | 2 | 37 Prologによる記号処理入門 | 選択 | 10 |
| 13 電子メール入門 | (1)で必修 | 4 | 38 表計算の活用 | 選択 | 8 |
| 14 プレゼンテーション(2) | (2)で必修 | 6 | 39 3Dグラフィックスの世界 | 選択 | 10 |
| 15 教育用言語Logoの世界 | (2)で選択必修(最低ひとつは選択。複数も可) | 8 | 40 動くおもちゃを作ろう | 選択 | 15 |
| 16 クイズを作ろう(Visual Basic) | | 8 | 41 シム・カンパニー(1) | 選択 | 15 |
| 17 データベースの基礎 | | 8 | 42 ソフトウェア開発 | 選択 | 30 |
| 18 表計算の基礎 | | 8 | 43 ホームページで情報発信 | 選択 | 30 |
| 19 自分の環境を創ろう | 選択 | 4 | 44 マルチメディアプレゼンテーション | 選択 | 30 |
| 20 日本語入力の達人になろう | 選択 | 6 | 45 ホームページデザイン | 選択 | 10 |
| 21 ペインティングデザインに挑戦 | 選択 | 6 | 46 電子メール活用 | 選択 | 4 |
| 22 レポートの作成方法 | 選択 | 6 | 47 表計算のマクロ | 選択 | 15 |
| 23 コンピュータミュージックの基礎 | 選択 | 4 | 48 Visual Basic(2) | 選択 | 15 |
| 24 あなたも作曲家 | 選択 | 8 | 49 シム・カンパニー(2) | 選択 | 30 |
| 25 マニュアルを作ってみよう | 選択 | 8 | 50 インターネット探険 | 選択 | 4 |

注(1)一年間の授業を前半(1)、後半(2)というように分けている。
(2)合格点は(1)が優(40点以上)良(35点以上)可(30点以上)。
(3)(2)では、(1)で取った点数に、上積みして加算されていく。(1)では合格していないユニットしかとることができない。合格点は(1)の倍の点数となる。
(出典)伊藤剛和、宇治典貞、小田桐良一、原克彦、堀田博史、山本恒(2001)『自己学習のための情報処理ガイドブック』六甲出版:神戸（学生が利用。年度ごとに更新）

己学習支援システム」という個別学習を進めるシステムに組み込まれており、学生は好きなときに自分の進度に合わせて、このシステムを利用して、学習を進めていく。大学、短期大学部とも、必修、選択の違いはあるものの、この学習が一年にわたって、前後期の区切りで実施されている。それと同時に社会人聴講生も募集し、同じシステムを利用しながら、学生とは別に授業が開講されている。そのため、本大学は女子大学であるが、数多くの男性が通学している。

教材は学習目標にしたがって、表1のような「ユニット」が準備されており、学習者が自分自身でそれを選択し、個別学習を行う。ひとつのユニットを合格することによって、得点が与えられ、次にまた別のユニットを選択するという形で学習が進み、最終的に締め切り時期までに獲得している得点で成績が決められる。事実上のオンラインによる教育となっているが、授業については週に一回設定されており、そのときに教員と学生が対面する時間が設けられている。このときに必修ユニットを中心として、ポイントとなる部分の講義等がなされる。

「自己学習支援システム」は、コンピュータ上で学習することによって、各自が理想のペースで取り組むことのできる仕組みであり、個人の進度に差はあっても、時間をかければ必ず目標を達成できる、という理念で成り立っている。この学習方法は九年前に開始された。しかし、当然のことながらその当時

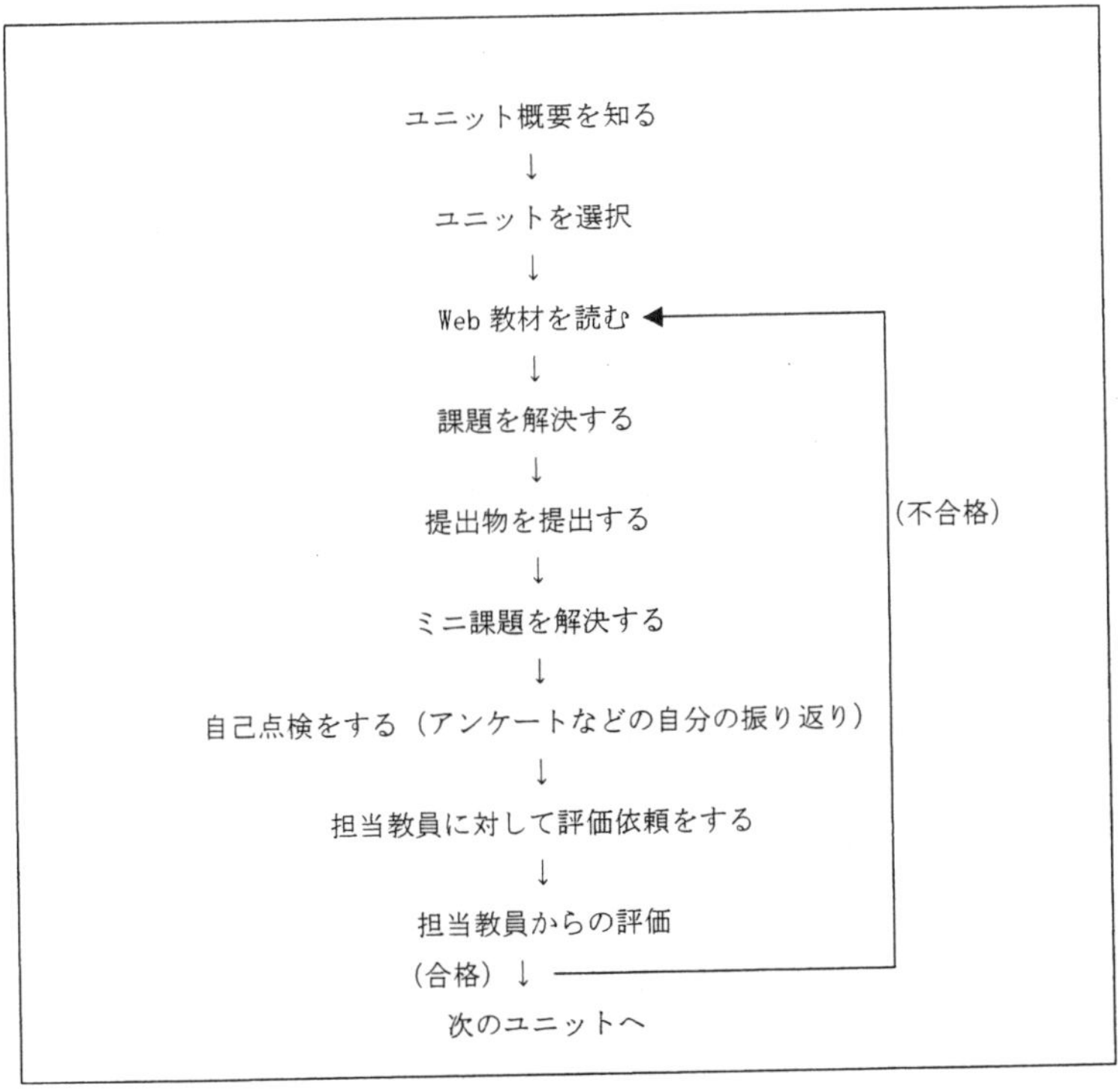


**図1　自己学習のプロセス**

はウェブの技術が確立しておらず、ビジュアル・ベーシックを利用した取り組みであった。ウェブ上の展開となったのはここ五年ほどのことだという[3]。

ひとつのユニットについて、開始から合格まで、図1のようなプロセスをふむ。

システムの概要は次のようになっている。まず学生がログインすると、図2の画面を見ることになる。左のフレームから、自分が履修している情報系の科目、教員からの連絡一覧（右フレームの「お知らせ」の過去ログ）、電子会議室（クラスごとの掲示板）、お友達（現在同時にログインしているメンバー）、自分の印刷・ログオンに関する記録を選択し、見ることができる。右のフレームでは教員からの諸連絡（クラス全員に出す場合と、個人に出す場合がある）、自分の学習の状態（現在の得点と合否）、それぞれのユニットの状況（選択か必修かの属性、満点、クラス内の合格者、自分自身の状況（選択状態かすでに合格しているか、合格していれば得点）が示される。

図3は実際の教材画面の導入である。内容（そのユニットの概要と、教材へのリンク）、状況（この画面で選択、評価依頼とその結果を見ることができる）、学習のプロセスで紹介したミニ課題と自己点検の画面へのリンク、ファイル提出のあるユニットであれば、ウェブ上から解答のために作成したファイルを提出できるような仕組みになっている。

評価依頼が学生からあれば、その学生を担当する教員が合否の結果を返すことになる。図4と図5はひとりの教員の評価用画面である。「各ユニットの評価依頼」のところをみると、現在どのユニットに何件の評価依頼がきているのかを見ることができる。「全件」というのは学内全体においてどの程度の評価依頼がきているのか、そしてそのうち自分が担当する学生からきている評価依頼の件数が「担当分」のところに出てくる。評価依頼のきているユニットは色が変わって示されるのである。この部分をクリックして、実際に学生の評価をする画面に行くことができる。そこでは、今までのミニ課題や自己点検の結果と（ファイル提出があれば）そのファイルへのリンクがひとつのページに用意されて

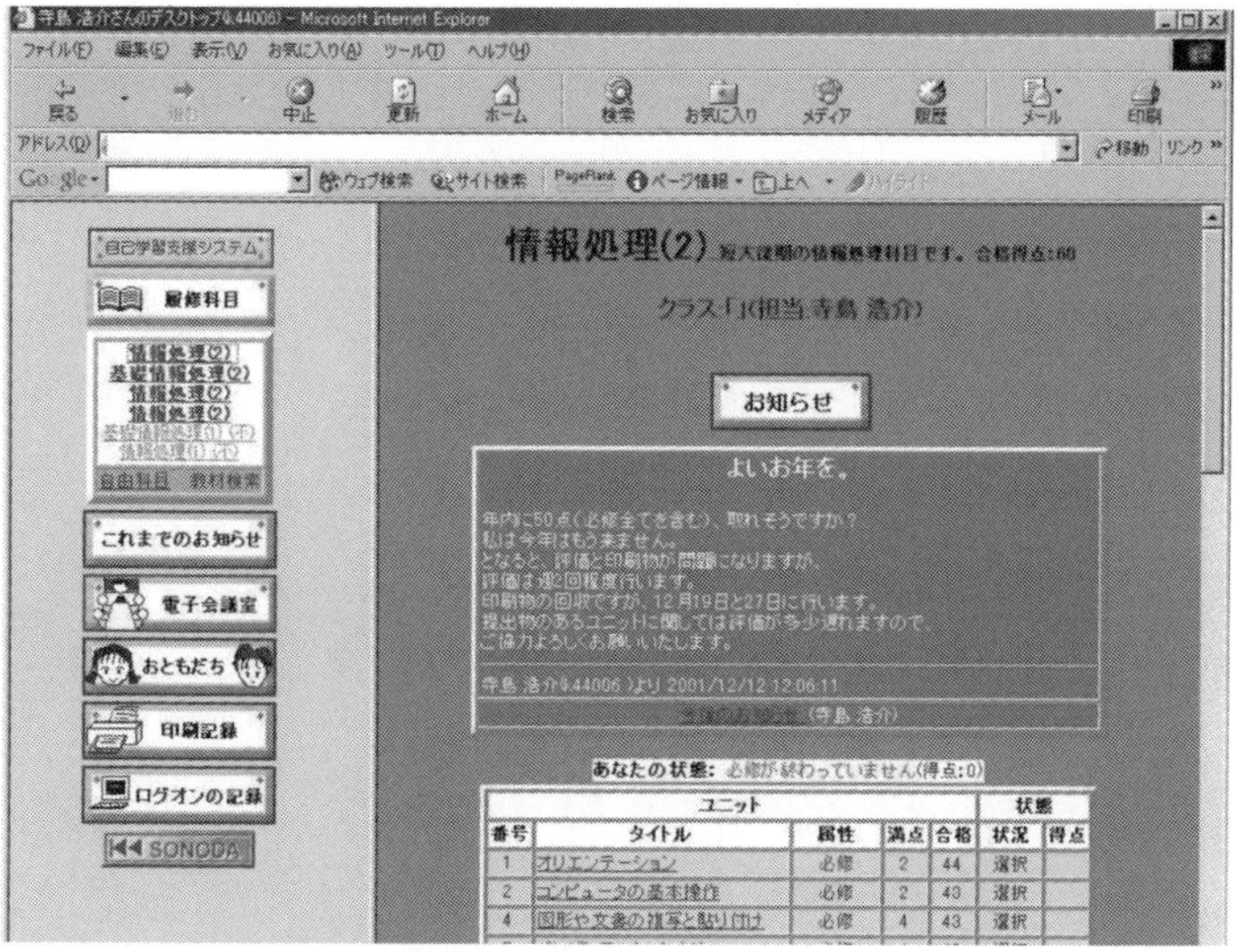


図2　自己学習支援システムトップページ

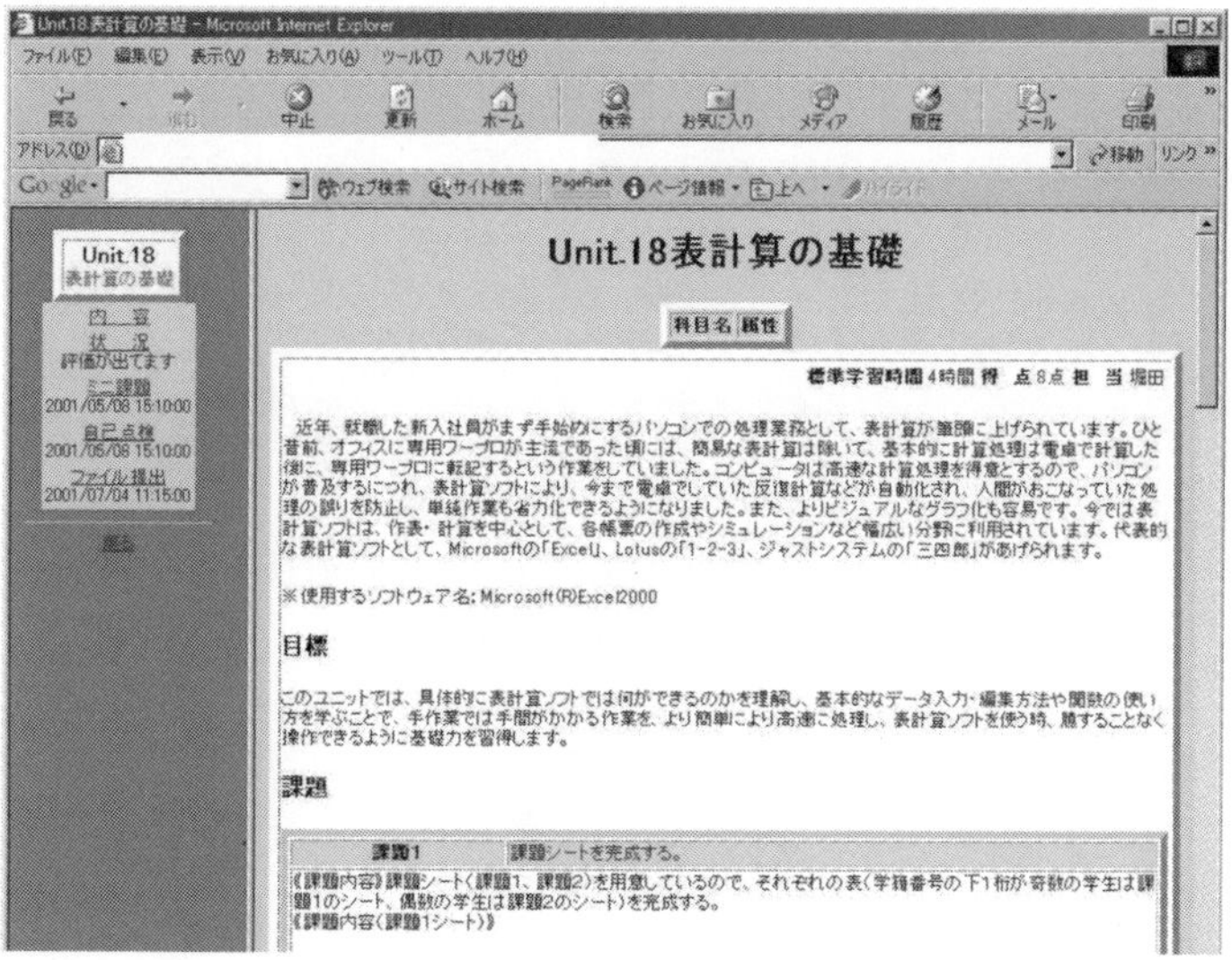


図3　教材画面（図は内容画面）

いて、合格か不合格を決定できるようになっている。また学生へのコメントを書くが、これについてはある程度のテンプレートを登録できるシステムになっており、合格時のコメントや学生の誤答類型を推測し、対応することもできる。

また本画面を通して、各クラスの成績管理も行うことができる。左上に示されているクラス（図４では四クラス）がその教員の管理するページであるが、これをクリックすると各個人の得点と合否の状況、各個人の得点分布状況などを一目で把握することができる（図５）。「その他のクラス」のところから他の教員の成績状況のページも確認できるので、他のクラスの進度等も把握することができる。

これが、同大学での「自己学習支援システム」の概要である。このシステムには、学習者も教員もサポートする具体的な方策が整っている。学習者側は、好きなときに興味のある教材を選択し、自分のペースで進めていくことができる。課題達成のための必要な情報を盛り込み、学習過程と課題提出の方式を整えたシステムは、紙ベースで実現できないわけではない。しかし、学生がいつでも評価依頼できるように、教員もいつでも評価を行うことがで

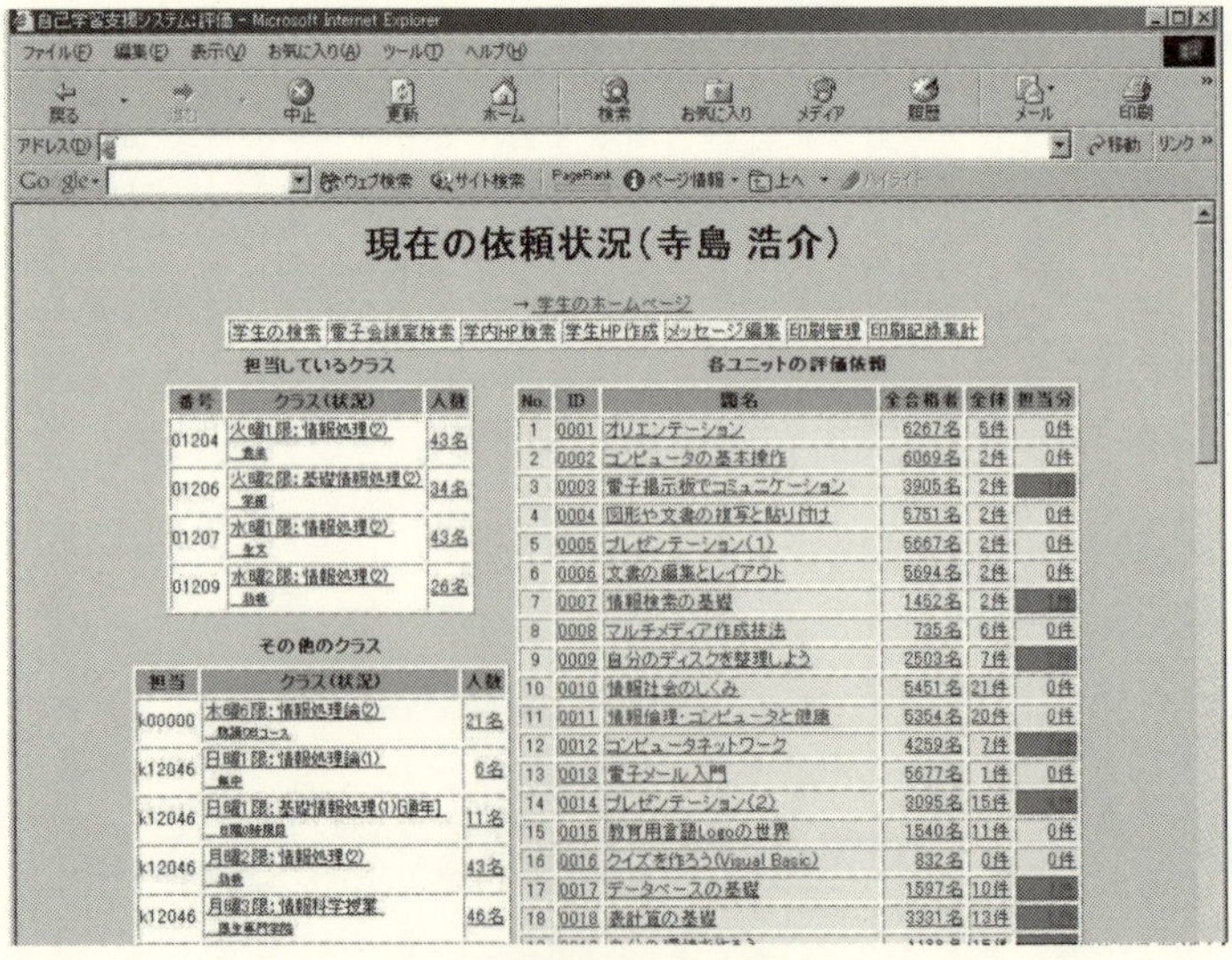


図４　評価画面のトップページ

きる。インターネットの特徴である、時間と空間を選ばない「双方向のコミュニケーション」が生かされている。また教員は、コメントのテンプレートの登録、自動的な成績管理とＩＴによる自動化の恩恵を受けている。

問題があるとするならば、これは学習者にとってのメリットと表裏一体の関係にあるが、全てを「自己学習」に任せて良いのか、という点である。確かに、試行錯誤の中で、自分自身の力で身につけていく知識・技能は非常に有効なものであろう。しかし一方で、私たちの多くは、それがいかに根気が要るものなのかを経験的に知っている。学習の基礎的な部分からこの方法で進めていくと、自己学習力の育成という視点からすれば有効であるが、果たして、ほぼ全ての学習者を対象としているこの学習で、全員が基礎・基本の定着に到達するであろうか。これまで行われてきた伝統的な一斉指導の教育方法は、すばやく知識・技能を習得するための大きな遺産である。学習の導入の基礎・基本的な部分は、自己学習支援システムをむしろ一斉指導の補助的なメディアとして使いながら、発展的な部分についてはユニット選択式の自己学習で進める。もちろん、基礎的なユ

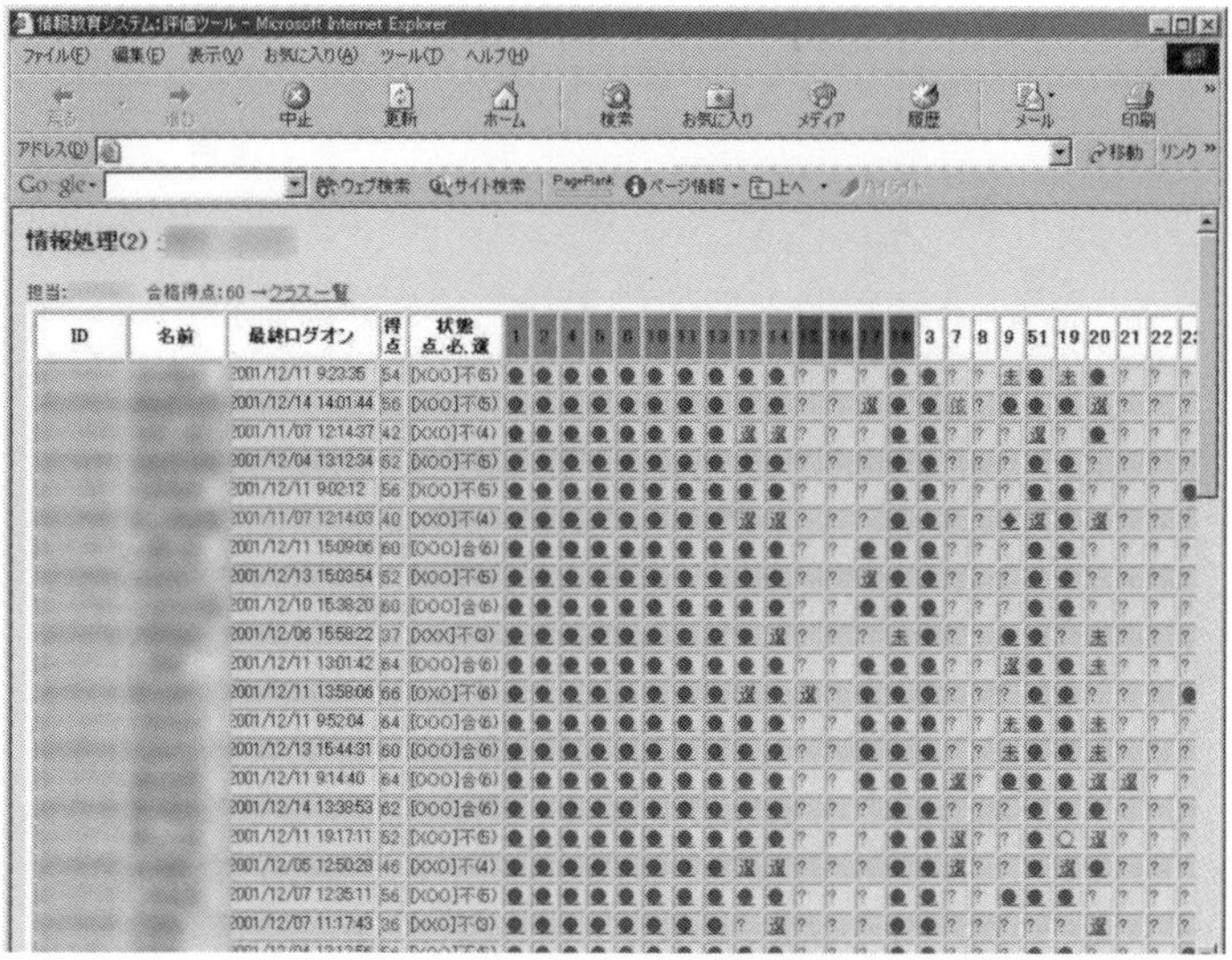


図５　ひとつのクラスの成績管理画面

ニットについても教材を残しておいて、わからなかったときのための復習用教材としても成り立たせる。時には、教員から復習のための教材として提供されても良いだろう。実際、必修のユニットにおいては、自己学習が講義とも組み合わされている場合が多い。もっとこうした発想があっても良いかもしれない。知識・技能の効率的な習得と、自己学習を進める力、いずれも必要なものであるが、このバランスが難しい。

## 3　そのだインターネット大学で「ともに学ぶ」

基礎情報教育の取り組みだけではなく、完全な遠隔学習で進める「そのだインターネット大学」の取り組みを、学外を対象にして二〇〇〇年一月から三月に実験的に実施し、同四月に本格稼動させている。[4] 立ち上げるにあたっての発想として「今までの通信教育のようなものをインターネット上に置き換えるのではなくて、教員と学習者という一対一の発想から、教員がきっかけとなってともに学びあうという形を作りたかった」と山本教授は説明されている。

この取り組みでは、学生はまず履修したい講座を選ぶ（複数の選択が可能）。講座は一〇コースほどあり、時に不開講となるものもあるが、代表的なものとしては、「江戸時代の村と侍―京都近郊の村のすがたを探る―」『複雑系の科学』入門―カオスを中心に―」「表計算の資格取得！―ビジネスコンピューティング三級合格講座―」「先生のための情報リテラシー講座―タートルと遊ぶ（ＬＯＧＯ）―」などがある。内容としては二単位程度の内容を意識して作っているという。

実際の学習の展開は基礎情報教育と同じように「ユニット制」をとる。しかしながらこちらのほうで特徴的なのは、学習者の志向にあわせた選択というよりも、あらかじめ用意されたユニットを順番に直線的に履修していくという方法を取っているという点である。いくつかのユニットが用意されていて、ひとつ目のユニットは一週間後までに全員終わらせる。そしてその時期が来るとふたつ目のユニット教材の閲覧が可能になるので、それもまた一週間の範囲内で学習していく。ひとつの講座の実施期間は教員に任されている部分もあるが、基本的には三カ月ほどを単位としている(ユニット換算では一〇から一二)。学習にあたってはひとつのユニットで「教材で学習」→「課題への取り組み」→「教員への評価の依頼」→「合格」というプロセスを踏むが、並行して用意された掲示板やチャットを用いて学習者間での交流が行われる。この交流の機能についてはそれぞれの講座に委ねられることになっているが、例えば課題となっている文章を掲示板上に公開してコメントをつけたり、時間を決めてチャットをしたりすることがあるという。例えば、表計算の講座を担当している堀田助教授は、「週一回時間を決めて、私も含めて一緒にチャットをします。私は二〇分くらいでやめるんですが、学生さんは元気でその後も続けてやっています」と言うことであった。日本史関連の講座を担当する五島助教授は、実物を用いて、「ネットでお茶会」を開いた。季節の和菓子を学生の元に郵送し、パソコンの前でみんなで一緒に食べながらオンライン上で会話をするという遊び心満載の交流を実施した。今後はこれだけにとどまらず、博物館にみんなで実際に集まって十二単の着付けをするといった、学習にも結びつくような直接交流の機会を設ける企画も考えているという。ここまで発展すれば、メディアを利用した学習に「本物体験」がゆさぶりをかけてきて、より実りある学習になるだろう。

学習を支えるためのシステムとしては、基本的には基礎情報教育のものを踏襲しているが、先のように掲示板、チャットを重んじているという点(教員が自由に開設可能)と、それぞれの学習者の学習進度(評価、進捗状況)や課題を見ることができる点が異なっている。これは「ともに学ぶ」という発想のあらわれであろう。こうすることで、多少先に進む受講生が遅れがちな受講生に対して補助的な役割を果たすことも実際にあるという。そのほか、自分がアクセスすると、座席表のような感じで同時にアクセスしている人に印がついて、誰がアクセスしているかがわかるといった、細かな配慮もなされている。なお教員─学生間の個人的なメールについては、開始当初はシステム面のトラブルに関する問い合わせが多くあるが、システムに慣れてくると、その量は減ってくるという。

募集人員はひとつの講座について二〇名から四〇名であり、受講料は七〇〇〇円、事務手続き料金は一〇〇〇円である。四〇名の受講生でぎりぎりまかなわれる額で運用しているという。ただし、人数について教員側は、「面倒がみきれるのは大体二〇名程度」だと考えているようである。セキュリティを含めたシステムの開発・運用に関しては学内で行っており、外部への発注はいっさいない(ただし、ハードウェアのサポートはリース業者によって行われるとのことで、この限りではない)。授業の進行は、基本的にはひとつの講座はひとりの教員の手に委ねられており、教材についても教員自身の手によって作ることになっている。講義ならば口頭で説明できる部分についても、分かりやすく伝わるように工夫して教材を作成する必要があるため、かなりの負担がかかると推測される。そういう意味では、現在開講している講義はかなり熱心な教員の手によるものであるといえよう。

まだ始まったばかりの取り組みであるが、その中でいくつかの示唆が得られたという。

まず、コンテンツであるが、このような目標をもとに学ぶ学習においては、いわゆる「文系的な」講義のほうが適しているのではないかということであった。「文系的な」講義のほうがさまざまな答えが想定されるために、学習者同士の交流が生まれやすいという。また、これはインターネットの魅力にもつながるのであろうが、想定される対象者が、学内のみでは少なかった科目であっても、マーケットを日本全国に広げることによって、授業として成り立たせることができる可能性を含んでいるのではないか、ということであった。例えば、わが国でその分野にほとんど専門家がいない場合の講義や、障害者向けの講座等がそれに該当するだろう。

その一方で、課題として残していることがいくつかあるという。対面の講義でも生まれてくる問題であるが、それぞれのユニットでどのような課題を課して評価をするのかということ、現実的に出てくる進度の開きや学生のドロップアウトに対して、コース設計を含めてどのような対策をとっていくのかということなどである。また事務手続きの側面では、「インターネット上の大学」を意識して仮想的な事務局を設置したとのことであるが、学外はもちろんのこと、学内でもこの事業に取り組んでいない教員に、インターネット大学の実施をアピールしていくためには実質的な部局を設置したほうが良いのではないかということであった。

「そのだインターネット大学」は、インターネットが導入されることによって、今までの学習にはあまり見ることのできなかった共同学習の発想が活かされている。学習者同士が遠隔地にいることもあってか、自分と他者の意見の比較思考によって新しい知を生み出し、それをまたネットワーク上に発信していくという学習の方法が自然に浸透している。また、ネットワーク上に集まっている学習者は住んでいる地域も違い、世代も異なってくる。場合によっては、同じ日本人でも価値観の違いが浮き彫りにされ、「異文化理解」の必要性が問われることもある。これはインターネットのような、双方向性をもち、かつ個別に利用できるメディアでないと達成することができない。今後は、実物を含めた他のメディアとの組み合わせや、直接対面などの工夫が要求されるかもしれない。

先述してきたように、テスト等この取り組みには課題も多い。その中でなぜ、この大学は実施してきたのか。積極的に新しい教育方法を取り入れ、これまでの学習にはなかった効果をあげ、教育への新しい可能性を拓きたいという願いもあっただろう。また、若者世代の減少に伴う大学の生き残りをかけて、教育への力点を学外にアピールしつつ、外部に自分達の知を公開していくことで、大学としての集客力をあげるという狙いもある。そして、地域や世代に関係なく、大人数で構成されている生涯学習社会をターゲットにして、独自なコンテンツを持つ学習を提案しているとも言える。

しかし、この取り組みを拡大していくにあたっては、現状のままでは難しいと思われる。もっとも大きな問題は人的な側面である。そのひとつとして、教員のスキルの問題があげられる。現在のところ、本実践に取り組む教員は、ある程度コンピュータのスキルに長けた教員が多い。今後さらにバリエーションの富んだ講義を開講するにあたっては、その他の教員にとってどれだけ敷居の低いものにできるかがひとつの課題となってくる。五島助教授は「それほどスキルに長けたわけではない」ということで、大枠は自分で作成するが、細かな部分は学生をアルバイトとして雇ってコンテンツを作成させる場合もあるという。このように、カリキュラムや学習の進め方は教員自身が案を練り、コンピュータスキルが必要になる実際の制作活動では、学生を雇用することも可能である。教員以外ができる部分については、別の人材が積極的に関わるということが一般化しないと普及には至らないのかもしれない。もうひとつは、ひとりの教員で講座の全てを維持するという発想では限界があるという点である。大人数を取り込むためにも、教師と学生の間を取り持つメンターを一〇人から二〇人につき一名入れることも必要になってくるだろう。例えば、教員の発言を分かりやすく噛み砕く、学生の質問に答える、掲示板上の学生の意見を取りまとめて次の方向性を示す、などというような試みがなされると、学習はもっと充実したものになるのではないだろうか。今は授業の実施とコーディネートが完全にひとりに委ねられているが、授業のコーディネートをサポートする人材が入ってきても良いように思われる。またリレー講義などでもよいので、オンライン上のティームティーチングを導入すれば授業の負担も軽減されるかもしれない。もっとも、その両者の協力関係は強固でなければならないであろうが。

## 4　ＩＣＴで活かす学習の質とそれを支える組織体制

この事例の何よりも面白い部分は、ほぼ同じＩＣＴを用いたシステムを利用しつつ、ふたつの異なった学習観を体現させようとしている点にある。

ひとつめは、スキル習得のための個別学習である「基礎情報教育」に関わる学習観である。課題に取り掛かる前の個人的な能力には差があるが、適切な教材のもとで、ある程度の時間をかければ、学習目標を達成できるという発想のもとに成り立っている。こうした学習は、かつては脚光を浴びたが、行動主義の古い学習観として、その後の勢いは衰えた。しかし、現在のｅラーニング時代にあたって再び注目されるようになってきたのである。本事例に今後課題があるとするならば、評価方法を含めて、どのような教材構成をとるかの工夫や、教材の質をいかに高めていくかという点が挙げられるだろう。

もうひとつは「そのだインターネット大学」を舞台にした「ともに学ぶ」という学習観である。独りでは得ることのできない新しい知識を、他者との比較思考から生み出していく。また、他者とつながっているという感覚、達成感、意欲などの情意的な側面もこのタイプの学習では重要視される。こうした学習観というのは、インターネットの急速な普及により実現できた。ここでの教員の役割は、質の高い教材を提供することはもちろんだが、それだけではなくて、学習者がどのようにしたら「ともに学ぶ」ことができるのか、現存するシステムを用いていかに学習の仕組みを整えていくかが重要になってくる。

このように、それぞれの学習観をｅラーニングシステムの中に反映させていくのは、建築という行為に似ている。いくらいいかんなや、のこぎりなどの道具（システム）などが手に入っても、肝心の設計図（理念）、木材（学習コンテンツ)がそろわないと質の高い家(完成品)は仕上がらない。本事例では、こうしたところが見事三位一体となって、設計図の異なるふたつの質の高い完成品が仕上がっているのである。

また、それを支える人材にも注目したい。本実践において、中心となるメンバーは本大学の情報教育センターの教員らであり、システムの設計、開発と実際の運用、評価にまで関わっている。彼らの専門分野は教育システム開発、学習者評価、人工知能、マルチメディアソフトの利用、情報教育カリキュラムなどというように多岐にわたり、また研究対象も幼児から大人までと非常に幅広い。それでも根底の部分では、「学ぶ」ということに対してある程度の共通理解がある。決して大母体というわけではないが、それがかえって集団としてのフレキシビリティを高めているのではないだろうか。こうしたところもあってか、教員達のチャレンジ精神は尽きることがない。他の教員もそのことに対して寛容であり、様々なアイディアを常に模索している。それと同時に、情報教育センターのメンバーだけではなくて、大学・短期大学部内の他の教員が参加してこそ普及に至るのであり、そうならなければ決して長続きはないということを念頭に置きながら実践が進められている。現在のところ、情報コミュニケーション学科以外の教員は数名であるが、着実に広がりつつある。

このオンライン教育への取り組みが、果たして本大学における教育改革の起爆剤となるだろうか？

## 5　本当に、「いつでも、どこでも、誰でも」？

「いつでも、どこでも、誰でも」―これがeラーニングのひとつのキーワードになっている。果たして本当にそうだろうか。むしろ学習素材を提供する側からしてみれば、教材を作るだけではなくて、この三つの特徴のどこかに手を加えて、授業をコーディネートすることこそが、質の高い学びを提供することにはならないだろうか。

まず「いつでも」であるが、時間的な制限を時には設けることのほうが、学習を進める上では有効になってくることがある。先の例では、インターネット大学において、ユニットごとの締め切りを設け、掲示板なども連動させながら、「ともに学ぶ」という感覚を生み出し、質の高い学習へと昇華させている。

「どこでも」はどうか。個別学習とはいえども、基礎情報教育のほうは、学習を進めるにあたって教員が対面で指導を行う場合があり学習を進めていくにあたって理解できないことがあれば、ティーチングアシスタントから懇切丁寧な支援がなされる。完璧な教材があれば、対面も不必要になるかもしれないが、長年続けてきた同大学でさえも実際には難しく、対面で補われているのが実情である。場所の制約は緩やかになったが、それでも対面の場を必要とする場面が出てきている。インターネット大学においても、オンライン上の交流だけではなく、オフラインの交流(直接対面)が設けられることで、味わい深いものになったという事例があった。必ずしもオンラインの教育一辺倒にはなっていない。

最後の「誰でも」だが、教員側からすると「誰でも」を対象とするわけにはいかないようだ。山本教授によると、「取り扱う内容にもよるが、学内の学生を対象としているものを、そのまま学外には公開できない」という。学外からはより実務に即した内容に関心の高い人が選択してくる可能性が高いからであり、そうした人を対象として同じようなレベルを提供するわけにはいかないという。こうなるとその逆、外部に公開した教材をそのまま学内にも利用することについても、同様の理由から難しいと言わざるを得ない。何らかの形で工夫をすることが必要なのである。

「いつでも、どこでも、誰でも」という形で大衆に受け入れられるような形でeラーニングを進めるのは、結局のところは、今までの通信教育の焼き増しでしかないのではないだろうか。もし挑戦したとしても、企業などの大学外の組織が提供するシステムやコンテンツには、完成度の点から太刀打ちはできないであろう。大学においては、むしろその概念を打ち破ることが期待されているように思われる。既存の授業形態の良いところを活かし、新しいメディアを取り入れる。また、大学固有の知的情報を発信し、それを活性化させるように学習をコーディネートしていく。このようにして、質の高い学びを提供するということが、求められるのではないだろうか。

本事例からはその先駆けを見ることができる。

## 注

1　園田学園女子大学情報教育センター
http://www.sonoda-u.ac.jp/jouhou/J00_ss.htm（二〇〇二年一一月一九日アクセス）

2　伊藤剛和、宇治典貞、小田桐良一、原克彦、堀田博史、山本恒（二〇〇一）『自己学習のための情報処理ガイドブック』六甲出版：神戸（学生が利用。年度ごとに更新）

3　植野雅之、山本恒、原克彦、伊藤剛和、堀田博史、高橋純（一九九八）「インターネット技術を利用した自己学習支援システムの開発と運用」『情報教育方法研究』VOL1、No1、二五～三〇ページ

4　そのだインターネット大学
http://www.sonoda-u.ac.jp/iu/ius2/index.html
（二〇〇二年一一月一九日アクセス）

【授業が変わる】3

# 第一四章　経営学教育におけるＩＴの活用
## ――名古屋商科大学・青山学院大学――

松島　桂樹

## 1　はじめに

大学が社会を変える知的源泉であった時代は、はるかに遠く、現在では、逆に、社会の側から大学が変わらなければならないと指弾されている。変わるためには制度だけではなく、大学が教育を通じての社会貢献の場であることを再認識し、自身を改革することが不可欠であることはいうまでもない。そのためにはまず、従来の一方向的な知識提供から学生の多様なニーズに適合した知識へとナビゲートする教育が求められているように思える。それこそが魅力ある大学づくりであり、社会に有意な若者を輩出するという基本的な任務であろう。これを効果的かつ迅速に達成するための中心的基盤として期待されているのがＩＴとりわけ、情報ネットワーク技術であるといえる。

一九九〇年代初頭から、大学の大衆化と実学へのニーズを満たすべく増設されてきた経営学部、経営学科では、理論のみならず実務を志向したカリキュラムを整備してきたが、現実には理論と実務の融合は、なかなか達成されてはいない。

このような経営学教育の課題に対して、ＩＴを活用して改善を目指している事例を検討しながら、その可能性と方向、さらにその課題について考察したい。

## 2　経営学教育におけるIT活用の変遷

大学改革は、国立大学のみならず私学にとっても緊急の課題である。なかでも授業の改善は魅力ある大学づくりの中核的なテーマであり、教員と学生との間のコミュニケーションを通じての学生の満足度向上に多くの大学が積極的に取り組んでいる。

ＩＴに関する教育は、当初のコンピュータ自体を教える教育から、使い方を教える情報リテラシー、そして、ＩＴを活用してどんな価値を生み出せるのかという情報コンテンツ中心へと転換してきた。たとえばインターネット、電子メールなどの電子的コミュニケーションツールを通じてコンテンツの受発信を経験させることで、ＩＴと情報を活用することの価値の理解と、創造性の発揮が期待されている。とりわけ、多くの大学では、ｅラーニングを中心として、コミュニケーションを重視した双方向の参加型授業を支援するシステム環境を構築しつつあり、学生と教員による情報コンテンツへのアクセス、発信などの情報交換は、大学のインフラとして理解されつつある。

今日、パソコンやウィンドウズ、インターネット、携帯電話などの普及によって、ＩＴへの学生の関心は確実に高まっている。さらに、基本機能の拡張に加えて、使いやすさの向上によって、学生とＩＴとの距離は確実に縮まりつつある。経営学教育もこのようなＩＴの発展に大きな影響を受けながら変化してきた。

一九七〇年代、汎用コンピュータを中心とする集中処理の時代には、コンピュータのしくみの教育とコボル(COBOL)、フォートラン(FORTRAN)などのプログラミング実習が中心であった。しかしながらプログラミング実習は、実習用コンピュータ設備が整備されていた理工系学部に限られ、多くの文科系学部においては概念が語られるにすぎなかった。そのような状況を大きく変えたのは、ワークステーションやパソコン、インターネットなどの普及、すなわちダウンサイジング化の波であり、これが情報教育の方法に大きな影響を与えたといってよい。

理工系学部では、新しいＯＳであるＵＮＩＸの実習教育が増加し、文科系学部においても、経営学部や経営情報学部・学科が創設されるなかで、ＩＴに関する教育がカリキュラムに取り入れられるようになった。ウィンドウズの登場とあわせ、文科系学部にもパソコンが導入され、情報教育環境が急速に拡充されていった。

この時期の情報教育の中心は、コンピュータに関する啓蒙的な教育以上に、いわゆる情報リテラシー教育と呼ばれるＩＴを使う能力の養成が重視された。実習についてもプログラミング中心から、もっと身近なワープロあるいは表計算へと重点が変わっていった。

しかし、大学は文書作成という、いわば、単なるＩＴソフトの使い方の教育の場なのかという批判も少なくなかった。従来のプログラミング教育に対しても、そのような批判もあったが、プログラミングを経験することがコンピュータを理解するための重要な過程なのだという認識が少なからずあり、プログラミング作業を通じて、コンピュータの動作への理解を深め、さらに論理的な思考を向上させる手段としての要素があったことも見逃せない。それに対して、ワープロ教育は、ワープロ作業を経験することにおいて、そのような意味づけは希薄であった。

このような情報リテラシー中心の教育は、教育現場にさまざまな影響を与えた。短期間でソフトウェア製品の機能の変更や拡張がなされ、教員が新機能に常に追いかけられるという、いわば大学の専門教育らしからぬ状況になってきた。さらに、ウィンドウズの使いやすさの向上によって、少なくとも通常の文書作成の指導に要する時間は数時間あれば十分であり、多くの学生が短期間に使い方の習得が可能になってきた。つまり四単位もの期間をかける必要がまったくなくなってきたのである。

経営学部や経営学科における情報教育は、経営における情報の役割を教える経営情報関連科目、情報リテラシー関連科目、そしてプログラミング科目から構成されていたが、その重点が、従来の使い方中心のリテラシー教育から、ＩＴを何に使うのか、さらに何を創造するのか、にシフトしていった。たとえば、インターネットを教育に取り入れるのは典型的な最近の教育手法となってきているが、ブラウザーの使い方の教育など一時間もかからないし、ホームページの作成でさえ、最新の作成用ソフトを活用すれば数時間で習得できるため、これを使ってどんな情報を受信し、どんな情報を発信するかのほうが経営学教育にとってより重要になってきた。ＩＴを道具として考えるならば、このような変化は、本来の目標に一歩近づいたとも考えられるだろう。

以上述べてきたように、情報に関する教育は、コンピュータの概念的教育から、使い方中心のリテラシー教育へ、さらに情報コンテンツ中心の教育へと転換してきたと総括できる。しかし情報コンテンツ中心の教育への転換は、そう容易ではない。私立大学においては、財政的な理由から一般的に多人数教育が中心であり、概念や理論の解説は大講義室でも可能であるが、情報コンテンツについて学習するためには、相応の設備と非常勤教員の増強が必要となるからである。しかし、新しい教育手法と環境を検討しなければ、学生の要求のみならず、時代の要請にあった教育に応えられないのも確かである。単なる使い方の教育ではなく、学生が自主的に考え(Think)、議論に参加し(Participate)、チームで共同作業をする(Collaborate)ための環境を用意し、それを活用して、豊かな人間的成長に役立つ教育を行わなければならないのである。

## 3　経営学教育における理論と実務の融合の課題

経営学教育においては、理論と実務の融合は従来から大きな課題であった。経営学が大学で教育されるようになったのは、決して新しいことではない。実務的要素を積極的に取り入れるという社会的要請に応えるために、多くの商学部、経済学部の専門科目として取り上げられ、一九八〇年代後半からの、学生数の増加にともなう学部増設のなかで、経営学部さらに、経営情報学部あるいは経営情報学科の新規設置をみるようになった。そのような背景から、経営学の教育は、当初から商学部での実務性と経済学部での理論性との性格をあわせ持つ専門科目として意識されてきた。しかしながら、あまり成果があがっていないという指摘も非常に多い。

経営学では、近年、民間企業のみならず公営企業や政府、自治体なども対象とし、また、米国のＭＢＡ方式による、実務を主導する経営学教育が取り入れられるようになってきた。しかし、企業や経営者から、大学の経営教育があまり役立たない、実務知識が教えられていないという不満が少なくない。

その原因として、理論的すぎて机上の空論が多いと指摘されることが多い。理論を教育メニューの中心に据え、カリキュラムを構築すること自体は大学が高等教育機関である限り当然のことのように思われる。しかし、就職した後、実務に役立たないという意見も多い。それは大学のみならず企業双方の問題ではないだろうか。

また、教材あるいは教育内容が一〇年一日のごとく新味がないという批判が多い。変化の激しい経営環境、技術革新、グローバル化のなかで、これらを教育の場でタイムリーにフォローアップするのはかなり難しいことであり、教育が後追いになるのはやむをえないことでもある。さらに言えばこのことが本質的に、経営学教育においてもっとも優先されることであろうか。

経営学教育は本来、実務の方法ではなく、その基礎にある原則を学ぶ機会を提供することではないだろうか。いいかえると変わらないものを教えることが、本来の役割ともいえる。変化が激しければ激しいほど、基本が経営に求められるというのは、歴史を学ぶ姿勢と共通しているはずである。変化にあわせて講義内容を常に改変することが必ずしも正しいとはいえないのではないか。

昨今、経営者に大学の講義を依頼する動きも増加している。これによって経営の最新の動向を学生にリアルに伝えることができるとされる。しかし、短時間で根底にある理論を教えられるわけではないし、勘や経験は重要ではあるが、簡単に教えられるわけではない。興味を持たせる以上のものがあるとは思えない。

とりわけ、日本企業においては、従来から、新しい理論を取り入れることや、新しいビジネスモデルを開発することよりも、ウエットな人間関係や慣習が重視されがちであった。その意味で、経営理論自体が軽視されてきたとも見られる。米国がＭＢＡ修了者を経営者、管理者に加えることが多いのに対して、日本ではきわめて少ないという事実をもってしてもそれは当てはまる。

少なくとも、研究者として大学院を修了した大学教員がいくら経営を専門にしているからといって、実務に明るいはずがない。実務重視を明確な指針なしに進めれば、実務に対して常にコンプレックスをもったままで教員が学生に向かわざるを得ない。

大学における実務重視の教育とは、実務を仔細に説明するのではなく、実務プロセスを詳細に分析するのでもない。また、実務にすぐ役立つノウハウの伝授でもないはずである。実務教育が入社後に企業内で支障なく業務を遂行することを目指すのであれば、大学教育では、経営にかかわる基本的な知識の習得を基礎に、分析する能力、考える能力など基本的な能力、戦略的なものの考える力を養成するところにあるといえる。このように考えてくると、実務と理論の融合を大学教育の場で実現させることはきわめて難しい課題であることがわかる。

しかし、最近は企業経営においても、株主重視が語られ経営理論にもとづくさまざまな業績指標による経営管理が志向されるようになってきた。また、大学院も研究者養成から、有能な実務者養成へと新しい方向を模索するなど、理論と実務の融合は身近な問題となってきた。

教育の場において、理論と実務の融合を具体的にアプローチしている二つの大学を事例研究し、そこから有効な経営学教育の方法について検討してみたい。

## 4　名古屋商科大学におけるERPを活用した授業

実務と理論の効果的な融合を試みているひとつの事例が名古屋商科大学大学院、経営情報学研究科の授業である。この大学院は、社会人のMBAを志向して、大学本校にではなく名古屋駅前に開校された。今回、この名古屋駅前校を視察した。

名古屋商科大学は、一九五三年に建学され、一九七〇年代から積極的にITの整備を進め、コンピュータセンター、中央情報センター、インテリジェントビルなどの先進的なIT政策を推進してきた。そして、大学運営にはITが欠かせないとの学長方針が徹底しており、教育の充実にITが有効活用されている。

ここでは、日本ではじめて一年制大学院を開設し、学部も三年間で卒業可能とし、四年間でMBAを取得できる制度を導入した。とりわけ、社会人をターゲットとする戦略をとっており、場所の利便性から伏見キャンパスを二〇〇二年から開設した。

カリキュラムの大きな目玉は、ウィークエンドＭＢＡである。週末だけ受講することによって単位履修が可能なようにカリキュラムを工夫している。そのなかに、「ＥＲＰシステム」という科目があり、ドイツＳＡＰ社のＥＲＰ(Enterprise Resource Planning: 企業資源管理あるいは統合的業務システム)パッケージソフトウェアＲ／３をもとに授業を進めている。おそらく、国内で最初にこれを取り入れた本格的な授業といえるだろう。

ＥＲＰは、一九九〇年代はじめころより新しいＩＴ環境を取り入れた業務パッケージが多く登場してきたことを捉えて、ガートナーグループが新しいソフトウェアビジネスの領域として定義したことにはじまる。その後、ＳＡＰ社のＲ／３が、ＢＰＲのツール、ベストプラクティスの提供などを提唱し、世界的なシェアを獲得するにつれ、現在では、一般的な経営管理手法や統合情報システムとして考えられるようになっている。すなわち人、物、金という企業の資源を管理するための情報の収集、蓄積、活用を支援する標準的な経営システムとしてである。業務領域としては企業の基幹的な業務すなわち受注から出荷、会計、人事そして生産管理業務が含まれ、基盤としての統合データベースが情報支援をしている。導入企業の実務が標準的なプラクティスに適合しない場合、修正が発生するが、これをカストマイズと呼び、この作業量がＥＲＰ導入のコストに大きな影響を与える。

日本においては、二〇〇〇年問題の解決策として、大企業を中心に多くの業界で導入が進んだ。また、パッケージに組み込まれている業務システムは日本企業のグローバル化に際しての有効な手段としても採用されていった。名古屋商科大学では、このように多くの企業で導入が進んでいるＥＲＰを授業に取り入れることによって、実務者に有益な講義内容を目指したのである。

また、このパッケージを導入した企業での管理職経験者(退職して現在コンサルタントをしている)や担当したベンダー、さらにテーマに応じて講師を外部から招聘することによって、より実務に適応した授業を提供しようとしている点も大きな特徴である。そこでは、授業のアウトソーシングを積極的に活用しているともいえる。さらに、この実習にあたって、横浜国立大学のアプリケーションサーバーを遠隔利用するという方式も、外部のＩＴ資源の積極的活用といえるだろう。

ＥＲＰを経営情報教育にどのように組み入れていくべきかは、日本においても、今後の大きなテーマである。この授業では、企業からの受講者のニーズに応えるため、ＥＲＰ導入に際してのパッケージの意義と実際の業務とのギャップ、さらに、業務の改革の遅れと開発費用の肥大化など、ＥＲＰ普及の諸要因、方法論、解決策など、実務に直結するテーマを積極的に取り上げていた。

授業は半年で修了するようデザインされており、前半を講義、後半を実習にあてている。担当講師はコーディネータ的役割もかね、それぞれのトピックで専門家や技術者を招き、講義・実習を行っている。受講生は二〇人で、内訳は社会人、学部からの学生が半々であるが、実務に関する知識がある程度要求されるため、科目への理解度は社会人のほうが数段高い。今までの授業が各専門で縦割りであったのを、業務プロセスを中心に横断的な授業を行うことを主眼としている。ＥＲＰについての技術的な理解よりも、企業人として、情報をどのように活用するかという観点を重視している。

この科目のひとつのテーマである「会計」の講義を視察した。ベンダーが実習を担当し、一時間ほどＥＲＰパッケージのＧＬモジュール(一般会計)について、業務プロセス全体のなかでの位置づけと機能説明を行っていた。会計分野の知識が少ない学生にはイメージしにくい部分もあり、受講生の理解にもバラツキが生じていた。たとえば、当日の実習では、マスター参照と伝票入力の実習を行っていたが、操作については難なくこなしていたものの、伝票入力の実習では、入力作業自体に集中しすぎて、会計知識が不足している学生には、その意味まで理解できないように思えた。これは、実務を実習で教育する際の重要な課題である。その後三〇分程度、横浜国立大学のサーバーにインターネット経由でアクセスし、実習を行った。二〇人がほぼ同時にアクセスするため、応答時間がかなり低下し、半数くらいの学生しか良好なレスポンスが得られていなかった。インターネット経由で外部サーバーを活用する際に、避けてとおれない問題であるが、まだ初年度ということもあり、回線速度の改善や実習方法の見直しによって今後対応してゆくと思われる。

名古屋商科大学大学院では、ＥＲＰというまったく新しいシステムを活用して、新しい授業に積極的にチャレンジした。このような実習を授業に取り入れることは、理論だけではなく実務を融合させた授業を提供できるだけではなく、学生に多くの刺激を与え、具体的な理解を促進する教育アプローチであると感じた。従来、理論と実習との効果的な融合が多くの教員の悩みであったが、この点に関してはかなり成功している。

このようなネットワーク依存型の授業においては、とりわけ、実務を含むような実習では、ネットワークへのデータ量負荷が増大するため、インフラ環境の良否がそのまま学生の理解度、授業に対する満足度に大きな影響を与える。しかし、ネットワークやサーバーの強化は費用の増大をもたらさざるを得ないため、今回のように外部の力を積極的に活用することは、効果的な解決策であろう。学内教員がコーディネータに徹し、教育コンテンツも外部の力を活用するというチームティーチングの概念を取り入れた新しい授業モデルの実験を見たような気がする。

現在は、ＳＡＰ社が提供している標準的な教育用の企業モデルを使用しているが、今後は大学独自の教育用企業モデルを開発し、複数の授業を大学間で共有することも計画しているようだ。経営学教育という観点からは、ＥＲＰ自体を教育することが本来の目的ではなく、ＥＲＰを活用した新しい企業情報の活用が主眼となるはずである。そのためには、教育に適した日本的な企業モデルを構築する必要があるだろう。その開発には多くの工数と予算が必要となるが、米国に比べて一番遅れている分野であり、そのこと自体の重要性もまだ認識されていない。これも、実務と理論の融合にとって大きな問題ではなかろうか。

## 5　ＡＭＬプロジェクトによるビジネスプランニング演習

青山学院大学のＡＭＬ(Aoyama Media Lab.)プロジェクト(バーチャルユニバーシティ構築のための実証実験プロジェクト)では、理論と実務を融合した経営学教育として、二〇〇一年からビジネスプランニングの教材開発に取り組んでいる。経営戦略策定は、企業経営の重要な実務であるにもかかわらず、授業では理論的な解説に終始することが多く、実務を意識した授業内容が不足しているといわれてきた。ここに、最新のＩＴを駆使することによって、従来、実施困難であった経営の様々なプロセスが擬似的に体験でき、実務の理解を加えながら、ますます激変する経営環境において展開される経営戦略策定を効果的に学習する機会を提供することができる。まさしく、ＩＴを実務に活用できるビジネスリーダーの育成を目指している。

ここでは、授業の場で必要な知識を入手し、それを演習で体験し、討議することによって、知識を効果的に自分のものにできるような協調型演習を取り入れている(表1)。このために、仮想企業モデル、授業における学生とのコミュニケーションや教材の蓄積、学生による評価情報の収集機能などを開発した。

この演習では、ＰＣメーカーにおけるビジネスモデルとビジネスプロセスを、チームで協調的に議論し、作業を進めてゆく。また事業構造変革の実践方法と新事業企画に必要となる各種の戦略理論や手法を、自分で調査し、考えながら体得・学習する。さらに、従来の回収期間、現在価値法など設備投資評価中心の手法に加え、最新の経営環境を反映し株主重視を意識した業績評価指標を取り入れている。

いいかえれば事業計画策定プロセスについて、仮想企業モデルを用いて、ネットワーク上で擬似体験しながら、企業における事業企画に関連する全業務プロセスについての理解、企業におけるビジネスモデルの変革活動についての理解、背景となる主な理論についての理解を深めるための新しい授業を創造している。

授業は、図1のように進められている。履修者三人づつのチームに分かれ、各チームには所属する企業のトップから、「従来のビジネス構造を越えた新しいビジネスモデルを考え、事業を改革する特命」が与えられる。各チームは、さまざまな検討、評価を行いながら、最終的に事業計画を企画立案し、経営会議にプレゼンすることが指示されている。チームごとに、リーダー、マーケティング担当、財経担当を決め、事業の企画を進める。

この演習は、二〇〇二年度から青山学院大学経営学部の専門科目のひとつとして三～四年次を対象に正規の授業として取り入れられている。

最終授業において一七の質問からなるアンケートを実施した。各質問に

**表1　授業内容**[1]

| テーマ | 講義内容 |
|---|---|
| テーマ1 | オリエンテーション・概要(ビジネスとは、ビジネスモデルとは) |
| テーマ2 | 現状ビジネスの理解 |
| テーマ3 | 目標設定 |
| テーマ4 | 市場・競合・SWOTS分析 |
| テーマ5 | 事業戦略・CSF分析 |
| テーマ6 | 現状ビジネスプロセスの検討 |
| テーマ7 | 新ビジネスプロセスの評価 |
| テーマ8 | ビジネスプランの評価(収益モデル) |
| テーマ9 | 実施計画書作成 |
| テーマ10 | プレゼンテーション・コンペ |
| テーマ11 | まとめ&グループインタビュー |

松島、戒野、伊東、小酒井「ｅラーニング協調型演習によるビジネスプランニング教育の有効性」『2002年春季経営情報学会全国発表大会予稿集』2002年

対する回答のグラフを図2に示す。縦軸は質問に対する回答の五段階を示す。同図より、「サイバービジネスプランニングの教育方法に対する総合評価(質問一二)」、「協調学習に積極的に参加できたこと(質問一〇)」、「協調学習で学習が促進したこと(質問一一)」、「WBTシステムが授業を大いに支援していること(質問一七)」が高いスコアであった。この質問一七がすべての質問中、もっとも高い評価を得ていた。

反対に、評価が低いのは、「演習用に作成したワークシートの評価(質問四)」で、学生がビジネスプランになじみが薄く、ワークシートをどのように活用すればよいのか戸惑っていたように思える。また、「ネットワークコミュニケーション機能によるコミュニケーションの促進(質問一四)」や「内容の理解度の促進(質問一五)」は、効果が認められなかった。掲示板、伝言板、質問箱などの活用の評価が思わしくない。

このように、アンケート結果から分析すると、おおむね、学生の評価も高く、ITを活用した演習を十分

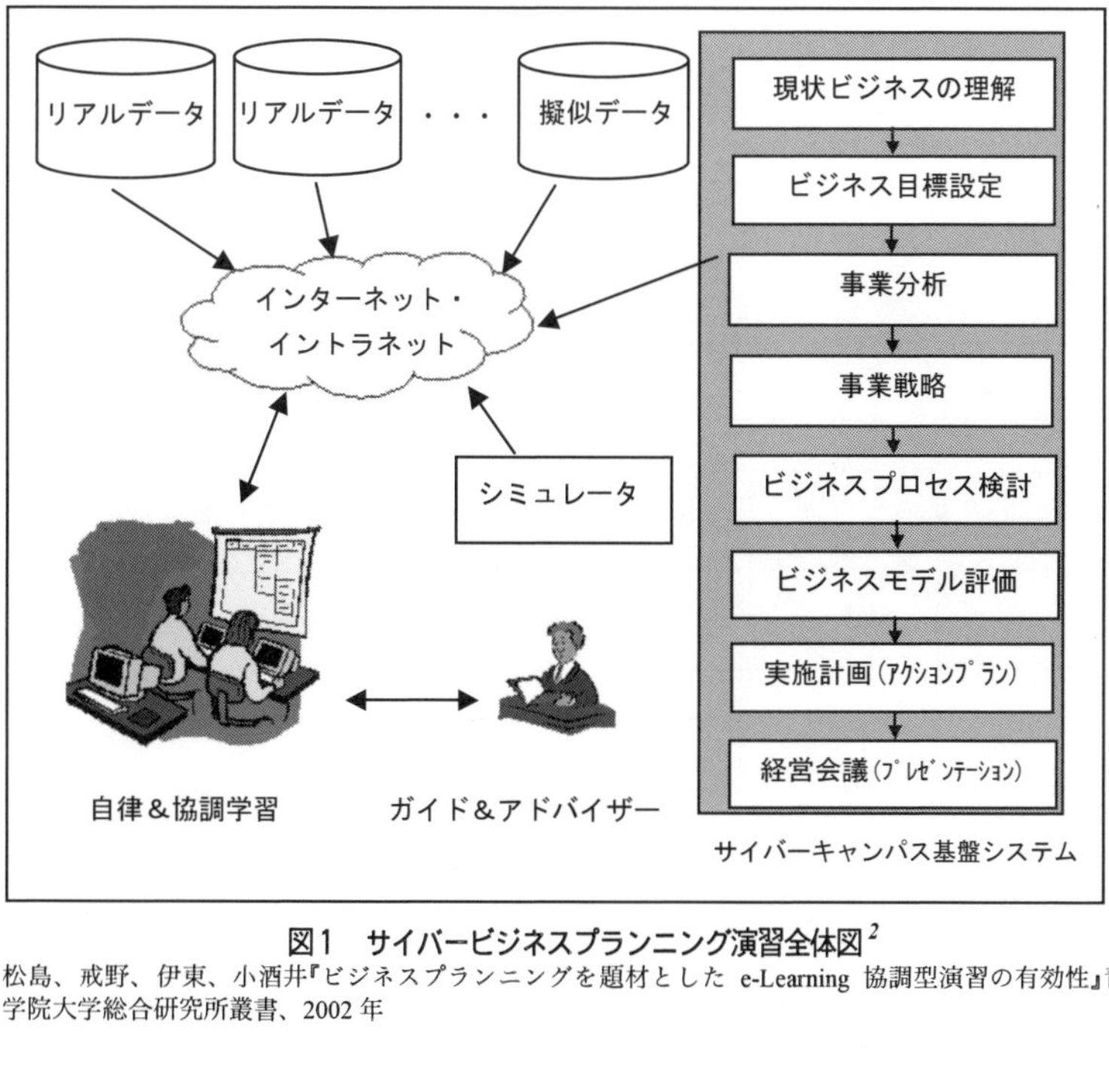


**図1　サイバービジネスプランニング演習全体図** [2]
松島、戒野、伊東、小酒井『ビジネスプランニングを題材とした e-Learning 協調型演習の有効性』青山学院大学総合研究所叢書、2002 年

活用していることがうかがえる。従来の教育のような積み重ねにもとづく関連科目の系統的学習としてではなく、業務プロセスの理解に沿って必要な知識や技法を学習するという教育方法に関する評価もおおむね良好である。全体的な学生の評価、とりわけ容易性への高い評価は、授業の進行に困難が少なかったことを示している。

学生には、積極的に学習しようとする意欲が強く感じられ、わからないことは調べるという学習態度が徐々に醸成されてきた。したがって、実務の局面においても、道具を駆使しながら、情報と知識を自分で収集して学習するという、基本的な学習方法を体験させることができている。業務プロセス志向の教育プログラムは、新しい教育方法として、学生が効果的に受け入れていると考えてよいだろう。さらに、このようなアプローチについての教員側の学習も進んできたと考えられる。

しかしながら、ＩＴツールをうまく活用して協調的な演習を行うという意味では、まだ成功しているとはいえない。ツールと学生と教員とのコラボレーションには、時間と習熟が必要なのかもしれない。

当然ながら、この授業だけで経営が理解でき、知識量が大幅に増大したと考えるのは早計であり、現実にはこのような業務プロセス志向の学習と理論的な学習の双方が経営学教育には必要であろう。ここでは、その入り

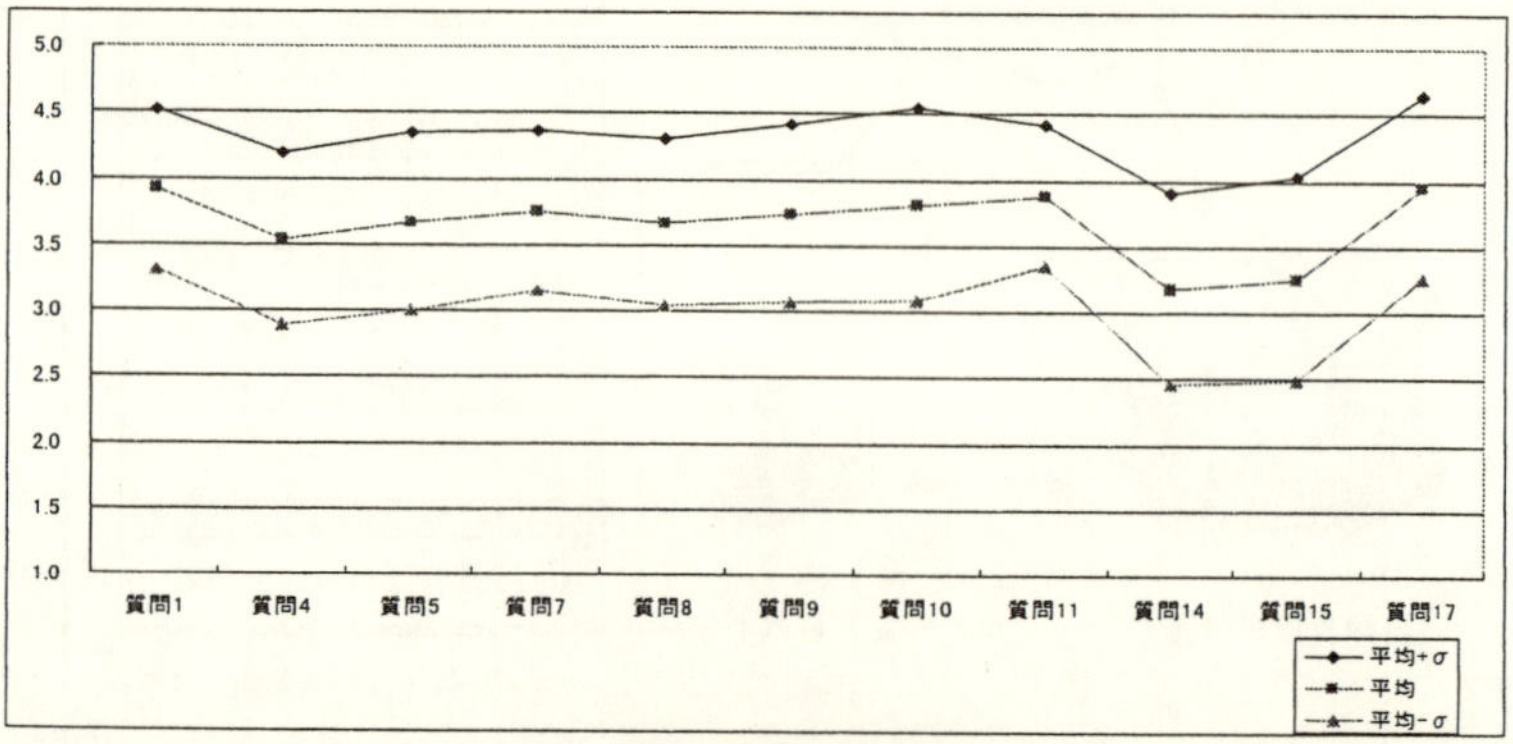


**図2　全体の集計結果グラフ**[3]

松島、戒野、伊東、小酒井「ｅラーニング協調型演習によるビジネスプランニング教育の有効性」『2002年春季経営情報学会全国発表大会予稿集』2002 年。

口に到達し、何が必要かの知識が得られたと考えることが妥当である。しかし現在、大学でもっとも必要とされる教育の成果のひとつであることは間違いない。

## 6　教育における実務と理論の融合とＩＴの活用

名古屋商科大学と青山学院大学での事例を検討してきた。両者では、理論と実務の融合を目指して、教育方法の変革を進めている。さらに、従来の教育手法の変革を通じて、大学自体の変革をも目指している。実務の要素を授業に加えるにあたって、名古屋商科大学ではＥＲＰソフトを活用し、青山学院大学では企業モデルを自主開発するという違いはあるが、両者とも、業務プロセスを具体的に学生に提示しながら理論を解説するという手法をとっている。

これらは、業務プロセスを重視した経営学教育ということができるだろう。従来のように、既成の理論体系にもとづいて実務を理解しようとしても、それは、パズルの各ピースから全体像を理解させようとするもので、学生にとって非効率的でわかりにくいものであり、逆に事例に見るように実務の流れに沿って全体を把握しながら、必要に応じて各理論を学んでいくという実務プロセス志向の経営学教育のほうが、学生にとってわかりやすいものであったことを示唆している。大学での経営学教育は、詳細な実務手続きを教えるのでなく、経営の全体像を把握することが目的であり、このほうが適しているのではないだろうか。

以上のような実務と理論の融合について、たとえば、製品開発という実務プロセスは、どのように教育されるべきかを考えてみよう。製品開発は、企業の事業戦略、製品戦略、投資戦略という企業経営の根幹に深くかかわっており、創造的な考え方や技術能力、機能仕様の実現可能性の検討という基本的なプロセスであるとともに、事業戦略を具体化するためのものでもある。したがって、戦略との整合性を検討したり、製品投入による事業計画への影響を判断したり、戦略への貢献度合いを定量評価し、設計要素にフィードバックするという情報プロセスの性格をもっている。

このような製品開発プロセスに関して、技術面での教育はもっぱら工学教育の一環として実施され、経営実務に関する教育は経営学教育の一環として、また、事業計画の投資評価に関する会計技法については会計学教育として取り上げられてきた。すなわち、製品開発というプロセスに関して機能別に、異なった系列の科目として、異なった年次に、異なった教員と教育形態で実施されているのが現状で、体系的な製品開発プロセスの科目として教育されることはほとんどなかったといってよい(図3)。したがって、各教員は自らの研究上のテーマや関心から講義内容を決めることが多く、それらの知識を統合する作業は、受講生の頭脳に依存しているといって過言ではない。

業務プロセス志向の授業では、これらの機能別の知識をひとつの科目として総合することによって、実務を業務プロセスの統合として理解し、全体像にアプローチするための教育を重視する。仮想企業での製品開発活動を擬似体験することによって、各機能を分断することなく、製品開発プロセス全体を統合的に理解でき、それらの知識の必要性を、身をもって体験できることが効果的な教育といえるだろう。

これまでも、企業経営の実務に役立つ教育へのさまざまな努力が重ねられてきたが、大講義室に代表される一方向的な講義形式の授業は依然として変わることがなかった。

| | 戦略・企画 | 製品設計 | 投資評価 | 生産設計 | マーケティング |
|---|---|---|---|---|---|
| 機械工学 | | ◎ | | ◎ | |
| 経営学 | ○ | | | | ○ |
| 会計学 | | | ◎ | | |

**図3　業務プロセスと教育科目**[4]

小酒井、松島、椎木「新製品開発における管理会計教育の新たな試み」『2000 年秋季経営情報学会全国発表大会予稿集』2000 年理論と実務の融合には、単に授業内容や教員の魅力度を改善するだけではなく、教育の形態や方法の変革が必要ではないだろうか。従来のような講義形式よりも、教員と学生との双方向の情報交換、情報共有をベースにＩＴを駆使した協調型演習が適していると思われる。

図４は、ｅラーニングの学習形態を表現している。横軸は、授業形式を示し、講義型、演習型に分類され、縦軸は、問題解決形式が示され、講師より与えられた課題を学生単独で行う独習型、グループごとに課題を行う協調型として分類される。協調型では、学生―学生間、もしくは講師―学生間において双方向のコミュニケーションを重視する。すなわち、協調型演習では、遠隔教育や自習にＩＴを活用するのではなく、大学のような高等教育においてもっとも重要な演習を、ＩＴを活用して効果をあげようとする。

協調型演習を活用しながら業務プロセスを系統づけることによって、従来のように基礎から積み上げて教育するのではなく、新製品開発プロセスを擬似的に進める上で、必要となる知識を、ネットワークを介して取得し、それらを活用するという教育方法こそが、理論と実務の融合として活用される。協調型演習の環境で

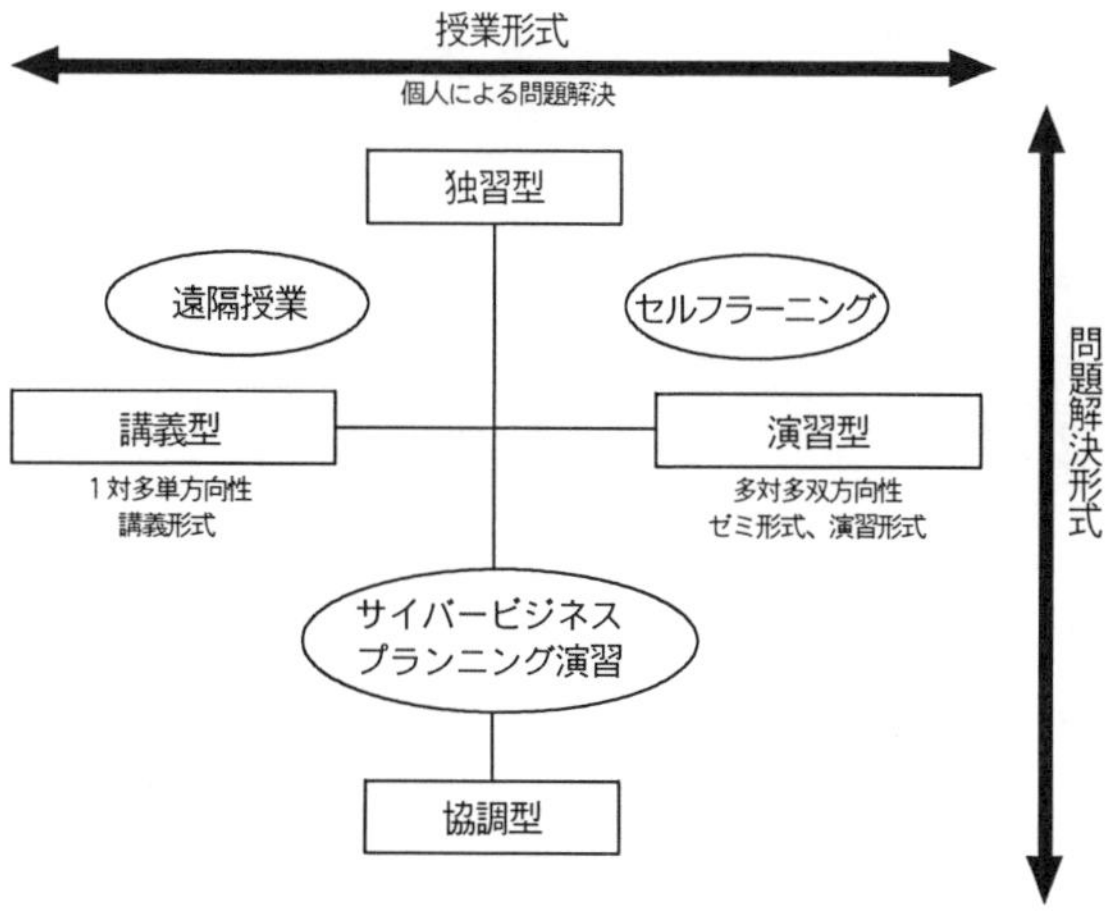


図４　協調学習[5]

は、ウェブ技術やマルチメディアなどの最新のＩＴを活用し、魅力度を高めるとともに、教員と学生、学生間、さらに教材と学生との豊富でタイムリーなコミュニケーションを通じて、学生の効果的な理解をはかろうとするのである。

## 7　経営学教育の変革と課題

ｅラーニングは、国のＩＴ戦略にも頻繁に登場するなど、その重要性が認識されるようになり、多くの実験的な取り組みがなされてきた。しかし、膨大な数の実証実験にもかかわらず、本格的に実施されたプロジェクト、技術、教材はきわめて少ないのが現実である。そこには、インフラ整備などの技術的な問題があったかもしれないが、原因の多くは、ｅラーニングを実施する上での教員側の問題（たとえば未熟な教育方法、教材の構造的開発能力など）や大学側の問題（たとえば現行カリキュラムとの整合性、教材開発ワークロードに対する評価、教材開発支援体制、ＩＴ部門のネットワーク管理能力、教務情報と教育情報のリンケージなど）、さらに制度上の問題（たとえば遠隔授業の単位認定など）が現実にはあげられるのかもしれない。しかし、なかでも教員の意識の問題がかなり大きいのも事実である。その意味でファカルティディベロップメントは重要な役割を担っているといえる。

教育にあたっては、教員と学生、学生間のチームワークにおける双方向のコミュニケーション支援を重視する協調型演習が、とりわけ試行錯誤と討議を行うこのような授業に好適であろう。今後、多くの領域にｅラーニング化への多くの試みがなされるであろうが、ハーバード大学やマサチューセッツ工科大学に負けず劣らない教材作りに向けて日本の経営学関係教員の創意と工夫が全力で注がれなければならない。

実務プロセスの流れに沿って必要な理論、知識を学生が取りに行き、実際の問題を解決する手段としてｅラーニングを活用してきた。そして実務と理論の効果的な融合について、経理実務、製品開発、事業計画などのプロセスを例にとって議論してきた。しかしながら、これらの実現にいくつかの新しい課題があるのも事実である。

## (1)　チームティーチング体制の導入

従来のカリキュラムは学問領域、担当教員、講義科目という縦割りが原則で、学生の理解に沿って知識が配置されているわけではない。したがって、これまで述べてきた業務プロセスに沿った授業を実施しようとすれば、当然一人の教員でカバーすることは困難で、ひとつの授業を複数の教員で担当せざるを得ない。このような手法はチームティーチングと呼ばれ、米国では普及しつつあるが、日本ではきわめて限られた科目(たとえば総合科目など)で試みられているにすぎない。

教員の責任コマ数など従来の教務慣習が阻害要因であることが大きいが、それだけではない。複数の専門を異にする教員が共同でひとつの科目を制作するために、シラバスやシナリオを議論しあうということに不慣れであるし、また、一人一人の科目もこれまで、きめこまかなシナリオを作成するという作業を学んでこなかったように思える。すなわち講義ノートのみではなく知識習得への道筋を事前にイメージし、そのために、どのような質問を発するか、小テストを実施するかなど、講義要素を組み合わせることを、あまり考えてこなかったといえるだろう。

## (2)　仮想企業モデルの構築とIT支援

複数の教員がチームで教育する場合、全体を一人のクラスマネージャーがカバーし、必要な専門分野の教員が分担したり、またはリレー方式で担当したりすることが考えられる。これらの分担が効率的に行われるためには、効果的な情報共有と周到なコミュニケーションが不可欠であることはいうまでもない。

とりわけ、授業管理システムに加え、経営学教育においては、仮想モデル企業の構築と管理が重要である。名古屋商科大学ではＳＡＰ社のＥＲＰパッケージソフトがもつモデル企業を活用し、青山学院大学ＡＭＬプロジェクトでは、独自開発のモデルを組み込んでいる。いずれのケースも、授業管理システムと別のシステムを構築している。

このモデル企業は、一見、企業で稼動しているシステムを転用すればいいように思われるかもしれない。しかし、実際の企業の実務プロセスを活用しようとすれば、その複雑性、理解の難しさに担当者が振り回されることが容易に想像される。また、ＥＲＰがベストプラクティスを提供するといっても、実務に決して明るくない教員の手に負えるものではない。その意味で、市場モデルや財務データ、組織モデル、資源モデル、業務モデルなどから構成される、学生にとって理解しやすいシンプルな企業モデルの構築が望まれる。

また、授業管理システムは授業実施上のプラットフォームとして、当然のごとく活用される基盤であって、これからは机や椅子、あるいはマイクやプロジェクターと同じように不可欠で大学が常備すべきものであるだろう。

## 注

1　松島、戒野、伊東、小酒井「eラーニング協調型演習によるビジネスプランニング教育の有効性」『二〇〇二年春季経営情報学会全国発表大会予稿集』二〇〇二年

2　松島、戒野、伊東、小酒井『ビジネスプランニングを題材としたe-Learning協調型演習の有効性』青山学院大学総合研究所叢書二〇〇

二年

3　松島、戒野、伊東、小酒井「前掲論文」注1

4　小酒井、松島、椎木「新製品開発における管理会計教育の新たな試み」『二〇〇〇年秋季経営情報学会全国発表大会予稿集』二〇〇〇年

5　松島、戒野、伊東、小酒井『前掲書』注2

# 第一五章　ウェブサイト活用による教育大学の授業イノベーション

## ――兵庫教育大学における中村研究室の試み――

中村　哲

## 1　データベース開発からの始まり

兵庫教育大学は、一九七八年一〇月に主として現職教員の学校教育に関する高度の研究・研鑽の機会を確保する大学院修士課程と初等教育教員を養成する学部を有する新構想の教員養成大学として創設された。そして、学校教育に関しての理論的・実践的な教育と研究を担っている。私が秋田大学から本学へ赴任したのは、一九八五年四月だった。これまでの教育学部とは異なる新しい教育と研究の大学であるとの期待を膨らましての転任。しかし、新構想大学と称される教育と研究の実態は、教育実践との関連が乏しい既存の教育学部の体質と同じであった。ただ、大学院生として現職教員が多く在籍しているので、授業研究に関する修士論文が多いところは相違した。

そのような現職教員としての院生を指導する中で、彼らの授業研究についてつぎのような問題点を感じてきた。研究対象として取り上げる授業が、教科書に基づいた授業、特定の研究者や研究団体が提唱する授業、学校や地域の研究課題に関連する授業などのように特定授業に偏ったものであること。研究方法としては先行授業の分析研究よりも授業の開発研究が主流であること。これらを問題点として感じたのは、授業を科学的に解明するという研究よりも授業をうまく実践するという実践の関心が優先されているからである。さらに、その状況を生み出している主要因は、先行授業事例についての情報量の少なさと授業研究に基づく教科教育学の学術的成果の貧弱にあると痛感した。

このような問題状況の打開策が、社会科教育研究としての研究対象である社会科の授業資料の収集とそれらのデータベース開発であった。なぜなら、学問としての科学的研究は研究対象の客観的定立とそのような研究対象に関する研究の蓄積によって形づくられるからである。そして、社会科授業に関するデータベースとしては、つぎの三種類を開発した。

①　社会科授業事例(授業案・授業発言記録を含む)データベース
②　社会科教授メディア(教科書・指導書を含む)データベース
③　社会科授業記録ビデオデータベース

これらは社会科教育に関する書籍や論文などの文献でなく、社会科授業に直結する資料であるところに特色がある。社会科授業事例データベースは、国立大学・学部附属学校の研究紀要と『歴史地理教育』『社会科教育』などの刊行誌に掲載されている社会科授業案および授業報告に関するレコードを保存している。社会科教授メディアデータベースは、アメリカとわが国における教科書・指導書・印刷教授メディア（地図・ワークブックなど）・視聴覚教授メディア・マルチ教授メディア・学習ソフトウェアに関するレコードを保存している。社会科授業記録ビデオデータベースは、小・中・高の社会科授業と生活科授業、さらに幼稚園の保育実践に関するレコードを保存している。

　開発当初は私と研究室所属の院生たちが授業研究の目的に適する授業実践を検索するために、これらのデータベースを活用していた。その後、これらのデータベース開発に着手した時には想定もできなかったのであるが、大学におけるコンピュータネットワーク環境が構築され、インターネット活用が可能になってきた。このような環境変化に刺激されることによって、一九九八年三月に社会科授業事例データベースを「社会科授業実践ウェブデータベース」のウェブサイトとして公開することになった。[1] そして、本年八月現在では、九〇〇一レコードが蓄積されている。本ウェブデータベースのサイトは、ホームページ、検索項目の入力ページ、検索結果表示ページからなっている。ホームページには、ページのタイトルと授業事例レコードを抽出した雑誌名、小・中・高の学校段階、発行期間が表示されている。雑誌としては、各雑誌の創刊年月から最新号までの『歴史地理教育』『生活教育』『教育』『社会科教育』『考える子ども』の社会科教育に関連する情報誌である。検索項目の入力ページでは、検索項目と検索条件などがコンテンツになっている。検索項目は、「実践名」「実践者名」「所属」「掲載誌名」「発行所」「学年」「発行年」になっている。そして、各項目ごとに関連用語を入力することによって目的とする授業の検索ができる。検索結果表示ページでは、現時点での蓄積数である九〇〇一レコードから検索項目の入力に該当するレコードが一覧表示される。たとえば、実践名に「農業」と入力すると、その検索結果としてフィールド名に検索用語が含まれる二〇〇レコードの一覧が表示される。

　このように社会科授業実践データベースをウェブサイトとして公開することによって、これまでの個人による社会科授業の情報収集ではなく、社会的研究体制としての社会科授業に関する情報処理システムが確立されることになった。そして、私の研究室関係者だけでなく、学部の社会科教材研究や教育実習と大学院の演習の授業設計や教材開発のために検索する学内利用はいうまでもなく、学外の研究者と実践者の利用もなされてきた。なお、現時点ではこのサイトへのアクセス数は四五〇〇を超えている。その意味では、社会科授業ウェブデータベースは教師の専門的能力形成を図る社会科授業研究の基盤となる役割を有し、その開発がウェブ活用による教育大学における授業イノベーションのはじまりとなったのである。

## 2　ウェブ教材サイトの活用と開発による普及

インターネットの機能としては、「World Wide Web」「電子メール」「ファイル転送」「ネットニュース」「チャット」「テレビ会議システム」などがある。このようなインターネット活用については、一九九六年七月に中央教育審議会から「二一世紀を展望した我が国の教育の在り方について」(第一次答申)の提示によってこれまでの授業実践や学校教育を改革するものとして意義づけられた。その後、インターネット活用校が増加し、二〇〇一年には全国の小・中・高の学校がインターネットに接続されることになった。そして、特定な学校、特定な教師だけでなく、すべての学校、教師がインターネットを、いつでも、どこでも活用できる状況に直面せざる得なくなってきた。

このような学校教育におけるインターネット活用の状況に対応するために、一九九九年一一月に兵庫教育大学では、教科教育学会のインターネット研究部会を立ち上げ、翌年の二〇〇〇年一二月に『インターネットで創る授業の展開』(日本文教出版社)を刊行。本書は、インターネット活用の教育的意義を考察し、インターネット活用の教師による教材研究の側面と学習者による学習活動の側面に区分し、ウェブサイトの活用形態を検討したものである。前者では、教材内容の調査、教材構成、教材についての意見交流の項目になっている。教材内容の調査としては、基本的に教材検索エンジンとリンク集を活用した教材内容に関する情報収集の方法を一般的手法として解説している。教材構成としては、教材構成を構想する際に基礎資料となる先行授業事例に関するデータベースの活用と学習指導過程に対応した支援方法を紹介している。教材の意見交流については、教科指導に関する情報提供と意見交流などを総合的に可能とするウェブページの利用とメーリングリストを活用した授業研究の方法が取り上げられている。

後者では、学習対象としての事象・事物への児童の学習関与の仕方を踏まえて、観察・調査活動、鑑賞・言語活動、バーチャル活動、参加・交流活動、表現・創造活動の授業実践の項目になっている。観察・調査活動は、「日本列島丸ごとプラネタリウム」の天体観察のような、児童が客体としての自然事象や社会事象の事実を正確に把握する授業である。鑑賞・言語活動は、「３Ｄ美術館での作品鑑賞」の美術鑑賞のような児童が客体としての芸術作品、文学作品、外国文化などの特色を理解する授業である。バーチャル活動は、「おもしろ理科実験」の模擬実験のような児童が仮想世界における擬似体験をする授業である。参加・交流活動は、「伝えあう調理の工夫」のテレビ会議のような児童が他者との相互交流を通して情報や意見を交換する授業である。表現・創造活動は、「コラボレーションによる造形表現」の協同制作のような児童が他者との相互交流を踏まえて、作品、知識、考え、意見などを創造し、発展させる授業である。

このように本学の教科教育担当教官が中心となって、教材研究と学習活動におけるウェブ教材サイトの活用に関する具体事例を紹介することによって、執筆教官自身も教育におけるインターネット活用の意義を共通的に理解することができた。また、これらの活用事例は各執筆者の授業科目において紹介され、本書の教科書採用も図られている。このことから、本書の刊行は、本学の授業科目におけるインターネット活用を促進させる啓蒙的役割を担ったものである。しかし、本書において紹介されているほとんどの活用事例はウェブ教材サイトの情報として収集されたものであり、本学の教官自身が開発し、活用した具体事例は数事例である。したがって、本学の授業科目においてインターネットを積極的に活用するためには限界が見られた。

このような状況を改善すると共に今後のインターネット活用のモデル事例を示すために社会科ウェブ教材の開発を試みた。それが、社会科教材ウェブ「社会科の家」。[2] このホームページには、三つの部屋のドアがある。一つ目のドアには、「さがす」の表題。このドアから入る部屋は、小学校社会科の各学年で学習する内容を調べるところである。この部屋に入ると、三年生から六年生までの学習内容の項目一覧が表示される。たとえば、三年生では、「公共施設」「自分たちの市」「商店」「生産活動」「昔」という五つの基本項目と各基本項目を具体化した「市役所」「公民館」「図書館」など一九の下位項目が示される。他の学年の項目も、同じ形態で構成されている。これらの項目の選択によって、調べたい内容の情報を入手できる他のホームページへ行くことができる。二つ目のドアには、「発信する」の表題。このドアから入る部屋は、学習内容をまとめて、ホームページを作成するところである。この部屋には各児童が学習内容についてのホームページを作成できるように、「名前」「課題」「まとめ」の欄に文字を入力し、「写真」の欄に映像を挿入すれば、簡単に各自のホームページを作成できる「ひな形」のページが用意されている。三つ目のドアには、「交流する」の表題。このドアから入る部屋は、友だち同志で意見を述べ合うところである。この部屋には各児童が作成したホームページを見ることができる「ページ移動ボタン」と、友だち同志で意見を交流することができる「意見交流画面へのボタン」があり、学習の進行中だけでなく終了時においても情報や意見の交流ができる。

この「社会科の家」は、社会科の学習課題に関する情報の収集、発信、交流という機能を有する学習基地になるウェブ教材である。児童はこのようなウェブ教材の活用によって各自の問題関心と学習スタイルによって、ちょうどサーチライトで暗闇の世界を映し出すように、知識を探索することができる。したがって、このようなウェブ教材は、各児童が他者との交流に基づいて主体的に学習を推進させるモデル教材と評価できる。このようなウェブ教材の開発によって学習者主体のインターネット活用による授業改革の方向性を示すことが可能となった。また、教育大学におけるこのようなウェブ教材の活用としては、これからの教師の専門的能力として求められるインターネット活用の能力形成を図る教材とすることもできるのである。しかし、教科指導の科目と情報教育の科目とを関連づけるカリキュラム改革と学生たちのウェブ教材開発を支援する人材の確保などの大学組織として対応しなければならない課題があるので、社会科教育の単一科目においてウェブ教材を開発する授業実践は難しい状況である。

## 3　授業イノベーションを意図したウェブベースサイトの開発

前述のウェブ教材は、学習者が学習課題についての情報の収集、発信、交流という機能を使用して主体的に学習できるウェブベースサイトとしての性格を有するものである。これまでの社会科教育の授業科目においては講義内容の中でインターネット活用のモデル教材として紹介するだけであった。学生にとっては紹介されるウェブ教材の素晴らしさを理解するだけで、教育大学の授業自体を改革するウェブサイトであるとは言い難いのである。そして、大学の授業改革のために活用するウェブベースサイト教材開発の必要性を感じてきた。すなわち、教育大学における教科指導の科目において教師の専門能力の形成を可能とするウェブ教材開発が課題となった。その課題に対応するために、教師によるインターネット活用の教材研究の側面に着目した。なぜなら、最近では多くの教師たちが教材の開発、学習指導案の作成、教育情報の交流などに日常的に活用しているからである。また、教科指導の科目においては教科書等の教材を活用した授業の設計と実践の専門的能力の形成が基本的目標となるからである。

教材研究を利用目的として開設しているウェブサイトとしては、リンク集、データベース、メーリングリスト、電子掲示板などのページを有するサイトが数多くある。しかし、それらは単なる関連情報の提供に留まり、社会科のカリキュラムと学習指導案の作成という教材研究の目標行動達成を可能とするものでない。このような問題を改善するために、インターネットの情報の収集・発信・交流の機能を活用して、教師が社会科教材研究を遂行できるベースサイトの開発に着手した。[4]

教材研究には、年間指導計画の作成、教科内容についての情報収集、学習指導案などの複数の要素行動が含まれる。したがって、教材研究を遂行できるウェブ教材としては、年間指導計画や学習指導案を作成する活動を保障し、関連情報を総合的に活用できる機能を有する必要がある。そのため、社会科教材研究ベースサイトの全体構造を教材研究の行動分析によって明確にしている。教材研究としては、仮説としての役割を有する学習指導案の作成が重要な目標行動である。そして、学習指導案は単元計画と授業計画から構成されているので、それらの作成に関する行動が基本的な要素行動になる。さらに、単元計画作成の前提には年間指導計画の作成が必要となる。したがって、本教材研究ベースサイトの全体構造としては、年間指導計画の作成、単元計画の作成、授業計画案の作成を要素行動としている。なお、本教材研究ベースサイトは、交流機能の役割も有するので、学習指導案の評価と意見交流に関する行動も全体構造において組み入れている。このような要素行動を踏まえて、「カリキュラム開発」「授業構成研究」「授業開発」「授業評価」「情報交流」のメニュー項目が設定されている。[5]

本教材研究ベースサイトの活用では、利用者がメニュー項目を選択し、作業的活動を遂行する形態になる。たとえば、「カリキュラム開発」「授業構成研究」「授業開発」のメニュー項目に関する活用としては、つぎのような活動形態になる。「カリキュラム開発」では、年間指導計画と単元指導計画の作成活動がなされ、単元指導計画の作成についての基本的活動はつぎのようになされる。①単元の決定をする。②「カリキュラム開発」の単元指導計画の作成枠を保存し、作業の準備をする。③単元目標を決める。④同単元の事例について、「カリキュラム関連情報」と「カリキュラムモデル」などのページを利用して情報収集をする。⑤収集情報を参考にしながら、単元目標に基づいて単元指導計画を作成する。⑥作成した単元指導計画をウェブサーバーに保存する。⑦作成した単元指導計画を「情報交流」の項目利用によって検討する。

「授業構成研究」では、単元目標を踏まえて単元内容と授業構成に関する情報を収集し、授業概要を構想する活動がつぎのようになされる。①「授業構想研究」から授業構想枠を呼び出し、情報収集の準備をする。②「社会科実践ウェブデータベース」の利用によって同単元の実践事例を検索し、それらの情報を収集し、「授業構想メモ」に記録する。③「リンク集検索」の利用によって教科内容や学習指導に関する情報を収集し、「授業構想メモ」に記録する。④不足情報を書籍やフィールドワークによって補う。その際、「情報交流」の項目利用によって参考情報を収集する。⑤収集情報を整理し、「授業構想メモ」に追記する。⑥「授業構想メモ」を保存する。

「授業開発」では、前項目の成果に基づいて学習指導案を作成する活動がつぎのようになされる。①学習指導案作成から学習指導案の細案作成枠を保存し、作業の準備をする。②単元目標と単元設定の理由を記入する。③「授業構想メモ」の情報を参考にねらいと展開を作成する。④「学習指導案事例」「リンク集検索」から同単元の実践例の情報を収集し、作成した授業のねらいと展開について再検討する。⑤作成した学習指導案をウェブサーバーに保存する。⑥作成した学習指導案を見直し、「情報交流」の項目利用によって検討する。

このように社会科教材研究ベースサイトは、本学における授業イノベーションの試みとして、社会科のカリキュラムと学習指導案を作成するという行動目標の達成を意図し、社会科教材研究に関する統合的情報を学習者が主体的に活用できると共に他者との意見交流を踏まえて協同的に活用できるウェブ教材として開発されたものである。その意味では、教育大学の使命である教師の指導能力形成を図ることができるウェブサイトであり、これまでの教師主導の講義形態としての授業を学生主導の参加交流形態としての授業へ変革するウェブサイトでもある。

## 4　社会科教材研究ベースサイト活用の授業

本教材研究ベースサイトの活用は、学部における教職関連科目と大学院における社会科教育関連の演習科目の中でなされている。たとえば、「実地教育Ⅶ」(二〇〇一年度兵庫教育大学専修専門科目、学部社会系教育講座四年生二一名、前期金曜日二時限)の科目においては、つぎのような活用がなされた。本授業目的は、小学校社会科の教科内容と教科指導に関するＷＥＢページを活用し、収集した情報に基づいて地域教材についての授業開発をすることにある。授業内容は、「社会科教育教科内容関連ページの活用」「社会科教育教科指導関連ページの活用」「小学校社会科地域教材の開発」の三項目に基づいて構成されている。第一項目と第二項目については、本教材研究ベースサイトの「社会科授業に役立つホームページ情報」のリンク集ページを基本的に活用する指導方法を用いた。第三項目については、本教材研究ベースサイトの「授業構成研究」「授業開発」のメニュー項目を活用する指導方法を用いた。

第一項目に関するリンク集ページの活用に際しては、「インターネットを活用した授業実践を調べる」「自分の郷里の居住地域の地図を探す」などの具体的な学習課題を示し、それらの課題を調べることによって各ページの情報内容と活用方法の理解を意図した。第二項目については、第三項目の学習指導案の作成過程に関連づけて活用した。また、最初の計画では、学習指導案の作成については第三学年と第四学年における地域教材を取り扱う予定であったが、受講生の希望により地域教材だけに限定しないことにした。受講生二二名が作成した社会科学習指導案の単元は、つぎのようになっている。

第三学年(五名)「私たちの町をしょうかいしよう」(二名)「わたしたちのすんでいるところ」「わたしたちのまち　みんなのまち」「みんなの図書館改良計画」。第四学年(七名)「火事だ、事件だ、さぁ大変だ」「事故を防ぐ」「わたしたちのくらしとごみ」「その〝ごみ〟どうするの」(二名)「ごみと住みよいくらし」「私たちが住んでいる兵庫県」。第五学年(七名)「森林はなぜ大切なの」(二名)「米づくりのさかんな庄内平野」「消費者に喜ばれる米はどのように生産されているのか」「食料は輸入?自給?—これからの食料生産—」「自動車をつくる工業」「いま、どんな自動車が求められているの」。第六学年(四名)「藤原道長と貴族のくらし」「信長・秀吉・家康は、どのように天下を統一したのか」「開国と江戸幕府の滅亡」「国際連合の役割」。これらの学習指導案の作成では、「授業開発」のサブ項目ページの細案の作成枠を活用しているので、学習指導案の形式は統一されている。また、現行小学校社会科の教科書に基づいた学習指導案になっている。

本授業実践においてはウェブ教材の機能を十分に活用できない面が見られたが、学習指導案の作成という行動目標を受講生の全員が達成できた。また、その作成過程において関連情報の活用も個人的な差はあるがなされていた。したがって、本社会科教材研究ベースサイトは、社会科学習指導案の作成という明確な行動目標の達成を図るウェブ教材として活用可能なものであると評価できる。

このようなウェブ教材を活用した本授業についてのアンケートを掲示板の利用によって依頼した。[6] たとえば、つぎのような受講生のメールが見られた。「授業計画枠、指導計画枠が既製だったので、やりやすかった。しかし、取り扱い方や入るべきサイトが友達に聞いてでないとわからないことがあった」。「授業を構成するに当たって大変役に立つサイトだと思いました。わたしたちが現場で役立つ情報を手に入れたいと思ったときに、ここから入っていけば内容の充実した授業案が構成されると思います。わたしはもちろんお気に入りに登録させていただきました」。「このベースサイトは、創造的な教材研究や授業実践の蓄積を保障するものであると思います。実際、私は単元計画を作成する際、このベースサイトの関連情報をモデル事例で見ることで、よりよい単元計画へと書き換えました。具体的には、『安全なくらし』の単元計画において、最初私は『町の安全施設を知る』という小単元を考えていましたが、カリキュラム関連情報を使って調査した結果、より活動を取り入れた小単元モデルを見つけ、『交通事故をなくそう』という活動型の小単元に変えました。このように、教材研究が個人や指導書の狭い思考にとどまるのではなく、より広く創造的な教材研究を行えることが可能だと思います」。

このようなウェブ教材の活用によって利用者の問題関心を基盤に主体的な学習形態が構築されるところに大学教育における授業イノベーションの一端をみることができる。そして、授業担当者としての大学教官だけでなく、学校教育における教師や専門的役割を有する社会人との交流も可能である。したがって、ウェブ教材の活用は大学教育における授業科目の学習活動をキーステーションとして社会的に発展させるものである。さらに、このような本教材研究ベースサイトを活用した社会科教育研究室の試みは、高度情報化社会における教師教育のあり方のてがかりを示すものと言える。

データベース開発から始まった試みは、授業リソースに関する二次情報のウェブデータベースから一次情報の学習指導案を閲覧できるウェブデータベースの開発へと進化してきている。さらに、社会科ウェブ教材から学習指導要領に基づく社会科ウェブ教科書の開発へと具体化してきている。このように高度情報技術を活用した教育大学の授業イノベーションの構想は膨らむのであるが、データ入力、サーバーの管理や補修などの費用、人材の確保が難しい問題にも直面しているのが現実である。その意味では、高度情報技術を活用した教育大学の授業イノベーションの実現化には、各研究室の試みと他大学における先駆的事例を視野にして高度情報化社会における教育大学としての展望とその展望を具体化する支援体制の確立が必要とされる。[7]

## 注

1　http://mac25soc.soc.hyogo-u.ac.jp/(二〇〇四年八月二五日アクセス)

2　http://mac25soc.soc.hyogo-u.ac.jp/matsuoka/HOME/index-1.htm(二〇〇四年八月二五日アクセス)

3　兵庫教育大学社会科教授メディア開発研究会代表中村哲(二〇〇二)『インターネット活用による社会科教材研究方法のカリキュラムと指導法の開発』四―五ページ、八三―八五ページ。本報告書では社会科教材研究に関する四六ウェブサイトを検討している。

4　http://mac25soc.soc.hyogo-u.ac.jp/webkyozaiken/kenkyu/index.htm(二〇〇四年八月二五日アクセス)

5　中村哲、武田明敏(二〇〇二)「社会科教材研究ベースサイトの開発」兵庫教育大学学校教育研究センター『学校教育学研究』第一四巻一一五―一二五ページ。本論では社会科教材研究ベースサイトの構成について詳しく述べている。

6　兵庫教育大学社会科教授メディア開発研究会代表中村哲、前掲書、六八―八〇ページ。本報告書ではアンケート結果について詳しく報告をしている。

7　ハワード・D・メーリンガー著、中村哲訳(二〇〇〇)『情報化時代における学校改革』風間書房。本書ではアメリカにおける大学のテクノロジー活用の先駆的改革を行ったインディアナ大学教育学部の取り組みが紹介されている。

# 第一六章　インターネットで音楽教育
## ――大阪芸術大学通信教育部音楽学科――

鈴木　克夫

### 1 「通信教育、新発売。」

上段にウェブページの画面、下段に大判の郵便封筒のイメージ画、中央には「Eメールでも郵便でも、資料請求できます。」とある。ウェブページの中にも、封筒に貼られた切手にもモナリザの肖像が微笑む。そして、「通信教育、新発売。」のメイン・コピーと「アートは『勇気』だ。芸通」の共通ロゴ。

これは、二〇〇一年四月に開設した大阪芸術大学通信教育部が学生募集のために全国紙に掲載した全面広告である。モナリザを使ったのは、レオナルド・ダ・ヴィンチが発揮した多彩な才能をこの大学が展開する美術、建築、文芸、音楽、映像など一〇学科の多様性に重ねる狙いがある。新聞広告との相乗効果を狙って広告掲載日から一週間、同じ新聞社のホームページにも広告を掲載した。その他、テレビCM、電車内広告、雑誌など、様々なメディアを使って複合的な広告展開を行った結果、一万二〇〇〇～三〇〇〇通の資料請求があったという。通信教育の広告としては大成功だろう。

ここ一〇年くらいの間に、大学通信教育は制度的にもその実態においても大きな変貌を遂げている。

第一に、実施校数が急激に増えた。一九七七年以降の一七年間、新たに通信教育課程を開設する大学はなかったが（放送大学を除く）、一九九四年から二〇〇四年までに実に二〇校が開設し、三二校になった。わずか一〇年の間に二・七倍になったわけである。第二に、通信制大学院の登場である。一九九九年にわずか四校でスタートしたものの、二〇〇四年には一七校にまで増加し（放送大学を除く）、さらに二〇〇三年からは博士課程が開設された。第三に、通信教育を実施する学校数が増えたのに伴い、学部・学科や専攻が多様化し、これまでになかった分野でも通信教育が実施されるようになった。芸術系や福祉系の学科、あるいは心理学系のコースを開設する大学も出てきた。大学院では、自然科学系の分野も設置されている。最後に、ＩＴの活用である。電子メールによるレポート提出や電子掲示板での学生同士の情報交換は今や通信教育に欠かせない要素となりつつある。また、いわゆる遠隔授業を正規の授業方法として導入する大学も登場した。

このように、大学通信教育は大きく変貌しており、期待の高まりが感じられる。その背景には、生涯学習の浸透、社会人の学習意欲の増大、一八歳人口減少に伴う大学経営の危機など様々な要因が考えられるが、もっとも強力な追い風となっているのが規制緩和とＩＴであることは間違いない。大学通信教育は高等教育の表舞台、それも最前列に立とうとしているといっても過言ではない。

その一方で、大学通信教育で学ぶ学生の数は増えていない。むしろ、学校数の増加に反比例して減少している。そのため、一校あたりの平均学生数はピーク時の約一万一〇〇〇人（一九九三年）から四八〇〇人（二〇〇二年）に半減した。

ただ、この減少傾向は一様ではない。伝統的な法・文・経・商といった学部の学生数が減少する一方、教育・福祉・心理などの分野は新規開設校の増加なども手伝って一定の学生数を維持している。そして、とりわけ顕著なのが、これまで四大の通信教育では開設されていなかった芸術系の健闘である。

現在(二〇〇四年度)、芸術学部や造形学部など、芸術系通信教育を実施する大学は四校ある。その在籍者数は約一万一五〇〇名で大学通信教育全体の七・四%、女性だけでみれば八・一%を占めている。また、新たに通信教育課程を開設する大学で、開設初年度に一〇〇〇名以上の入学者を確保することが非常に困難な中で、京都造形芸術大学(一九九八年開設、一三八五名)、大阪芸術大学(二〇〇一年開設、一〇九六名)、武蔵野美術大学(二〇〇二年開設、一四五六名)と、見事に一〇〇〇名をクリアしている。その秘密がどこにあるのかは本章のテーマから外れるが、人気の芸術系の大学通信教育でＩＴがどのように活用されているのか、興味のあるところである。

はたして「新発売」の「通信教育」の中身はどんなものだろう。

## 2　郵便からインターネットへの「ソフトランディング」

はじめに断っておかなければならないが、大阪芸術大学通信教育部の教育方法は、基本的には印刷教材とスクーリングを中心とした従来型の通信教育である。いわゆる遠隔授業は行われていない。スクーリングは大学通信教育設置基準の規定どおり三〇単位以上の修得が必要で、しかも演習や実習が中心なので長期間にわたる。一度もキャンパスに行かず、ネット学習だけですべての単位が取れる「ｅラーニング」のイメージからはほど遠い。

もちろん、様々な学習支援システムがインターネットを通じて全学生に提供される。それは、①事務室からのお知らせ、②事務室への質問・回答、③システム関連操作の質問・回答、④学生交流会議室の利用、⑤スクーリング・試験の申し込み、⑥学生メールの利用、⑦課題提出状況の確認、⑧単位取得状況の確認、などである。ただ、インターネットを利用せず、郵便で申し込み、郵便を使って質問をしたり回答を受け取ったりすることもできる。情報の発信は、インターネットと郵便で同時期に行われる。印刷教材と郵便だけで学ぶ学生も取り込みたい、インターネットを使って学習する学生も取り込みたい、両者が使える通信教育システムにすることが大前提となっている。

大阪芸術大学を経営する学校法人塚本学院には、中核となる大学のほか、短大、専門学校、幼稚園などがある。その短大に通信教育部が設置されたのは一九五五年であり、短大の通信教育としては最も歴史が古い。そして、保育学科、広報学科とともにデザイン美術学科がある。つまり、通信教育での芸術教育には五〇年近いノウハウを持っているわけである。新たに設置された大学通信教育部の三木幹久事務長(当時)も短大通信教育部に在籍していた経歴を持つ。芸術を通信教育という教育方法で教えることの難しさ、そして何よりも芸術系の通信教育で学ぶ学生の多様性を十分に理解している。

技術的な問題もあった。通信教育部の設置計画がはじまった一九九八年頃は、インターネットが世の中に定着してきたものの、ISDNがようやく普及し始めた時期である。まだ、動画はスムースに動かない。そのレベルでスクーリングをいきなりインターネットでやるというのはまだ早いという判断だった。「芸術という分野だけに、安易に導入できなかった」と三木事務長は話す。そこで、各種申し込みから課題添削までのいわゆる「やり取り」の部分をインターネット化しようという基本コンセプトが決まった。

しかし、新たに通信教育課程を設置するにあたって目玉が欲しいという事情もあった。それが音楽学科である。音楽学科だけは、パソコンとインターネットへの接続環境を必須にした。そして、一部の科目で「ウェブ教材」とよばれる教材がインターネットで配信される。また、①履修登録、②報告課題の提出・添削、③教員への質問・回答、など、他学科では提供されていないサービスも提供される。

社会の環境変化とともに郵便からやがてインターネットへ移行していく「ソフトランディング」の考え方を基本にしつつ、音楽学科をその試金石にしている。そこには、「通信教育」から「遠隔教育」への変容の諸相が見えるかもしれない。

## 3　楽器の演奏よりコンピュータを使いこなせるかどうかが重要

大阪芸術大学通信教育部には、美術、デザイン、建築、文芸、音楽、放送、写真、工芸、映像、環境計画の一〇学科一五コースが開設されている。そこで学ぶ学生のプロフィールは、学科によって少し異なる。放送や映像学科は年齢層が比較的若い。一方、美術、デザイン、そして音楽学科は年齢層が高い。通信教育の音楽学科で学んでいるのは、どんな人たちなのだろう。

一般に、大学まで行って音楽をやろうという人は少ない。小さいころからピアノを習い、音楽がどんなに好きでも、後々のことを考えると音大への進学を断念する人が多い。彼らは、いつもその夢を心のどこかに仕舞いこんで生きている。そして、ある程度の年齢になってから、やっぱりやってみたいと思うようになる。でも、仕事を辞めるわけにはいかない。通信教育だったら仕事との両立が可能である。彼らは、卒業して音楽関係の仕事に就こうというわけではない。かといってカルチャー・センター的なものでは満足しない。音楽というものを純粋に最初からもう一度やり直してみたいという人たちなのである。「いつかは『音大生』になりたかった」というのが彼らの偽らざる心境である。

「潜在的に音楽をやりたいという学生がこんなにいることに驚いた。パソコンとネット環境必須というハードルがなければ、もっときていたかもしれない」と三木事務長は話す。通学制の音楽学科の学生が年々減少しているのに、通信教育では音楽学科の入学者が一〇学科の中で最も多かったことは関係者にとっても大きな驚きであった。

しかし、通信教育には入学試験がないので、基礎的知識や技能をもたず、単に音楽に興味がある程度で入学する人もいるのではないか。そういう人は、普段は自宅学習なのでごまかせるが、スクーリングではそうはいかないだろう。「通信教育はダメだ」と批判する教員が問題にするのもおそらくこの点である。ところが、実際には音楽学科の学生の多くは、基本はある程度できているという。むしろ、「楽器の演奏よりコンピュータが使いこなせるかどうかがきわめて重要な要素になっている」と話すのは、第一期生として入学した藤江慶一郎さんである。

藤江さんは、一九六三年生まれの四一歳、国立大学の大学院を修了して電器メーカーに勤めるエンジニアである。小さい頃にはピアノを習っていた。中学校では合唱をやった。彼もやはり、いつかは音楽の勉強をしたいとずっと思ってきた一人である。彼の自宅には、夫婦合わせて六台のパソコンがフル稼働している。もちろん、電子ピアノも連動している。

通信教育部の音楽学科は演奏中心の学科ではない。作曲、編曲、コンピュータ音楽、環境音楽など、「音楽制作」を前面に打ち出している。したがって、実技はほとんど課されず、自分で作曲した曲を楽譜作成ソフトで入力して提出することが学習の基本になる。だから、楽器の演奏ができることよりも、コンピュータの扱いができるかどうかが問題になってくるわけである。日常的にパソコンを使う人でないと、こうしたソフトを使いこなすことは困難である。電子ピアノをパソコンで制御することが一般的になっていて、それを取り入れている人はスムースに入りこめる一方、入力がうまくできずに課題の提出期限に間に合わなかったという人も出てくる。

それでも、「コンピュータを使って作品を提出することに意味がある」と藤江さんは強調する。これまでの音楽は、楽器を演奏するという特殊技能を身につけない限り、音を出すことが困難であった。それには、子供のころからピアノの練習を続けていなければ無理である。つまり、音を出すことに関してハードルが高かったわけである。コンピュータを使えば、楽器を使わなくても音を出すことが可能である。楽器を演奏することと音を出すということとを切り離すことができる。コンピュータを使うことで、楽器を演奏しなくても自分が出したい音を出す手段を手に入れることができる。藤江さんは、そういう手段を使って自分を表現する手法を勉強するところがこの音楽学科だと捉えている。

## 4　「ウェブ教材」は音の出るテキスト

大阪芸術大学通信教育部のホームページ上からユーザー名とパスワードを入力して通信教育システムにログインする。すると、「サービスメニュー」画面が表示される。「はじめに」、「お知らせ」、「履修関連」、「学習関連」、「各種申込」、「学生交流」、「問合せ」、それに「電子メール」の八つのメニューがある。「学習関連」からサブメニューの「ウェブ教材」に入ると、「科目選択」「科目別進捗状況」「個人進捗状況」の三つのボタンが現われる。「科目選択」をクリックすると、自分が履修登録した科目名が表示される。現在(二〇〇二年度)、「音楽制作特論」「情報音楽基礎演習」「和声法Ⅰ」「コンピュータと音楽」「和声法Ⅱ」「ポピュラー音楽論」「作品制作二」の七科目が開講されている。

「『ネット学習で音楽教育が可能だ』と宣言したのに、教材の作成に難航した」と振り返るのは、開発を担当したNTT西日本大阪支店の小園功さんである。いろいろな教材サンプルを集めて教員に見てもらったりもしたが、そもそも実技指導が中心の通学制の音楽学科に教材といえるものは少ない。また、教員が実際にどういう教育をしたいのかを制作側が理解しないといいアイデアが出てこない。たまたま、小園さんは会社のブラスバンドに所属する音楽好きである。音楽についてまったくの素人だったら、この仕事はできなかったかもしれないと自負する。

「科目選択」の画面から「和声法Ⅰ」を選んでみる。画面上の「講義」ボタンをクリックすると別ウィンドウが現われ、バッハのマタイ受難曲をＢＧＭに、教授の顔写真と二分少々のナビゲーション音声が流れる。教授のプロフィールもここで確認できる。ナビゲーションが終わると、ステップ一からステップ一〇まで、テキスト・ページを順に読んでいくことになる。

テキスト・ページは印刷教材のページと見た目は同じだが、所々に語句説明へのリンクが張られている。また、演習課題がふんだんに盛り込まれていて、選択肢の中から回答を順に選んで単元ごとに「評価」ボタンを押すと、講評が音声で流れる。全問正解しないと次に進めない。また、報告課題が楽譜データとしてインターネット上に置いてあり、ダウンロードできる。楽譜作成ソフトで答を置いていき、ファイルとして保存して教員に提出する。教員はそれを見てコメントもできるし、曲として弾くこともできる。そして、ＰＤＦファイルで学生にコメントを返す。このような形式で「授業」が進められる。

課題リポートをメールで送れるメリットは大きい。郵便に比べ、メールであれば締切直前でも提出できる。プリンタで打ち出す必要はなく、添付ファイルで済む。提出後の処理状況や添削結果をウェブ上で確認することも簡単である。メールと郵便とでは、構造は同じかもしれないが学生にとっては大違いだと藤江さんは話す。

「ウェブ教材」の最大の特徴は、テキスト・ページにある楽譜の横の「Play」ボタンを押すことによって、ピアノによる演奏を聴くことができることである。印刷教材なら楽譜を見るだけだが、音声が出て、曲として聞くことができる。これが「ウェブ教材」のセールス・ポイントである。音楽教育には、どうしても音が必要である。他の分野とはそこが異なる、と小園さんは話す。

一方、「メリットはそれだけしかない」と学生の藤江さんはいう。楽譜をあまり読めない人にとっては大きなメリットになっているが、楽譜が読める人にとって音は出なくてもいい。また、いつまでも音を鳴らしているわけにはいかない。最終的には楽譜を書かなければならないからである。結局は、プリンタで打ち出して見ているのが実態だという。紙のメリットのほうが大きいと思う人もいるだろう。大学側も、すべての科目を「ウェブ教材」に切り替えることは考えていない。音を介さなければならないものは「ウェブ教材」を使うが、純粋に知識を教えるような科目は紙の教科書でもいいと考えている。

また、当たり前のことであるが、「ウェブ教材」は一度に二ページ以上を開くことができない。「戻る」ボタンを押さなければ前のページを見直すことができない。それに、「ウェブ教材」ではメモが取れない。「ウェブ教材」をパソコン上で見ながら行うスクーリングもあるが、授業を受けながら「ウェブ教材」で学習することにはなじめな

図1　「ウェッブ教材」の画面（赤いボタンをクリックするとピアノの音声が流れる）

い。だから、結局は「ウェブ教材」をプリントアウトしたものを配付することになる、と藤江さんは話す。

そもそも、「ウェブ教材」はホームページからログインしないと見ることができない。ダウンロードできるようにするか、CD‐ROMのようなパッケージにするか、いずれにしろオフラインの状態で教材が見られるようにしてほしいという声があがっているそうである。現状では、オンラインで学習するか、プリントアウトして学習するか、その二者択一である。パソコン上でオフラインで見ることができれば、事情は異なってくるだろう。「ウェブ教材」は、大学に行かなければならないということからは解放してくれるが、その場にいなければならないということからは自由にしてくれないわけである。働く者にとっては、通勤時間や昼休み、あるいは図書館などで勉強したい。現状のネット学習はそういった要求には応えていない。

「ウェブ教材」は決して双方向的なものではない。せいぜい音が出る程度である。テキストがそのままウェブ上にあるだけで、他の一般的な通信教育の印刷教材と基本的には同じである。だから、「ウェブ教材」がスクーリングを代替するということはない、と藤江さんは話す。したがって、「ウェブ教材」とスクーリングがそれぞれ二単位、合計四単位となっていることも矛盾ではない。実際、スクーリングまでに「ウェブ教材」をここまでやっておきなさい、スクーリングが終わったら「ウェブ教材」の次のステップをやりなさいという指導が行われている。「ウェブ教材」での学習のおさらいがスクーリングであるといってもいい。だから、「ウェブ教材」があればスクーリングに行かなくてもいいではないかという学生はいない。「パソコンを使いこなしているからこそ、パソコンでできることとできないことがわかっているからこそ、『ウェブ教材』にバラ色の未来があるとは思わない。知らない人は、ネットで何でもできると思っていることが怖い」と藤江さんは言い切る。

ネット学習には否定的な藤江さんだが、コンピュータを使って作品を提出することに意味があるという。ネットに繋げるかどうかが問題ではない。eラーニング＝ネット・ラーニングではない。パソコンを使った学習をすること自体がeラーニングといってもいい。それが学習の在り方を変えている。音楽学科はネット学習ができるということが前面に出ているが、本当はそうではない。パソコンを使って学習ができるかどうかが大きい。パソコンを使って作った成果物を添付ファイルで送れればそれでいい、と藤江さんは話す。

三木事務長も、遠隔授業の定義からすれば、現状の「ウェブ教材」は遠隔授業には当たらないという。スクーリングでやっていることと「ウェブ教材」でやっていることとでは濃淡の差があるからである。もしも、ネットで「スクーリング」を実施するとしたら、やはり双方向の同期型でやるしかない。それであれば意味がある。非同期型の「ウェブ教材」は印刷教材でカバーできなかったものをカバーするだけであって、面接授業を代替するものではないと割り切っている。

音楽学科ではあと四科目を「ウェブ教材」にする予定だという。合計一一科目、二二単位相当である。それに、スクーリングが三〇単位。残りの七二単位は、これまで通りの印刷教材等による授業である。

## 5　「スクーリング」は不可欠

「大学通信教育設置基準」（文部科学省令）は、「卒業の要件として修得すべき単位数一二四単位のうち三〇単位以上は、面接授業又はメディアを利用して行う授業により修得するものとする」（第六条二）と定めている。しかも、演習や実習は講義の二倍以上の時間数を必要とする。

また、演習や実習はどこの貸会議室でもできるというものではない。ピアノがないとはじまらない科目やパソコンを使って行われる授業もある。東京で開催されるスクーリングも僅かながらあるが、専門学校等でピアノの設備があるところを会場として借りている。芸術系の大学の宿命であるとはいえ、大学側も学生側も苦労している。

音楽学科のスクーリングは四年間で合計八一日間である。最も日数の多いのが建築学科で、九三日間もある。音楽学科の場合は、一年次が二七日間、二年次が二一日間、三年次が一五日間、四年次は卒業制作があるので一八日間で、一年次の負担が大きい。しかも、ほとんど本学キャンパス（大阪府南河内郡）での開催である。開設初年度には、一五日間連続というのがあったそうだが、さすがに文句が出たので二年目は六日間やると一日休みを取ったところ、賛否両論あったという。宿泊で来ている人は連続でやってほしいというし、地元の人は休みがあったほうがいいという。でも、みな意外に出席しているらしい。

音楽学科の場合、専門科目のスクーリングだけで卒業に必要な三〇単位を満たせるようになっている。だから、参加人数の多寡はあるが、メンバーは毎回同じである。その同じメンバーが一五日間も顔を付き合わせていれば親しくもなる。通学課程の学生よりも付き合いは深くなるかもしれない。ネット上のフォーラムで交流していても、最初のスクーリングで会ってはじめて顔と名前が一致して、フォーラムがまた活気を帯びることになる。

藤江さんは、「ウサギさんチーム」または「三八トリオ」といわれるユニットの一人であり、学生間に知れ渡っている。「理系三人組」と呼ばれることもある。ウサギ年（昭和三八年・一九六三年）生まれで、理科系の大学出身だからである。「スクーリングはあったほうがいい。課題は決して易しくないし、教育内容はかなり密度が高い。スクーリングは個人指導に近いから、それがないとけっこうキツイ」と藤江さんは話す。

平成一三年三月の「大学通信教育設置基準」の改正で、「面接授業」と「遠隔授業」はまったく同等に扱われることになった。つまり、遠隔授業を三〇単位以上修得することで面接授業は不要になる。面接授業のない「完全」通信制が少なくとも制度上は実現したわけであり、大学通信教育制度史上、画期的な改革であることは間違いない。しかし、面接授業の三〇単位を遠隔授業に置き換えるだけで問題が解決するほど単純ではないことは、スクーリングに対する学生の期待と評価を考えれば明らかである。むしろ重要なのは、残りの九四単位をいかに充実させるかということなのである。

三木事務長は疑問に感じている。全てのスクーリングが一律に六日間で二単位でなくてもいい。内容によって変わってくるはずである。四日で済むものもある。芸術の場合、一つの作品ができてしまえばそれで終わりだが、それを三日で作る人と四日かかる人とがいる。二つ作る人もいれば一つしかできない人もいる。また、スクーリングの要件が三〇単位以上と既定されているが、これも学科によって異なるとはいえ、もっと少なくてもいいのではないか。設置基準の運用を緩やかにしてもらいたいと話す。

## 6 「ウェブ教材」から「ウェブ講義」へ

大阪芸術大学は、ＮＴＴ西日本との共同実験企画として、二〇〇一年七月から一二月までインターネット上に無料の公開講座を開設した。通信教育部の開設後、早くも第二弾として展開した「次世代通信教育ウェブ講義」である。

講座の内容は、「子連れ狼」「クライングフリーマン」「乾いて候」などのコミックの作者として有名な映像学科の小池一夫教授の「キャラクター原論」である。キャラクター創作に興味のある学生や社会人二〇〇人が抽選で選ばれ、無料配信される「ウェブ講義」を受講した。教材は、キャラクターや漫画作成の過程を学習できる動画コンテンツがストリーミング形式で配信される。また、同時・双方向で行われる「リアルタイム講義」も実施された。自宅や職場にいる学生から次々に質問が送られ、小池教授がそれに答えながら進められるオンライン授業である。そのため、受講生にはＡＤＳＬ以上（ＩＳＤＮでも可）のネット環境が求められた。

いま、大学通信教育の世界は、「ｅラーニング」とか「ネット授業」といった新勢力の登場に浮き足立っている。すべての授業をインターネットで行い、キャンパスに足を運ぶのは修士論文発表会だけ、などという「通学制」の大学院まで出現し、「通学制」と「通信制」の区分はなくなろうとしているかに見える。もちろん、そうした技術が通信教育をより良いものに変えていく可能性を持っていることは間違いない。しかし、通信教育の難しさを知っているからこそ、ＩＴにバラ色の未来を夢見ることもできない。

「ウェブ教材」から「ウェブ講義」へ、従来型通信教育から次世代通信教育へ、大阪芸術大学通信教育部は移行のタイミングを計っている。

## 参考文献


『広告月報』朝日新聞者広告局、二〇〇一年六月号

『学校基本調査報告書』文部科学省、各年度

『大学通信教育入学者調査』私立大学通信教育協会、各年度

『学習指導書・二〇〇二音楽学科』大阪芸術大学通信教育部、二〇〇二年

『小池一夫のキャラクター原論・体験版』小池書院・大阪芸術大学、二〇〇二年

http://www.cord.osaka-geidai.ac.jp/

http://www.ntt-west.co.jp/solution/casestudy/solution_case/tsukamoto/

# 第三部　ＩＴは大学の何を変えるのか

# 第一七章　変容の可能性と限界

吉田　文

## 1　なぜＩＴを教育へ利用するのか

そもそも、日本の高等教育機関がＩＴを教育に利用するとき、その目的はどこにあるのだろう。ある内容を教える者がいて、その内容を学ぶ者がいて、その両者をとりまく組織、教育や学校という形態、そして、それが物理的な環境における対面状況を基本にしているという状況は、現代から歴史をさかのぼっても不変的、世界を見渡しても普遍的であり、特段何らかのテクノロジーを用いなくても十分に成り立つことを、われわれはよく知っている。そうしたなかでＩＴを用いるのは、それなりに理由があってのことだろうし、何らかの達成したい目的があってはじめてＩＴを教育に利用するという手段がとられる、と考えるからこそ、それはなぜだろうかという問いが発せられるのである。

その手がかりとして、必ずしもＩＴに特化しているわけではなく、マルチメディア全般の教育への利用の目的をきいた『高等教育機関におけるマルチメディア利用実態調査』の結果から考えてみよう。図1をみると、おおむね回答群は四つにわけることができる。

マルチメディアを教育に利用する最大の目的は、「広報活動のため」と「教育の効果をあげるため」の二つであり、それ以外の項目を大きく凌駕している。教育の効果をあげるという目的は、教育に利用することを前提としたとき、ある意味きわめて当たり前のことであり、おそらく、その逆はありえないと考えれば、この「教育の効果をあげるため」は、実はその内部に多様な目的を包含しているとみることができる。

それに次ぐのが、「事務運営の効率化のため」、「学生の動機づけを高めるため」、「新技術を教育へ応用するため」、「機関の活動の公開のため」であるが、このうち、「学生の動機づけを高める」、「新技術を教育へ応用する」は、最終的には「教育の効果を高める」ことが目的にあって、そのための手続や具体的な内容とみることができる。「機関の活動の公開のため」は、広報活動の一環と考えてよいだろう。

第三群は、「新たな学生層を開拓するため」、「カリキュラム

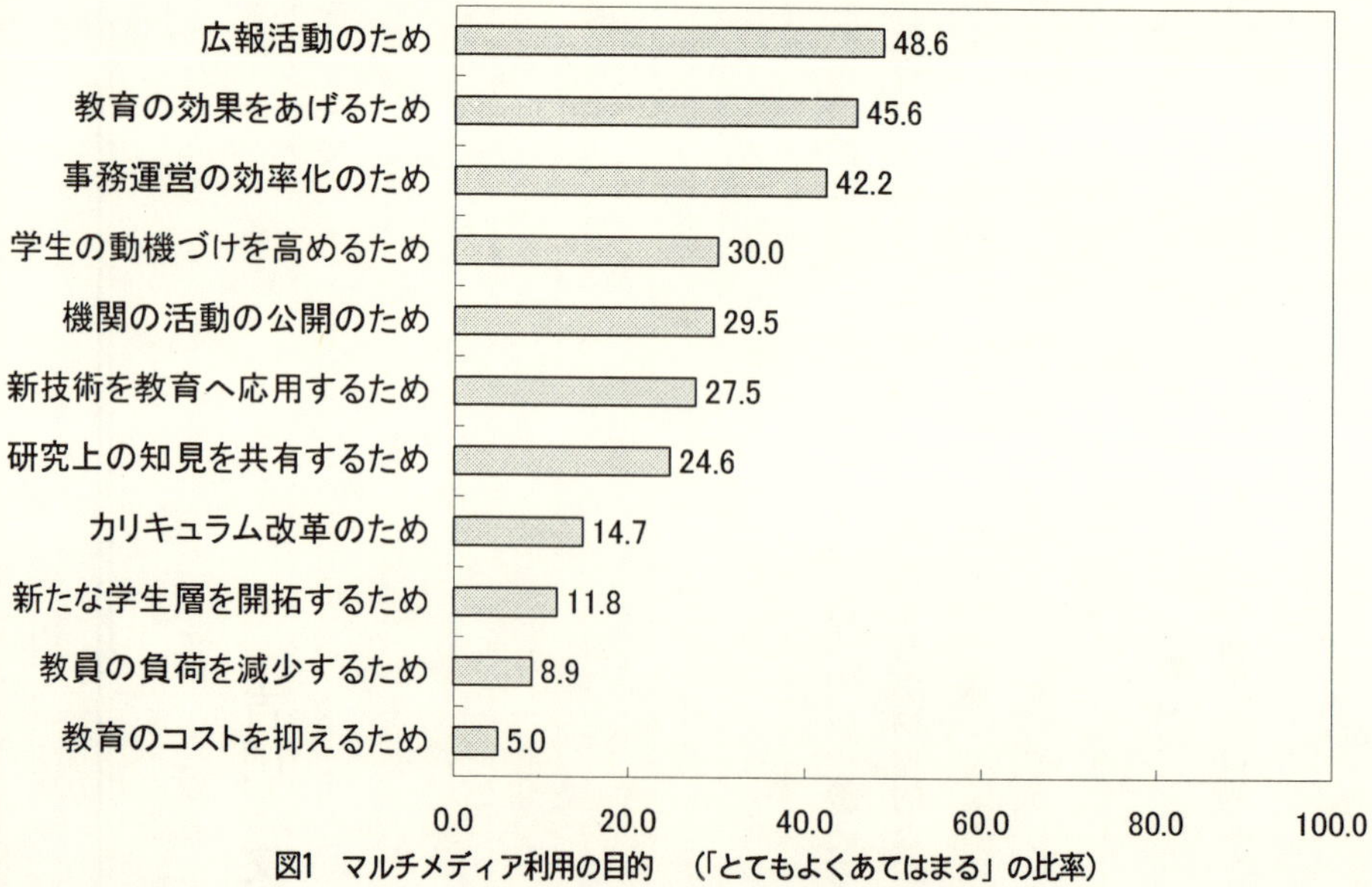


図1　マルチメディア利用の目的　（「とてもよくあてはまる」の比率）

改革のため」で構成されているが、それを目的とする機関はあまり多くはない。ここ数年来、少子化対策はどの大学にとっても必須事項であり、カリキュラム改革も一九九一年の一般教育・専門教育の科目区分の廃止以降、従来の一般教育相当の教育の再構築、大学教育への準備不足や高校での未履修科目から派生するリメディアル教育の問題など、大学教育にとって課題となっている事項でありながら、それをマルチメディアの利用によって解決しようというドライブは決して強くはないことがわかる。

第四群の「教員の負荷を減少するため」、「教育のコストを抑えるため」は、問題解決のための利用であるが、それを軽減することは目的にはなっていない。これは、逆にいえば、教育のコストや教員の負荷は度外視して、マルチメディアは利用されているということになろう。

こうした全国的な動向を踏まえて、本書でとりあげた第二部の一三の事例を再度振り返ってみると、それぞれの事例は何を目的としており、それは全国的な動向のなかでどのように位置付けられるのだろう。

第二部の第四章、第五章、第六章は、大学の「知」の公開を明確な目的にしてインターネットを利用しているという特徴を共通にもっていた。地方自治体が中心になる単位互換と公開講座という第四章、インターネットによって市民講座を実施する第五章、教育のオープン化をキーワードにして総合講座や高大連携をインターネットを手段として実施した第六章、いずれも大学という場に限定していた「知」を大学外に公開することが目的になっている。時間も空間も超えるインターネットは教室空間に閉鎖されていた授業や大学内部に蓄積されていた知を公開することができるのである。

これら「知の公開」という目的は、先に図１でみた機関の活動の公開に近いかもしれない。時間と空間を障壁とせずに双方向のコミュニケーションを可能にするというインターネットの特性を直接利用して、大学という場に固定され、それゆえに神秘性をまとった「知」を、大学の外に向けて発信するという目的は、大学という組織体に変容をもたらす可能性があることを、事例は端的に示している。大学の役割が、教育、研究に加えて社会サービスと規定される近年、インターネットというテクノロジーの特性をうまく利用して、大学に課せられた役割を果たしているとみることができる。

第八章や第九章は、組織の生き残り戦略が目的となってインターネットの導入が図られている事例である。単科大学の小回りのよさを利用して、徹底的な学生支援を生き残り戦略とする機関、情報という時代のニーズにみあった新学部の増設を大学の目玉とする機関など、組織をあげてインターネットの利用に取り組んでいるが、これはいってみればインターネットを利用して学生に対する手厚い教育を行うことにつながっている。

新たな学生層の開拓も少子化時代には重要である。第一〇章は、社会人という新たな学生マーケットに向けてインターネットを利用して教育を提供している事例である。第一六章も、通信制という枠のなかで、社会人学生を対象にしているという点では共通点をもつ。図1でみたように、日本の高等教育機関で新たな学生層開拓のためにマルチメディアを利用しようとする機関は少なかったが、そもそも社会人をターゲットにして新たなマーケット開拓という動きそのものがうねりにはなっていない中で、これらの事例は興味深い。

第六章、第二章から第一六章は、授業をいかに効果的に行うかという目的からインターネットを利用している事例である。第六章は、情報処理、第一一章は工学、第一二章は建築学、第一三章は情報処理や各種の講座、第一四章は経営学、第一五章は社会科教育、第一六章は音楽学と多様な学問分野にわたる。図1でみた「教育効果をあげるため」の具体的事例である。

これらの事例は、いずれもインターネットを利用する目的が先に明確にあって、その目的を達成するための手段にインターネットが選ばれたというものである。また、事例から容易に理解できるが、それぞれ目的は一つではなく相互に関連したいくつかの目的をもっている。生き残りを考えれば、学生に対する教育に力をいれることが重要になり、また、大学の知を公開することと学生マーケットの開拓とはまったく独立の問題ではないのである。

## 2　何が変わったか

目的をめざしてインターネットを利用した結果、それは大学の何を変えたのだろうか。「組織が変わる」、「人が変わる」、「授業が変わる」という第二部の小見出しが、事例でみてきたさまざまな変化を集約したフレーズである。

従来、大学のキャンパスの壁は、敷地の境界を示すとともに、象徴的には外界との接触をもたないという意味での壁であった。しかし、インターネットは、物理的、象徴的、双方の意味で壁を超えた。それが、「組織が変わる」の意味である。地方自治体が県内の国立、私立大学をコーディネートして授業をインターネットで提供し、学生の単位互換や社会人対象の講座に利用する第一章、情報処理教育に利用するＣＤ‐ＲＯＭの作成、学習の進捗状況把握のためのチェックテストの採点や指導を担っているのは企業という第六章、企業と大学とが共同して設立した株式会社がｅラーニングを実施するという第七章はいずれも、インターネットを教育へ利用しようとしたとき大学以外の組織との連携でもって可能になったのである。大学は知を蓄積してきたけれども、それをｅラーニングという形態で提供するスキルを必ずしも十分にもち合わせていないことをこれらの事例は示している。そうしたスキルをもっている外部組織との連携は効率的であり、ｅラーニングの普及にともない、今後も増えると思われる。そのとき、大学の「教育」内容に、大学以外の組織がどこまで関わるのかという問題が提起されることはないのだろうか。

学内でeラーニングを実施するとき、組織を構成する人も変化する可能性がある。第八章、第九章の事例からは、教員と事務職員から構成されていた大学に、新たな職種が不可欠になっている状況をみることができる。それは、eラーニングに関するスキルをもち、教員の支援をする技術スタッフである。ただし、インターネットのネットワーク環境を整備管理する技術者を指していっているのではない。eラーニングのコンテンツをデザインできるスタッフが必要なのである。コンテンツのデザインを自分でできるほどのスキルを備えた教員は少なく、そのスキルの習得を教員に期待することは現実問題として望みが薄い。そこで、教員の知をウェブ上のコンテンツに仕上げるのが、デザイナーなのである。そして、それなしに教員の力でＷＢＴをやっているのが第八章の事例である。これは、機関のインフラが整備され教員がスキルをもっているために支援スタッフなしでもＷＢＴが可能になっている事例だが、逆に、支援が十分にないことが問題として指摘されている。こうしたことからわかるように、eラーニングはコンテンツをデザインできるスキルを備えた人を要求するのである。それは学生の教育に教員とそれ以外の専門家とのチームであたるという新しい教育の形態を生み出すことにつながるのかもしれない。

そして、学生のタイプも変容することをみたのが、第一〇章である。非同期双方向コミュニケーションを可能にするインターネットの特性を考えれば、社会人はeラーニングの最大の受益者だといってよい。第四章、第五章も公開講座という形態で、社会人を対象にしているが、第一〇章の事例は、正規の学生を社会人に限定して募集し、学位を発行しているのである。用意周到に準備されたプログラムと、社会人学生の熱心さとがあいまって、修士課程から学士課程へと拡大をみせている。社会人が大学に戻って学位を再取得するという習慣が定着していない日本の大学では珍しい事例であるが、今後の日本の大学のあり方を考えたとき、参考になる点は多いように思われる。

そして、eラーニングは教室における講義という従来の授業の形態を変えていく。インターネット上での学習は、遠隔地にいる学生間での共同学習を可能にし、他方で、個人の進捗状況に応じた個別学習を可能にする。第一二章の事例も、第一三章の事例も、一斉授業という教育形態ではできないことを、インターネットを利用して可能にしたことを教えてくれる。第六章も、個別学習の事例である。第一四章の経営学、第一五章の社会科教育といった領域は、どちらも学問的な理論の習得とともに、現場における実践への有効性とが求められるが、それらをインターネットの利用によって解決しようとしている事例である。前者は、業務プロセスの疑似体験、後者は社会科の授業計画の作成という、ともに実践に必要なトレーニングをインターネットを利用して行っている。シミュレーション、情報のデータベース化という機能を容易にしたインターネットがあってはじめて可能になった授業ということができるだろう。

第一六章は、楽器演奏というこれまでの音楽教育の大前提を崩したのが、インターネットという事例である。音声機能を利用すれば、ピアノが弾けなくてもコンピュータ上で作曲ができるのである。楽器演奏を軸にした音楽教育は対面環境であることは当然視されてきた。しかし、遠隔でも音楽教育が可能であることを示したのが、通信制という制度のなかで音楽教育を実施しているこの事例の特徴でもあった。教育方法も変わるのである。

このように、インターネットを利用することで、大学という組織体とその外部の組織体との関係、大学という組織を構成するメンバー、そして授業という場面における学習形態や教育内容・方法など、さまざまな側面での変化をみることができる。ここで検討した事例のインターネット利用は、もともと教育の何かを変えるという目的をもっていたために、教授・学習過程おいて変化が生じることはもちろんだが、注目すべきことは、それにとどまらず、大学の構成員や大学という組織体にも変化が生じる可能性がみられることである。いわば、インターネットの利用は高等教育というシステム全体に関わる問題なのである。

## 3　問題は派生するのか

インターネットによって変わる可能性がある大学において、変化したことによって新たに派生する問題があるのか否か、それを高等教育システムという視点から三点あげておきたい。

まず、第一は、組織の問題である。大学が他の組織体と共同でeラーニングを実施する場合、教育内容や教育課程に大学以外の組織が関わることになる。そうした事態を、連携や共同、あるいは、アウトソーシングや分業として容認し、推進するのか、あるいは、大学教育への侵入、大学側の教育放棄として否定的なスタンスをとるのか、相反する考え方がある。大学の中だけで十分にeラーニングを実施できる環境がない場合は、外部組織（とくに企業）の力を借りることは必要になってくるし、その方が効率的であり質も高くなることは往々にしてある。究極のところ、企業などが開発したコンテンツを、そのまま授業で利用することだってありうるだろう。しかし、それを拡大していったとき、大学の自律性が問われてくると考えられる。

第二は人の問題である。大学の中だけでeラーニングを実施する場合、教員とは別にコンテンツを作成するデザイナーが必要になってくることはすでに述べたが、こうしたスペシャリストは、現在の日本の大学に欠けている部分であり、大きな障害となっている。

図2は、マルチメディアを教育に利用する場合の障害を聞いたものだが、「特定の者に負担がかかる」、「支援スタッフが不足している」の二項目をあげる機関は多く、機器設備というインフラの問題と並んで大きな障害であることが確認できる。

ただし、「授業スタッフが不足している」は一九九九年の五三・九％から二〇〇三年には五〇・四％に、「特定の者に負担がかかる」は二〇〇〇年の六三・五％から二〇〇三年の五八・六％へとごくわずかではあるが減少傾向がみられる。したがって、将来的にはこの障害はさらに除去される方向に向かうのかもしれないが、どこまで可能になるのだろうか。

ところで、問題は、こうした障害にあるのではない。大学に新しい専門職が定着し、教員とチームになってコースを作るようになったとき、教員の役割が変わってくる可能性があるのだ。教員は、教育内容を考え、必要に応じて教材を作成し、教室で授業を行い、学生の到達度を評価するという多様な役割を未分化なままに担っていた。それが、コンテンツを作成する新たな専門家が教材作成の担当者として登場し、作成されたコースがサイバースペースのなかで提供され、学生の学習支援はチューターなどに任せるのであれば、教員は教育内容の提供者に徹すればよいという事態も想定される。未分化な教員の役割が分断され、それぞれの役割を担う者が存在するような状況を、われわれはどう考えるかという問題が派生するのである。すべてを

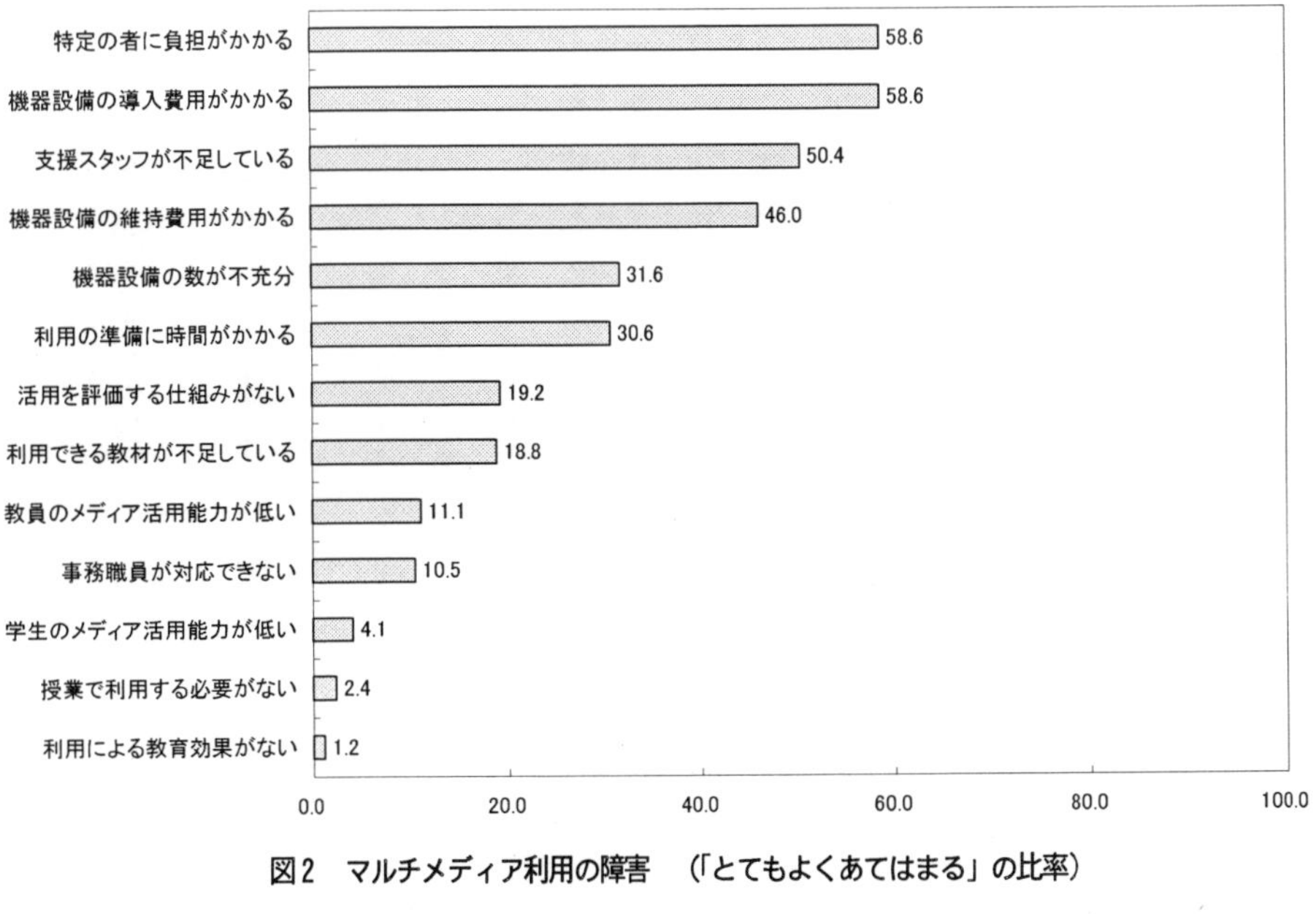


図2　マルチメディア利用の障害　（「とてもよくあてはまる」の比率）

トータルに担ってこそ教育が成立するという考え方もあれば、それぞれを専門とする担当者が連携をとることでより質の高い教育が可能になるという考え方もあろう。

第三は、授業の問題である。インターネットによって授業がかわる、この背後には教育効果をあげるという目的がストレートに結びついている。目的をめざして教室における一斉授業をインターネットによって個別学習や共同学習に変化させ、理論と実践との融合を図ることをめざした授業が行われる。音楽教育の例を代表とするように、これまでの諸前提を崩した授業を実施することすら可能にしている。その意味でインターネットを用いた授業、eラーニングは授業の内容や形態の縁辺を拡大しているということができる。とくに、近年、学生が主体的に授業に関わる学生参加型の授業をよしとする雰囲気が強いなかでは、インターネットの利用を学生の積極性を引き出すツールとみなす雰囲気すらある。

ただ、学問領域、学生に期待する習得の度合い、それらに規定される授業の形態、学生の特質などを考慮したとき、インターネットの利用は万能薬ではないことをどこかで踏まえておくべきではないだろうか。インターネットを利用した授業やeラーニングが、あらゆる場面で有用なツールになるか否かは今後の検証を待つ以外ないのだが、すべてに有用だという前提を排除する余裕が必要だろう。

## 4　限界を考えよう

再度図2にもどれば、機器設備などのインフラに関わる事項、人的支援の不足に関する事項は、共に大きな障害になっていた。これらの障害は原因が明確である。たとえば、機器設備を十分に整備していけば問題は解決し、支援スタッフを充当すれば教員の負荷は解消する。これらの障害のいくつかは五年間の間に徐々に解消されてきている。

これら障害の多くは容易ではないかもしれないが、解消可能である。しかし、インターネットを教育に利用する場合に、何が限界なのかを考察することは、新たな領域を開拓することと同様に重要だと思われる。新しい利用方法がもたらす意図せざる結果にも配慮すべきであろう。技術的に可能なことと、教育という人間の営みのなかで可能なことの区別も必要だろう。アメリカの哲学者ドレイファスは、インターネットによって可能になることは多々あることを認めたうえで、身体性が欠如することが最大の限界だと論じる。[1] それが正しいか否かはわからないが、高等教育の世界においても当面インターネットとの付き合いが続くと予測される現在、一方で障害を除去し、他方で限界を考察することが求められるのではないだろうか。

## 注

1　ヒューバート・ドレイファス著、石原孝二訳（二〇〇二）『インターネットについて：哲学的考察』産業図書

# 第一八章　日本型ＩＴ利用の模索へ

吉田　文

## 1　インターネットはどこに利用されていくか

インターネットに代表されるＩＴは、日本の大学にもほぼ定着したといってよいだろう。そうしたなかで、それを「教育」という営為にどのように利用しているか、それが高等教育システムにどのような変容をもたらす可能性があるのかを検討したのが、第二部の事例であった。それらは、まだあまり例のないインターネット教育の利用でありながら、実験を超えたところの日常的な教育に地道に利用している事例でもあった。日本の大学において、こうした取り組みが今後さらに進み、普及していくのだろうか、あるいは、これからも比較的稀有な例にとどまるのだろうか。その将来を確実に予測することは困難であるが、近未来的に日本の大学におけるＩＴ利用はどのようなものになるのか、『高等教育機関におけるマルチメディア利用実態調査』を手がかりにして考えてみよう。

まず、大学はインターネットそのものを今後どの程度利用しようとしているのかから検討しよう。図1は、大学という場の各側面で今後インターネットを積極的に利用したいと回答している機関の割合を示したものである。これをみると、「電子メールや電子掲示板による事務連絡」や「図書資料のデータベース化」にインターネットを積極的に利用したいという機関が多く、それについで、「電子図書館の活用」となっている。確かに、現在でも学内の事務連絡に電子メールを利用することは、当たり前になっているが、連絡をする側にも受ける側にも、比較的頻繁にメールをチェックするという行動が成立していれば、きわめて便利な道具であり、事務連絡の効率性は高まる。データベース化された図書資料のインターネット検索が可能になったことで、必要図書のありかを探し、その貸し出し状況を調べることも容易になった。やや不便なのは、その図書をその場で入手できないことであるが、それも電子図書館や電子ジャーナルが一定部分を補ってくれることになるだろう。

これらは、いずれも大学の環境として現在でも不可欠に

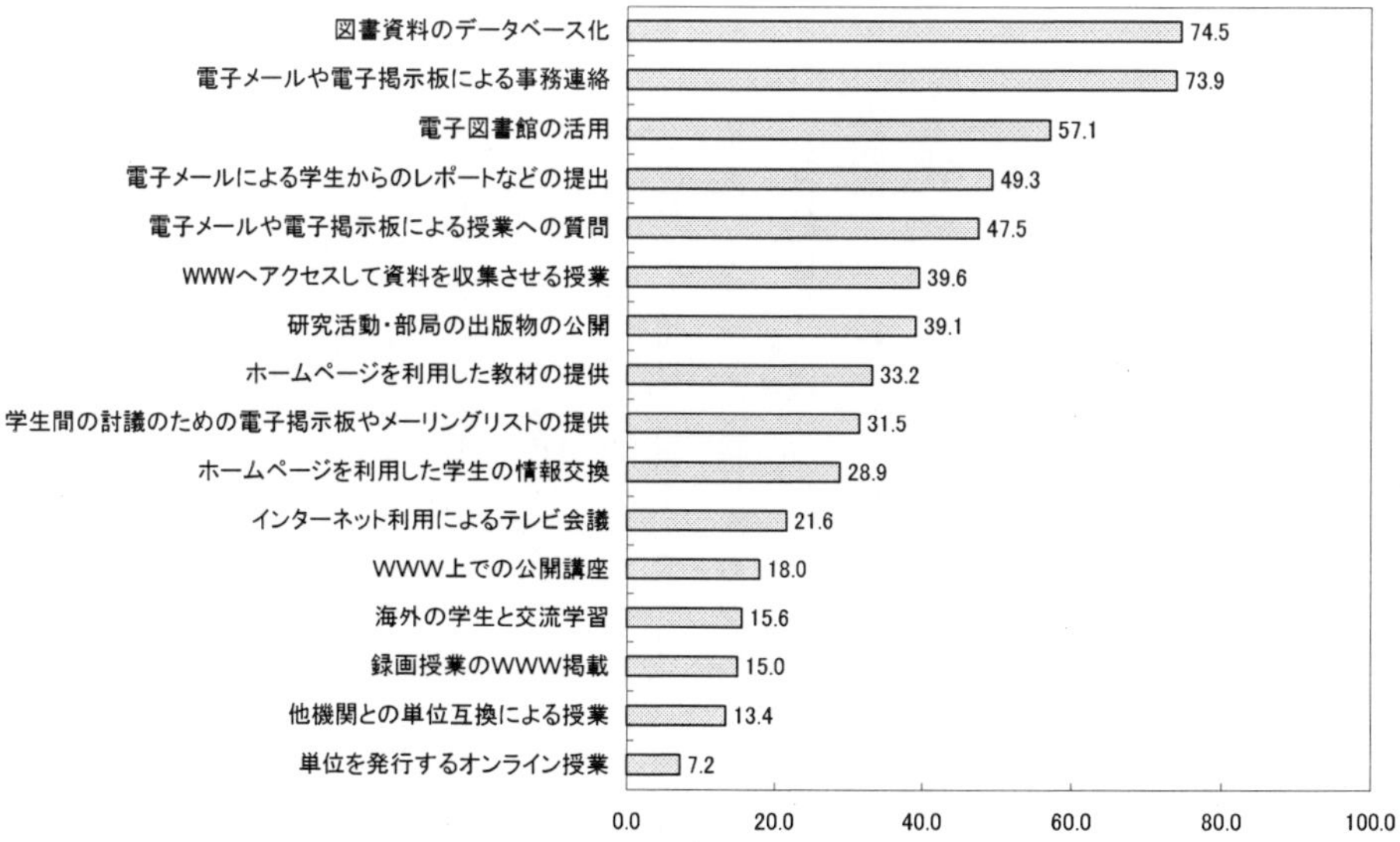


図1　インターネットの将来的な利用　（「積極的に利用したい」比率）

なっているものであり、こうした場面での利用は今以上に増えていくことであろう。

それに続くのが、「電子メールや電子掲示板による学生からのレポート等の提出」、「電子メールや電子掲示板による授業への質問受け付け」、「ウェブへアクセスして資料を収集させる授業」であり、四〇％から五〇％程度の大学が積極的に利用したいと考えている。これらは、同じ電子メールでありながら、先の事務連絡のように教職員、学生によって全学的に利用される場合と異なり、レポート等の提出、授業への質問受け付けは「授業」の一環での利用であるから、それを行うか否かは個々の教員の考えやスキルに依存する。それが、事務連絡ほど頻繁には利用されない現状や今後の予測に反映しているのだろう。電子メールによるレポート等の提出や授業への質問受け付けは、教室型の対面授業を中心にした場合の補完的な役割を担うものとしての利用である。

しかし、その段階を超えて、授業そのものをインターネットに載せることに対しては、日本の大学はどの程度積極的なのだろうか。いわゆるｅラーニングは、一般的には授業そのものがインターネットに載ったものを指しているのであり、第二部でみた事例の多くもこの範疇にはいる。図1からそれを具体的にみれば、「インターネット利用によるテレビ会議」、「海外機関の学生との交流による授業」、「ウェブ上での公開講座」、「録画した授業のウェブへの掲載」、「単位を発行するオンライン授業」が相当する。これらに関しては、ほとんどが一〇％から二〇％程度の機関が積極的に利用したいと考えているにすぎず、さらに「単位を発行するオンライン授業」に関しては、積極的な機関は一〇％に満たない。

こうしてみると、教室における授業の周辺の環境を整備し、効率性を高めるためにインターネットを積極的に利用していこうという機関は多いが、教育の中でも授業という場面をインターネットによって代替、拡張しようということは、日本の大学にとって重要な課題になっていないことがうかがえる。確かに、授業のｅラーニング化を実施するためには、機材等のインフラの整備、ビデオ録画、プレゼンテーション資料やウェブの作成などが必要になるが、どの機関もどの教員もそれらのインフラやスキルを十分に備えているわけではない。第三部第一章でみたように、インフラの整備の問題は大きな障害であった。教員ができないとしたらだれが担当するのかということになるのだが、そうした役割を担える者が少ないことは、すでに、第二部の事例の第一一章や第一七章においてみたとおりである。電子メールを扱うレベルより数段上の話になるのである。

さらに、ｅラーニングを実施する場合、電子メールでレポート等の提出や授業への質問受け付けといった個人で決定できる範囲を超えて、多くの人や学内の組織を動かすことが必要になってくる。第二部第五章の事例でみたように、個人的な活動から始まったところでは学内での認知を得るまでに、個人の時間とお金が投入される。さらに、そうした授業に単位を発行するためには、授業の質を落とさないための工夫、学生の学習状況の把握など、教室の授業以上に事前の準備や事後の管理が必要となる。第二部第一〇章はそうした事例として位置づけられよう。

こうしてみると、授業のｅラーニング化のためには、これまで大学人が無意識のうちにある程度共通にもっていた「授業」というものに対する考え方を、根底から変えることが要請されるということが理解されよう。それらのハードルを超えてまで授業のｅラーニング化しようという機関は、明確なターゲットをもっていることが必要だろうし、目標に向けて戦略をたてることが求められる。「インターネット利用によるテレビ会議」、「海外機関の学生との交流による授業」、「ウェブ上での公開講座」、「録画した授業のウェブへの掲載」、「単位を発行するオンライン授業」といったｅラーニングに関する項目に積極的な機関があまり多くないのはこのためである。

第二次世界大戦後に、遠隔教育が通信教育として制度化されたが、通信教育部をもつ機関は現在でも二〇数機関、学生数もあまり増大せず、遠隔教育という形態は極めて特殊なもので、その手法の開発も進んでいないというのが実態である。インターネットが普及しても、それを教育環境の整備や対面授業の補完以上に利用しようとするドライブが弱いことは、たどっていけばそこに行き着くのではないだろうか。

## 2　eラーニングに何を期待しているか

eラーニングにはさまざまな形態があって一概にそれを規定することはできないが、その究極の形態は対面授業を欠き、サイバースペースのなかだけで授業が展開され、それに単位が付与されるといった遠隔教育の形態であろう。遠隔教育そのものは、印刷教材の郵送にはじまり、ラジオ・テレビなどの放送を利用したものなど多様な方法と長い歴史をもっている。その延長で考えれば、インターネットを利用した遠隔教育は配信手段が新しくなっただけであって、ことさら新しい教育形態ではない。ただ、それまでの遠隔教育と異なるのは、双方向のコミュニケーションが可能になったことであり、そのために教室における対面教育に近い環境が構築でき、一定の教育効果をあげることができると考えられるようになったのである。eラーニングという新しい名称を与えられ、注目されるのもそのためである。

では、日本の大学関係者は、そうした単位を付与するeラーニングを対面授業と比較した場合、どのようなものになると考えているのだろう。図2は、それをみたものだが、eラーニングには「対面式授業との組み合わせが必要」という項目に「よくあてはまる」と回答する機関が群を抜いて多く、五〇％を超えている。単位を付与するeラーニングには、遠隔だけではだめで対面授業を設けることが必要だと考えられているのである。

第二部の事例の多くは、教室での対面授業を基本にしてインターネットを組み合わせたeラーニングであり、完全にサイバースペースのなかで行われている単位化されている授業は、第二部の第五章、第一〇章、第一六章だけである。それらのうち第五章の「コンピュータ基礎」という情報処理教育では、学習時間数をもとにせず、学生の自学自習のレベルをテストで測定することで単位を付与するコースとし、第一〇章の社会人を対象にした大学院修士課程のプログラムは、当初からｅラーニングだけで学位習得が可能な仕組みとして設計されている。第一六章の音楽教育は、通信制の課程であり、遠隔教育を基本としている。このように、完全にサイバースペースのなかで行われ単位化されている授業は、はじめからそれを目的にしていたものであって、教室の授業を前提にしてインターネットを組み合わせた、他の事例とはコンセプトが異なっているのである。

多くの大学関係者が、ｅラーニングには対面式授業との組み合わせが必要と考えていることは、調査の自由記述からもよくわかる。いくつか例をあげておこう。以下は、「高等教育機関におけるマルチメディア利用実態調査」の自由記述欄に記された意見である。

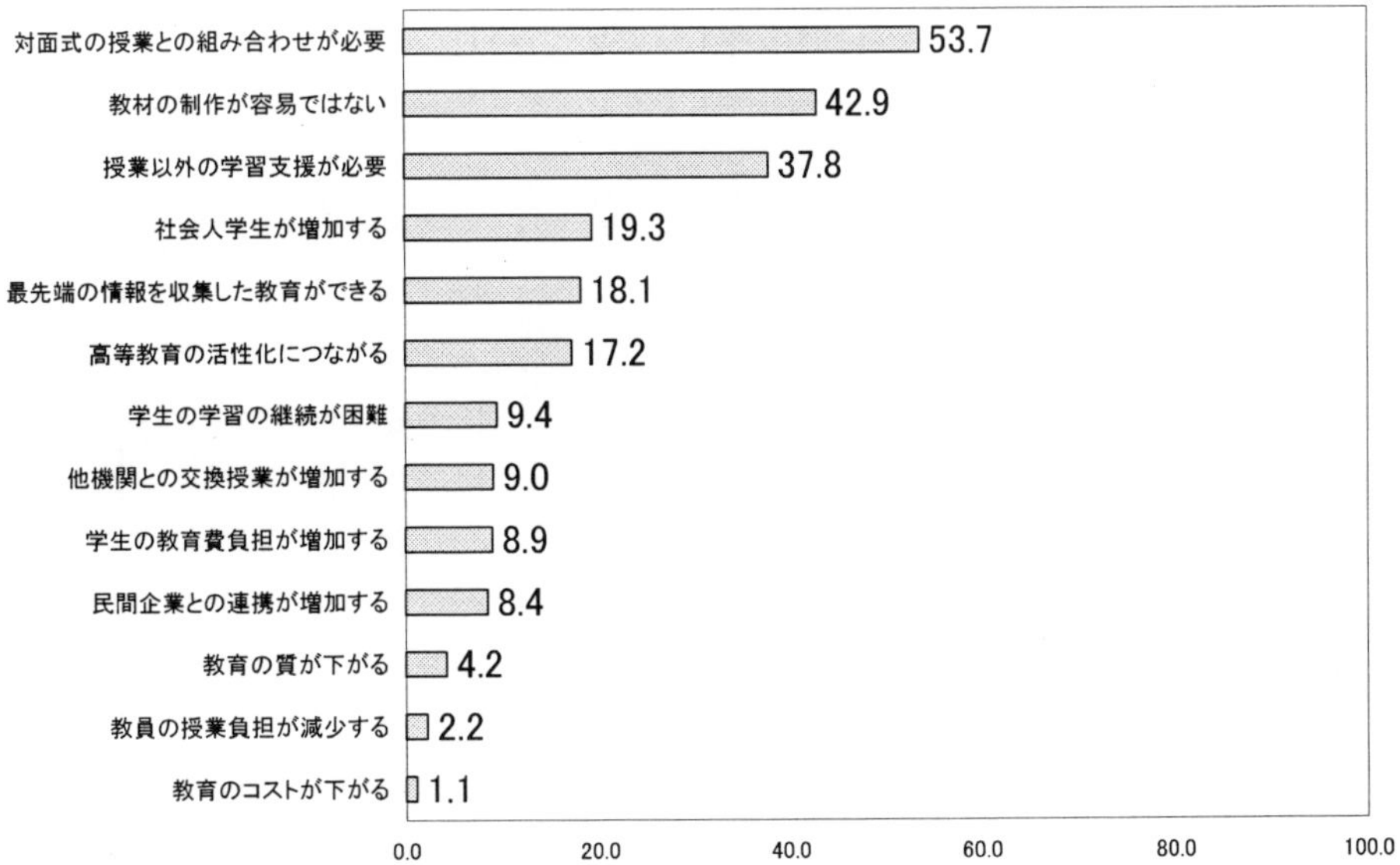


図２　対面授業と比較したオンライン授業　（「とてもよくあてはまる」の比率）

「大学教育のありかたを、どのように考えるかが議論のスタート点としてある。知識学習の視点では効果があるが、今後の人材育成は、この方向性はあまり意味を持たないと思われる。従ってバーチャル・ユニバーシティは、補助システムの域を出ないのではないか。」

「オンライン教育は、対面教育と組み合わせてはじめて成立すると考える。教育ではある場面では、教員と学生が相互に直接ディスカッションすることは、極めて重要であり、オンライン上のみの教育は、よほどそのプログラムが緻密でない限り、危険ではないか。」

「大学の教育は、個性をもつ組織体あるいは卓越した教員のいずれかの対面教育が主体と考えます。その意味で、バーチャル・ユニバーシティによっては、知識は得られるかもしれませんが、人格の形成が伴いません。主役と脇役を使い分けることが必要と考えています。」

「学生の教育体験の実質は他の人間との触れ合いを通して達成されるものと考える。バーチャル・ユニバーシティでは他の地域の人々等と幅広いコミュニケーションは可能になるものの、本当の意味での「社会的」触れ合いは出来ない。そのような教育環境は本来あるべき教育的環境を創出できないものと考える。故に、インターネットによる教育は特定の領域においては有効な学習手段といえるが、大学教育の本来の目的を達成する手段としては妥当なものとは言えない。」

これらからは、なぜ、すべてがバーチャルな環境だけの教育はだめだと考えられているのか、その理由を明快に理解することができる。知識の教育はサイバースペースのなかでできても、人間形成のための教育はできないと考えられているのである。対面教育が必要なのは、教員と学生、学生間のさまざまなコミュニケーションが人間形成を促すからだというのである。サイバースペースを通じた教育は、社会化の機能をもたないと考えられている。これに類する意見はきわめて多く、大学人の一般的な考え方であるとみてよいだろう。

こうした考え方は、また、日本の大学関係者が、「学生」といったとき、一般には一八歳から二一歳の青年層を想定していることを教えてくれる。それについては次の記述が興味深い。

「社会人ないし社会経験の豊富な学生に対してはオンラインのみでも良いが、新卒で入学してくる学生には人間性、コミュニケーション能力等の社会性を身につけることも教育機関の役割なので、オンラインとオフラインの組み合わせ型が好ましい。」

社会化の終わった社会人ならば、インターネットだけでもよいが、まだ社会化の必要な青年層は、オンラインとオフラインの組み合わせが必要になるというのである。「社会人学生が増加する」と予測する機関が二〇％程度でさほど多くないことは、大学関係者の日本の大学に対する見方をうかがうことができる。

「授業以外の学習支援が必要」というのは、遠隔教育一般に妥当することで、自学自習を基本とする学習が容易にドロップ・アウトを生み出すことを踏まえて、それを防止しようとするものである。第二部の事例も、多くが、質問の受付システム、大学院生のチューターなどの支援体制を構築していた。対面状況が少なくなればなるほど、こうした支援体制は不可欠なものになるだろう。

ただ、「学生の学習の継続が困難」だとする意見、さらに、「教育の質が下がる」とする意見は驚くほど少ない。とくに、ｅラーニングが、教育の質を下げることはないという考え方は、第二部第一七章でみたマルチメディアを教育へ利用する目的として「教育の効果をあげるため」を選択している大学が五〇％に達していたことや、利用の障害として「利用による教育効果がない」を選択する機関が皆無に近かったことと符合する結果である。「対面式授業との組み合わせ」や「授業以外の学習支援」を行うことによって、質のよい教育を提供できると考えられているのである。

ただ、ここで問題なのは、ウェブに掲載する教材の問題である。「教材の作成が容易でない」という意見は、「対面式授業との組み合わせが必要」についで多い意見であり、しかも、年々増加している。

「コンテンツ作成法・教育への活用法ともいまだ過渡的段階にあると思われる。」

「ハードウェア面における整備は徐々に進みつつあり、環境としては着実に向上しているといえよう。反面、コンテンツやその運用といったソフトウェア面に未だ開発の余地はあり、それらの機器やシステムを十分に活用しきれていないのではないかという印象がある。」

「学内にデジタルコンテンツを作成受託できる部門があれば、教員・職員共に自らの時間を削ることなく作成、運用できると思います。」

「コンテンツが最も重要となると思われますが、教員で魅力あるコンテンツが作成できるかといえば甚だ疑問です。」

「教材(コンテンツ)作りがキーポイントになる。教員個人個人の努力は必要となるが、教材制作の共同化、集積化および共同利用が必要と思われる。」

これらがいわんとしているのは、教材作成が重要になるにもかかわらず、それは教員の力だけではできない、かといって、それを担ってくれる人がいないという問題である。

ウェブ教材の作成はこれまでの教育の過程にない部分であり、誰がどのように担当するかは、それぞれに問題になる。事例のほとんどが、文章中にそれとわかる記載がない場合も含めて、教材作成は大きなハードルであった。大学のＩＴ化の草分け時代に教員の手作りでウェブに公開講座を開設した第五章の事例、システムを導入しても、それを利用する教員は一定数に限定されている第六章の事例は、大学教員の多くがコンテンツ作成のスキルを持っていない現状をよく示す事例である。そうした問題をクリアするために教材制作の部分を企業に委託しているのが、第四章、第六章、第七章の事例であり、学内に支援センターを設置してコンテンツ制作の専任をおいているのが、第八章や第九章の事例であった。教員の世代交代が進めば誰もがこうしたスキルを身につけるようになるのか、そうなってもやはりコンテンツ制作は学内外を問わず教員以外の担当者が必要なのかを予測することはできないが、当分はコンテンツ制作が壁になるであろう。

## 3　模索は続く

望むと望まざるとにかかわらず、ＩＴは大学教育のさまざまな場面への関わりを大きくしている。そのＩＴをどのように教育に利用しているのか、それによって高等教育システムにどのようなインパクトを与え、どのように変容させる可能性を持っているのかを問うてきた。ただ、そうした変容が生じるか否かは、今後、ＩＴが教育にどの程度利用され、ｅラーニングがどのように実施されていくかによる。それを検討する中で明らかになったことは、ＩＴを教育に利用するためには、いくつかのクリアすべき課題があるということである。課題を端的にいえば、ヒト・モノ・

カネである。機器設備の導入や維持にかかる費用、どの教員も十分にスキルを持たない中で特定の人にかかる負担、支援者不足のなかで進まないコンテンツ制作の問題が阻害要因であった。

では、もし、十分なヒト・モノ・カネが投入されたならば、課題は解決するのだろうか。日本の大学人の答えによる限り、それは否である。

「人的・金銭的コストを払ってまで、得られるメリットが、現状では小さいと言わざるを得ない。将来への投資である。」

「正直言って新しい技術についての理解が充分にできていない。従って、それを教育にどのように活用できるのか、また、その効果は如何なるものなのかについて正確な評価ができないというのが現状です。」

「機器や技術が高度化しても、効果的な教育ができなければ意味がない。特に費用対効果を考えたときに、それに見合った効果が出ているのか疑問である。今後は「流行」や「生き残り」といった言葉に惑わされずに、導入した効果が評価できる一定の基準を設置していく必要があると思われる。」

「利用に準備がかかり、設備投資が大で、機器／システムは数年で陳腐化する。また、教育効果の測定・評価が定かでなく、努力を投入するほどには業績にカウントされない。」

「どのような効果が期待できるか、まだ明らかでないため積極的利用まで至らない。」

これらからわかることは、課題を解決した先には何があるのかがわからないなかで利用している、という不満や不安である。ＩＴを教育に利用する目的は、教育効果をあげるためであった。しかし、本当に教育の効果はあがるのかという問いに答えるだけの実績をわれわれは持っていない。たとえ、あるとしても、各所に散在しており、広く認識されるに至っていないということだろう。

第二部の各章で取り上げたものは、ＩＴを利用する明確な目的をもち、試行錯誤しながら利用し、問題を抱えながらも一定の実績を有しているといってよい事例である。それでも十分な教育効果をあげたと証明できるデータまで有している事例は少ない。それは、そもそも教育効果を測定することそのものが困難であることに起因するといってもよい。教育効果に関する議論をはじめれば測定方法についての技術論的な議論を超えて、そもそも教育効果とは何かという神学論争が待ち受けているから厄介である。しかし、教育効果の問題は、今や、避けて通れないことだけは確かである。

目的に見合った利用方法の開発についても、利用の障害となる課題の克服についても、そして、結果として得られる教育効果の測定についても、われわれはまだまだ模索の途上にあることだけは間違いない。最終到着地点が見えないかなでの模索は、不安な道のりであるが、他方で、未知の可能性を秘めた道のりでもあることも信じたい。

# あとがき

共同研究を報告書にとどめておいてはもったいない、ぜひ、書籍にして世に問おうという話は、二〇〇二年の春頃はじまった。ＩＴやｅラーニングは必ずしもその多様な実態が知られることなく、言葉だけが独り歩きしているかの感がある。多様な実態を掘り起こす作業をまとめて発信しようという話は、文句なく賛同を得たものの、どのような形にして発信するかに関しては、結果的に時間が必要だった。専門以外の読者を得るためには読みやすく書かねばならない。事実の報告にとどまるのではなく、事実を利用して発信するわれわれのメッセージが必要である。そして、個々のメッセージを包括するメッセージは何か、それをわれわれは共有できるかと書物になるまでは紆余曲折があった。タイトルの模索は日本の高等教育がＩＴの浸透によって模索していることを指しているが、われわれ自身も模索しながらようやくここまで来たのである。

とはいえ、全国に散らばっている一三人から構成される執筆者がそうそう一同に会して議論することは不可能である。原稿執筆、コメントのやりとり、原稿の修正といったプロセスは、メーリング・リストに依存して行われた。そう、研究活動においては、すでにインターネットなしにはすませることのできない時代になっているのである。

編者の吉田は、先行してアメリカの高等教育を対象にしたeラーニングに関する研究を実施しており(『アメリカ高等教育におけるeラーニング』東京電機大学出版局、二〇〇三年)、そこでの知見が本書の視点を考える際のたたき台になっている。それを踏まえて日本で生じている現象を検討するなかで、社会の違いを超えて共通する問題と日本社会に特有の状況とを区別したいというのが、われわれ編者の隠されたねらいなのであった。アメリカと共通する問題の析出は、高等教育システムとITをめぐる分析のフレームワークを構築することにつながるであろうし、日本に特有の状況は、日本社会を他の社会と比較して論じる場合の論点になると考えたのであった。だが、それが成功したとはとてもいえない。もう少し、日本社会の今後を見つつ、問題を検討したい。これを今後の大きな課題としてあげておきたい。

それとともに、本書の第二の課題は、eラーニングやインターネットの教育への利用を扱っておきながら、学習者である学生がどのように変わるか否かを直接に扱えなかったことである。それは、機関の訪問調査と教職員を中心にしたインタビューという手法の限界でもある。

学生の変容を扱おうとすると、学生の学習のプロセスや到達度をみることが必然になってくるが、それは、eラーニングの効果を測定することと重なり合ってくる。大学関係者は、お金も労力もかけてその効果がみえないことをeラーニングの最大の問題だと指摘していた。

こうした指摘に応えるためにも、マスとしての学生を対象にした調査分析が課題であるが、それを教授学習過程というミクロなレベルから高等教育システムというマクロなレベルにつなげていくことが必要だろう。そうすれば、第一の大きな課題に循環してその一翼を担うことができると考える。

新しい事象が次々と生じるＩＴの世界、その目先の事象の移り変わりに目をとられることなく、起きている事象の意味を捉え、時代の流れを見据える目をもちたいと考える。

なお、本書を執筆するにあたり、国際ネットワーク大学コンソーシアムの関係者の皆様、大阪市立大学学術情報総合センター教授・中野秀男氏、同大学事務局企画整備課企画係・東川公俊氏、聖学院大学総務部部長秘書室長情報システム課長・山川秀人氏、同大学政治経済学部助教授・大森達也氏、同大学人文学部助教授・渡辺正人氏、金沢工業大学企画部・情報処理サービスセンター関係者の皆様、大阪学院大学庶務課メディア係・高橋誠氏、信州大学工学部情報工学科教授・師玉康成氏、同助教授・和崎克己氏、東京工科大学工学部長、工学研究科長・松永俊雄氏、同大学機械制御工学科教授・大山恭弘氏、京都工芸繊維大学繊維学部デザイン経営工学科教授・山口重之氏、園田学園女子大学国際文化学部教授・山本恒氏、同大学同学部助教授・堀田博史氏、同大学同学部助教授・五島邦治氏　、青山学院大学講師・戒野敏浩氏、同大学助手・小酒井正和氏、学習院大学特別教授・伊東俊彦氏、愛媛県吉海町立吉海小学校教諭・武田明敏氏、大阪芸術大学通信教育部事務長・三木幹久氏、同大学通信教育部学生・藤江慶一郎氏、明星大学大学院通信教育課程学生・宮子あずさ氏、ＮＴＴ西日本ソリューション営業本部・木村吾郎氏、同・小園功氏、同・坂本典子氏(肩書きはいずれも取材当時)、その他、ここにお名前を挙げることはできないが、多くの方にお世話になった。取材や資料の提供のために、貴重なお時間をさいていただき、さらに、追加取材のために、何度も足を運ばせていただいた機関もある。そのたびに丁寧にご対応いただいた関係諸氏には心から感謝したい。

こうした方々のご協力のもとに本書はできあがったのであり、取材の過程において、苦労しつつもインターネットという新たな代物を何とか使いこなして可能性を探ろうとされている熱意に教えられるところが多かった。制度の制定やインフラの整備ではなく、こうした人間の手を経て少しずつテクノロジーは使われていくのだという半ば当たり前のことをあらためて認識した次第である。

当初の予定を大幅に遅れての出版の運びとなった。単純な連絡はeメールでできても、最後には人の手が重用なのである。最新だった情報は今や最新ではなくなったが、分析の視点はまだ古くはなっていないことを確信している。また、メディア教育開発センターの事務補佐員の川島弓子さん、丹英子さんには原稿の膨大な編集作業をやっていただいた。一〇名をこえる執筆者の原稿の統一をとるという煩雑な作業を黙々とこなしていただいたことに心より感謝する。

最後に東信堂の下田勝司さんには出版事情の厳しい中で、快く出版をお引き受けいただいたこと、辛抱強くまっていただいたこと、丁寧な仕事をしていただいたことにお礼申し上げる次第である。

二〇〇五年三月

吉田　文
田口真奈

**執筆者紹介および執筆分担（執筆順）**


吉田　　文（よしだ　あや）　第１、４、17、18章
編著者紹介（奥付）参照

田口　真奈（たぐち　まな）　第２、３、12章
編著者紹介（奥付）参照

穂積　和子（ほずみ　かずこ）　第５章
神奈川大学教授

三輪　　勉（みわ　つとむ）　第６章
株式会社富士通ラーニングメディア

沖　　清豪（おき　きよたけ）　第７章
早稲田大学助教授

吉田　俊六（よしだ　しゅんろく）　第８章
高岡短期大学教授

開沼　太郎（かいぬま　たろう）　第９章
大谷女子大学専任講師

成田　　滋（なりた　しげる）　第10章
兵庫教育大学学校教育研究センター教授

森　　園子（もり　そのこ）　第11章
拓殖大学教授

寺嶋　浩介（てらしま　こうすけ）　第13章
長崎大学専任講師

松島　桂樹（まつしま　けいじゅ）　第14章
武蔵大学教授

中村　哲（なかむら　てつ）　第15章
兵庫教育大学教授

鈴木　克夫（すずき　かつお）　第16章
桜美林大学助教授

## 編著者紹介


吉田　文(よしだ　あや)

独立行政法人　メディア教育開発センター　教授

1989年　東京大学大学院教育学研究科博士課程修了(教育社会学)

1989年　放送教育開発センター(現・独立行政法人　メディア教育開発センター)助教授、1995年～1997年　カリフォルニア大学バークレイ校高等教育研究センター客員研究員。2002年より現職。

［主要著書］

『大学ｅラーニングの経験戦略―成功の条件―』(編著、東京電機大学出版局、2005年)、『職業と選択の歴史社会学―国鉄と社会諸階層―』(編著、世織書房、2004年)、『学士課程教育の改革』(共著、東信堂、2004年)、『アメリカ高等教育におけるｅラーニング』(東京電機大学出版局、2003年)、*Meta-Survey on Effective Use of ICT in Education in Asia and Pacific* (Glen Farrel and Cedric Wachholz (eds), UNESCO, 2003)

田口　真奈(たぐち　まな)

独立行政法人　メディア教育開発センター　助教授

1999年　大阪大学人間科学部人間科学科博士課程修了　博士(人間科学)

1999年　京都大学高等教育教授システム開発センター(現・京都大学高等教育研究開発推進センター)研修員、2000年　文部科学省メディア教育開発センター(現・独立行政法人メディア教育開発センター)助手、2003年～2004年　ハーバード大学デレッグボク教授学習センター客員研究員。2003年より現職。

［主要著書］

『大学ｅラーニングの経験戦略―成功の条件―』(編著、東京電機大学出版局、2005年)、『ｅラーニング・マネジメント―大学の挑戦―』(共著、オーム社、2003年)、『社会人大学院へ行こう！』(共著、ＮＨＫ出版、2003年)、『大学生論―戦後大学生論の系譜をふまえて―』(共著、ナカニシヤ出版、2002年)、『大学授業研究の構想―過去から未来へ―』(共著、東信堂、2002年)



**模索されるｅラーニング――事例と調査データにみる大学の未来**　〔検印省略〕

2005年6月15日　　初　版第 1刷発行　　＊定価はカバーに表示してあります

編著©吉田文・田口真奈／発行者 下田勝司　　印刷・製本　中央精版印刷

東京都文京区向丘 1-20-6　郵便振替 00110-6-37828

〒113-0023　TEL (03) 3818-5521(代)　FAX (03) 3818-5514

発行所　株式会社　東信堂

Published by **TOSHINDO PUBLISHING CO., LTD.**

1-20-6, Mukougaoka, Bunkyo-ku, Tokyo, 113-0023, Japan

ISBN4-88713-609-9　C3037　©A.YOSHIDA, M.TAGUCHI